EL PODER DEL ASOMBRO

Supera el agotamiento laboral y la ansiedad,
alivia el dolor crónico, encuentra la claridad y tu propósito
en menos de 1 minuto al día

JAKE TAGLE (Consejero profesional titulado LPC)
y Dr. MICHAEL AMSTER

EL PODER DEL ASOMBRO

Supera el agotamiento laboral y la ansiedad,
alivia el dolor crónico, encuentra la claridad y tu propósito
en menos de 1 minuto al día

Introducción al método AWE científicamente demostrado

EDICIONES OBELISCO

Si este libro le ha interesado y desea que le mantengamos informado de nuestras publicaciones, escríbanos indicándonos qué temas son de su interés (Astrología, Autoayuda, Psicología, Artes Marciales, Naturismo, Espiritualidad, Tradición…) y gustosamente le complaceremos.

Puede consultar nuestro catálogo en www.edicionesobelisco.com

Colección Psicología y Autoayuda
EL PODER DEL ASOMBRO
Jake Eagle y *Dr. Michael Amster*

1.ª edición: abril de 2024

Título original: *The Power of Awe*

Traducción: *Barbara Pesquer*
Corrección: *M.ª Jesús Rodríguez*
Maquetación: *Olga Llop*
Diseño de cubierta: *Enrique Iborra*

© 2023, Jake Eagle y Dr. Michael Amster
Edición publicada por acuerdo con Hachette Go,
sello editorial de Perseus Books, LLC,
subsidiario de Hachette Book Group, Inc., NY, USA.
(Reservados todos los derechos)
© 2024, Ediciones Obelisco, S. L.
(Reservados los derechos para la presente edición)

Edita: Ediciones Obelisco, S. L.
Collita, 23-25. Pol. Ind. Molí de la Bastida
08191 Rubí - Barcelona - España
Tel. 93 309 85 25
E-mail: info@edicionesobelisco.com

ISBN: 978-84-1172-123-3
DL B 4630-2024

Impreso en los talleres gráficos de Romanyà/Valls S. A.
Verdaguer, 1 - 08786 Capellades - Barcelona

Printed in Spain

De Jake para Hannah:
Estar contigo, estar asombrado.
Una misma cosa.
El tiempo se detiene, mientras vuela.
Contempla la belleza.

De Michael:
Para mis padres, Judy y Harvey Amster, por su apoyo infinito
y su amor, que llega «hasta el cielo y es tan profundo
como el océano azul»; y para mi hija, Shayna,
que ha sido mi mayor fuente de amor, júbilo,
aventura y asombro interminable.

«Hay dos formas de vivir: puedes vivir como si nada fuera un milagro; puedes vivir como si todo fuera un milagro. Lo más hermoso que podemos experimentar es el misterio. Es la fuente de todo arte auténtico y de toda la ciencia. Aquel para quien esta emoción sea una desconocida, que ya no puede hacer una pausa para maravillarse y permanecer extasiado de asombro, prácticamente está muerto: tiene los ojos cerrados».

ALBERT EINSTEIN

NOTA DE LOS AUTORES

Las historias de este libro son reales o amalgamas de diversos casos. En la mayoría de las historias, los nombres u otros datos identificativos han sido modificados para proteger el anonimato. Cualquier parecido a personas físicas, vivas o muertas, es pura coincidencia.

PRÓLOGO

Un atajo hacia la transcendencia

Como meditadores y profesores de *mindfulness*[1] que han estado
practicando toda la vida, confesamos que casi nos sentimos avergonzados cuando tropezamos con un atajo de 5-15 segundos que lleva
a la transcendencia. Esta idea contradecía todo lo que sabíamos acerca
de la meditación antes de empezar nuestra investigación. Pero sí, es
posible. Tan sólo requiere acceder a la poderosa emoción del asombro
en la vida del día a día. Los cambios que se han producido en nuestras
vidas han sido profundos, y después de ver cómo los resultados se
repetían una vez tras otra en nuestros miles de pacientes, clientes y
participantes de los estudios, hemos demostrado que nuestro atajo
(acuñado como método AWE) funciona.

Las siglas AWE representam los términos Atención, Esperar,[2] Exhalar
y Expansión. El método es una forma de «microdosificación del *mindfulness*» que se da en tres pasos con una duración de 5-15 segundos, o
una práctica breve e informal que también cuenta con el aval de la ciencia. El método AWE nos transporta rápidamente al asombro, una emoción increíblemente poderosa que nos deja maravillados y nos produce
un elevado estado de conciencia, así como algunos cambios notables en
la mente y en el cuerpo que pueden incrementar la salud y el bienestar.

Piensa en la última vez que te asombraste –a lo mejor has estado
en la inmensidad del Gran Cañón o en la naturaleza salvaje de Alaska,
cautivado por tu artista favorito o encantado por lo maravillosa y

---

1. También conocido como *atención plena*. (*N. de la T.*).
2. El original emplea el término *wait*. (*N. de la T.*).

milagrosa que es la vida mientras sostienes un bebé en tus brazos–. Tienes una sonrisa en la cara, o te has quedado con la boca entreabierta, o quizá se te ha puesto la piel de gallina, o has sentido escalofríos por la espalda. La sensación de asombro tal vez ha durado tan sólo unos instantes. Quizá más tiempo. Pero, sin duda, lo has sentido profundamente.

Esto no estaba sólo en tu cabeza. Durante estas experiencias tan extraordinarias, sin tú saberlo, algo increíble ha sucedido en tu cuerpo: tu sistema nervioso ha cambiado haciendo que tu respuesta de lucha-huida-bloqueo se vuelve menos activa al tiempo que tus funciones de «descanso y digestión» se activaban más. Dicho de otra forma, te has tranquilizado y te has vuelto más paciente y estás menos angustiado. Pero también estabas energizado, entrando en una especie de estado juguetón. Se redujeron tus niveles de interleucina-6 proinflamatorias (un tipo de proteína moduladora del sistema inmunitario), algo que, si sucediera con la suficiente regularidad, reduciría la inflamación crónica y disminuiría el riesgo de padecer enfermedades cardiovasculares, demencia, diabetes, depresión… Asimismo, se elevaron tus niveles de oxitocina (la hormona del amor), lo que incrementó tu sensación de bienestar general y tu deseo de conectar.

Eso es lo que significa estar asombrado –y esos efectos tan sólo son la punta del iceberg–. La aún joven ciencia del asombro evidencia que, cuando accedemos a esa emoción regularmente, experimentamos una mejoría en la calidad de las relaciones, un mayor gozo, contentamiento y satisfacción vital. Así como un nivel más elevado de proceso cognitivo, un mayor bienestar, atención plena y una mejora en las funciones inmunes y la disminución de la inflamación. Nuestra investigación ha demostrado que el asombro reduce los niveles de estrés, ansiedad, depresión, soledad, agotamiento y dolor físico. El asombro también mitiga la ansiedad existencial, un estado de ánimo perturbado para el cual los únicos remedios conocidos son la religión, la medicación, la negación y la distracción.

No es de extrañar que de un tiempo a esta parte el asombro haya cosechado una atención considerable, convirtiéndose en el foco de docenas de estudios aparte del nuestro. Según el investigador puntero del asombro Dacher Keltner y el coautor Jonathan Haidt, «los acontecimientos que inducen el asombro podrían ser uno de los métodos más rápidos y poderosos para el cambio y el crecimiento personal».[3]

Sin embargo, hay un problema flagrante: una persona normal no puede visitar el Gran Cañón o escuchar a su intérprete favorito en vivo cada día. Como es incapaz de acceder a este tipo de asombro a diario, la gente podría recurrir a la meditación, una práctica que no requiere gasto alguno o viajar, y que ha demostrado tener algunos de los beneficios ya descritos. Sin embargo, hemos observado que la meditación requiere cierta cantidad de tiempo, dedicación y esfuerzo que, efectivamente, disuade a un número elevado de personas de alcanzar las suficientes competencias para experimentar plenamente sus beneficios. En resumen, la meditación es un escollo para mucha gente, especialmente para quienes ni siquiera pueden dedicarse 15 minutos a sí mismos en nuestro atareado mundo, y mucho menos media hora para meditar. Para aquellos a quienes les cuesta acallar sus mentes angustiadas –algo que irónicamente puede conducir a ciclos de diálogo interno negativo como que «fracasan» al meditar–, la meditación se puede convertir en un factor estresante, en lugar de una experiencia tranquilizadora.

Aquí es donde entra nuestra investigación y nuestro método. En *El poder del asombro*, ofrecemos un proceso de tres pasos clínicamente probado que transforma los momentos ordinarios en experiencias que provocan asombro en tan sólo unos segundos, brindándote una poderosa fórmula para lograr un crecimiento personal inmediato y expansivo, y para una curación mental y física. Experimentar el asombro puede suceder en tan sólo cinco segundos, y no requiere disciplina exigente alguna o una habilidad específica. Y lo que es más importante, mientras que muchos estudios sobre el asombro se han basado en que los investigadores lleven físicamente a los sujetos a lugares extraordinarios o emplean la realidad virtual para simular esa experiencia, nuestros estudios se han apoyado completamente en que los sujetos de estudio hallen el asombro en lo ordinario (en sus hogares, patios, relaciones, y más), abriendo un nuevo reino de investigación del asombro y unos beneficios con un mayor potencial para todo el mundo.

---

3. Dacher Keltner y Jonathan Haidt: «Approaching Awe, a Moral, Spiritual, and Aesthetic Emotion», *Cognition and Emotion,* vol. 17 (2003), pp. 297-314.

Nuestro interés en el asombro empezó en un plano personal. A Jake Eagle (psicoterapeuta e instructor de *mindfulness)*, pese a haber hecho carrera ayudando a los demás a disminuir su sufrimiento emocional, aún le costaba estar lo suficiente satisfecho con su vida. Él tenía lo que describe como las «tres H»[4] (su salud, su cariñosa esposa Hannah, y su hogar situado en un paraíso hawaiano) y, según la estimación que haría cualquiera, él debería estar entusiasmado por estar vivo. De modo que decidió probar un experimento, cuestionándose a sí mismo cada mañana: «¿Me entusiasma estar vivo?».

Durante tres semanas, Jake se hizo esta pregunta cada mañana, y pronto se vio a sí mismo percatándose y centrándose en cosas de la vida diaria que eran verdaderamente emocionantes. Esto tuvo un impacto: empezó a ver su vida de una forma más positiva, pese a que, en realidad, no había cambiado nada. El impacto sobre su vida fue tal que, en el año 2018, Jake empezó a ofrecer el curso de veintiún días «Thrilled to Be Alive» (Entusiasmado por estar vivo) a través de Live Conscious, una organización que él y Hannah cofundaron. Los cambios positivos autocomunicados por los participantes fueron notables, con uno de ellos diciendo: «Me siento empoderado y como una mariposa a la que han liberado en un mundo completamente nuevo; observo la vida desde un punto de vista diferente y, asimismo, respondo a él de una forma distinta».

A través de este curso, Jake descubrió algo atractivo. Les pidió a los participantes que meditaran durante diez minutos al día para elevar su nivel de conciencia y sacar más provecho de la clase, pero pronto supo que cerca de la mitad de los estudiantes no meditaban porque alegaban no tener tiempo.

Para evitar esto, él introdujo la idea de meditar durante unos pocos segundos cada vez, y todo el mundo estuvo de acuerdo en que podía encontrar al menos unos instantes a lo largo del día para dedicar a las micromeditaciones.

Michael Amster, Doctor en Medicina y especialista en la gestión del dolor e instructor de *mindfulness*, resultó ser uno de los participan-

---

4. En el original «his *health*, his loving wife *Hannah*, y a *home* in a *Hawaiian* paradise». *(N. de la T.)*.

tes de ese curso, y él sugirió llamar a esas meditaciones que duraban unos segundos «microdosificación del *mindfulness*». Y la idea cuajó.

Los efectos de microdosificar el *mindfulness* eran muy sorprendentes, incluso para nosotros. En una encuesta que Jake llevó a cabo al final del curso, los estudiantes que sólo realizaron las micromeditaciones comunicaron obtener unos beneficios del curso iguales o superiores a los de los participantes que estaban haciendo meditaciones diarias más tradicionales, más largas.

Cuando Jake revisó los resultados de la encuesta, le chocó que muchas de las descripciones compartidas por la gente le recordaran lo que había leído en el libro de Michael Pollan *How to Change Your Mind: The New Science of Psychedelics,* donde Pollan menciona el asombro cuarenta veces. Y la palabra *asombro* encontró un eco en ambos; pese a estar pasando por momentos complicados personalmente, mediante esta breve práctica sentimos un gran alivio emocional y psicológico.

Estábamos tan impresionados por el efecto de esta práctica de *mindfulness* simplificada, que decidimos deconstruirla y averiguar qué la hacía tan profunda. Michael voló a Hawái a fin de pasar una semana concentrándose exclusivamente en este proyecto. Nosotros, junto con Hannah, estudiamos el libro de Pollan y las investigaciones existentes sobre el asombro. Trabajar juntos en el paradisíaco entorno de Hawái hizo que experimentáramos muchísimos momentos memorables que nos indujeron a experimentar el asombro. Determinamos que alcanzar el asombro requería una *atención* concentrada, *esperar* durante un instante, y respirar –específicamente *exhalar*. Plasmamos la experiencia bajo el oportuno acrónimo AWE.

Pero entonces ocurrió algo que añadió una excitante faceta a nuestro método. Una mañana, mientras Michael estaba realizando la tarea ordinaria de preparar panqueques (algo que había hecho cientos de veces), experimentó espontáneamente un estado de asombro. Y en ese simple instante, se desencadenó todo: microdosificar el *mindfulness* (o sea, el AWE) producía momentos de asombro, algo notable en y por sí mismo. Pero lo que resultó más impresionante aún fue que el AWE producía momentos de asombro en lo ordinario –en este caso, mientras vio burbujear la masa en la cocina–. Ahora, teníamos algo.

Dándole un sentido al AWE

Tras ese día profético en Hawái en que Michael alcanzó el estado del asombro mientras preparaba unos panqueques, nos empeñamos en verificar y compartir esta profunda práctica. Cada uno dirigió un estudio piloto. Durante un período de tres semanas, Jake enseñó lo que acabaríamos denominando el «método AWE» a un grupo de clientes y evaluó su salud mental y emocional antes y después del curso.

De forma generalizada, los participantes comunicaron haber reducido el estrés y la ansiedad, sentían que tenían una mayor conexión con los demás y vieron su felicidad incrementada. Mientras tanto, Michael enseñó el método AWE a quince de sus pacientes con dolor crónico en un programa grupal. Todos ellos comunicaron una disminución del dolor, menos brotes agudos de dolor, menor ansiedad y depresión, más conexión con los demás y una mayor felicidad, gratitud y generosidad.

Podíamos ver que estábamos ante algo que tenía un enorme potencial. Michael localizó a Dacher Keltner, Doctor en Filosofía y profesor de Psicología en la Universidad de California, y abuelo de la investigación del asombro, para compartir nuestros resultados. El Doctor Keltner respondió con gran entusiasmo, diciendo que nuestro método AWE representaba «el futuro del *mindfulness*».

Estábamos sorprendidos y nos sentíamos honrados por la reacción de Keltner. He aquí un psicólogo social e investigador plenamente inmerso en el estudio del asombro que nos asegura que nos hemos topado con algo profundo. ¿Por qué le dio tanta importancia al AWE? ¿Qué vio él en esta práctica informal de *mindfulness*? Sabíamos que el AWE se distinguía de otras prácticas de *mindfulness* por ser tan rápida y sencilla. Pero necesitábamos confirmar que nuestros estudios piloto no eran sólo golpes de suerte. Necesitábamos testar el AWE en más de una docena de personas.

Keltner nos ayudó a iniciar dos estudios en la Universidad de California. Un estudio testaba nuestro método sobre una muestra de más de 300 pacientes del North Bay Medical Center en Fairfield (California), así como sobre algunos miembros de la familia y amigos de los mismos que deseaban participar. El segundo estudio implicaba a más de 200 miembros del personal hospitalario y sanitario de primera línea de todo Estados Unidos. Ambos estudios analizaron los niveles de depresión y ansiedad, soledad, estrés, dolor crónico y bienestar. Sólo la cohorte de la sanidad testaba el AWE ante el agotamiento laboral. Los estudios tuvieron lugar durante el cenit de la pandemia de la COVID-19, así que el personal hospitalario y los trabajadores de primera línea estaban sometidos a un nivel de estrés incluso más elevado de lo normal.

Mientras tanto, sentíamos los efectos de nuestro descubrimiento inmediatamente en nuestras propias vidas. Poco después de que Jake empezara a microdosificar el *mindfulness*, a sus sesenta y cinco años, su perspectiva cambió drásticamente. Por primera vez, se sentía satisfecho con su vida. Michael, a sus cuarenta y pico, pasó por una transformación similar mientras aprendía a aceptar que sufría el síndrome del nido vacío. Nada había cambiado en nuestra vida, tan sólo habíamos encontrado una forma de experimentar el asombro regularmente y a voluntad. Durante todos nuestros años como instructores de *mindfulness* y mitigadores del sufrimiento humano, jamás habíamos experimentado nada tan rápido y poderoso como el asombro que se obtenía al microdosificar el *mindfulness*.

Así pues, ¿qué significa estar asombrado? Definimos el asombro como «una experiencia emocional en la que sentimos hallarnos bajo algo que transciende nuestra percepción normal del mundo». Eso podría parecer un gran qué, y lo es, pero la práctica en sí misma es tan simple, que una sola sesión puede llevar tan sólo 5-15 segundos. Puedes intentarlo ahora mismo.

El método AWE

Atención significa concentrar tu entera e indivisible atención a algo que valores, aprecies o que te parezca asombroso. Mira a tu alrededor en la habitación donde te encuentres.

Encuentra ese algo especial que valores y aprecies. Examínalo con atención. Échale un buen vistazo. Si es un objeto pequeño, cógelo y empieza a observar todo lo que lo define. Si es una planta, toca las hojas; observa su textura, color, aroma y la vida que contiene. Si es un cuadro, imagina al pintor pintándolo y observa la profundidad, la luz y los colores.

Esperar significa ralentizar o hacer una pausa. Así que toma aire, inhala profundamente mientras aprecias ese objeto tan apreciado de tu hogar.

El último paso (**Exhalar** y **Expandirse**) amplifica las sensaciones que hayas experimentado. Mientras exhalas –realizando una exhalación ligeramente más profunda de lo normal–, permite que lo que estás sintiendo te llene y crezca. ¿Qué observas? ¿Has sonreído? ¿Te has relajado? ¿Has experimentado cierta calidez en el vientre? ¿Tu visión se ha suavizado y tus ojos se han humedecido de gratitud a causa de ese objeto precioso que estás observando? ¿Has sentido una oleada o liberación de energía?

Felicidades. Acabas de experimentar el asombro.

PRIMERA PARTE

LA CIENCIA

CAPÍTULO 1

LA CIENCIA DEL AWE

El 31 de mayo de 2020, los titulares de la prensa de todo el país eran apocalípticos: «Llamamientos a la calma mientras las crecientes protestas amenazan con perder el control», «Una cola de más de kilómetro y medio para obtener comida gratuita en Ginebra, una de las ciudades más ricas del mundo», «¿Por qué no podemos preveer los efectos a largo plazo de la epidemia?», «Los edificios situados alrededor de la Casa Blanca se blindan con tablas; protegen sus objetos de valor ante la posibilidad de que se produzcan más protestas vandálicas».

Ese mismo día, entre el caos y la incerteza de la pandemia por la COVID-19, el elevado desempleo, las largas colas para comprar alimentos, los conflictos políticos, las protestas y los disturbios raciales, iniciamos dos grandes estudios junto con algunos de los mejores investigadores del asombro de la nación para testar la efectividad de emplear el método AWE para aliviar la ansiedad y la depresión, la soledad, el agotamiento laboral, el estrés y el dolor crónico (problemas de la salud mental y física). Encontrar participantes cualificados no era un problema.

Desde luego, la población estaba más estresada de lo normal, en parte porque a muchos de nosotros se nos pedía o se nos obligaba a aislarnos. Según el *New York Times*, en abril de 2020, justo cuando hacía un mes que estábamos en la pandemia, cuarenta y dos estados estaban bajo alertas que recomendaban quedarse en casa o bajo políticas que ordenaban permanecer allí donde uno se encontrara, las cuales afectaron a por lo menos trescientos dieciséis millones de personas en

Estados Unidos.[5] Las vacaciones y otras reuniones multitudinarias se cancelaron y amigos y familias tuvieron que mantenerse separados.

Únicamente a los empleados indispensables como por ejemplo trabajadores sanitarios, dependientes de supermercados y camioneros, se les recomendó ir a trabajar. Para muchos, trabajar en casa y conectar con los demás por videoconferencia se convirtió en la norma. Y también lo hizo la soledad. Mientras que a algunos llegó a gustarle ese apaño, a muchos otros les resultó desconcertante la falta de contacto con sus compañeros de trabajo y con el mundo exterior.

Millones de personas se vieron sin trabajo y enfrentándose no sólo al aislamiento, sino también a factores financieros estresantes. Con la mayoría de los restaurantes y otros negocios cerrados, más de veinte millones de personas quedaron en suspensión laboral o fueron despedidos durante esta fase temprana de la pandemia. Ese número no haría más que aumentar.

Mientras tanto, los trabajadores sanitarios estaban desbordados, trabajando largas horas cubiertos con máscaras, trajes de protección y pantallas faciales, viendo morir solos a más pacientes de lo normal (el confinamiento impidió las visitas de familiares a los seres queridos en los hospitales y las residencias de ancianos), y bajo la amenaza de contraer el coronavirus. Las marcarillas escaseaban, incluso para el personal hospitalario. En muchas ciudades, todos los respiradores disponibles ya se estaban empleando. Las vacunas aún no estaban en el radar, nadie podía saber con certeza cuáles serían los efectos del virus a largo plazo.

UNA VISIÓN DE LA PANDEMIA QUE EVOCA EL ASOMBRO

A causa de las cuarentenas de la pandemia, en el año 2020, el dióxido de carbono global bajó el 6,4 %, o lo que es lo mismo 2 300 millones de toneladas. El doble del dióxido de carbono que Japón emite en un año.

---

5. Sarah Mervosh, Denise Lu y Vanessa Swales: «See Which States and Cities Have Told Residents to Stay at Home», *New York Times*, actualizado el 20 de abril de 2020. www.nytimes.com/interactive/2020/us/coronavirusstay-at-home-order.html

Los chacales aparecieron en las silenciosas calles de Tel Aviv. Las tortugas bobas pusieron más huevos en las playas vacías de Florida, y las nutrias de río en peligro de extinción aparecieron en áreas urbanas de Chile. En Llandudno (Gales), las cabras cachemiras salvajes se sentían seguras haciendo largas visitas a la ciudad, dándose incluso un banquete con los setos.

En Grand Marais, una popular ciudad turística y área recreativa al aire libre situada al norte de Minnesota, el silencio era pronunciado. Con la falta de tráfico local, turistas y camiones semirremolque procedentes de Canadá (la frontera estaba cerrada), un residente mencionó haberse sentado junto a una carretera habitualmente muy transitada y sumirse en el silencio.

La mayoría de las investigaciones emergentes están mostrando que la pandemia nos hizo sentir más deprimidos, angustiados, estresados y solos. El número estimado de personas que ha padecido problemas de salud mental se triplicó en comparación con los niveles prepandémicos. Nadie, aparentemente, era inmune. Los adultos de edad avanzada, quienes vivían solos y los adultos jóvenes fueron quienes más sufrieron.[6]

En ese momento, la investigación sobre cuál era la mejor forma de hacer frente a las repercusiones de la COVID-19 eran limitadas. Nuestros estudios, llevados a cabo junto con la Universidad de California (Berkeley), durante las fases tempranas de la pandemia en que reinaba la incerteza, han demostrado que una práctica habitual del AWE disminuye los síntomas de la depresión, la ansiedad, la soledad, el agotamiento laboral, el estrés y el dolor crónico, e incrementa el bienestar no sólo en el público general, sino que también lo hace en profesionales de la salud, incluso cuando están más estresados de lo normal.

Los estudios duraron tres semanas. Durante ese período, observamos que cuanto más se dosificaban el asombro los participantes del estudio,

6. Michael Daly, Angelina R. Sutin y Eric Robinson: «Longitudinal Changes in Mental Health and the COVID-19 Pandemic: Evidence from the UK Household Longitudinal Study», *Psychological Medicine* (noviembre, 2020), pp. 1-10, https://doi.org/10.1017/S0033291720004432

más se beneficiaban desde el punto de vista de la salud –cuanto más frecuentes eran los momentos de asombro, mayor era la disminución de los síntomas negativos, lo cual condujo a un bienestar más elevado–. Y a medida que los participantes adquirieron el hábito de emplear el método AWE durante un período de tres semanas de estudio, las experiencias del asombro no sólo se daban con más frecuencia, sino que también eran más espontáneas y a menudo tenían una mayor intensidad.

El método AWE funciona en más grupos de población que los profesionales de la salud. Resulta eficaz en personas con poco o ningún estrés y también con una disposición mental saludable. Funciona independientemente de la raza, la orientación sexual o el estatus socioeconómico (pese a que algunos investigadores han descubierto que la cultura y los ingresos pueden influir en hasta qué punto estamos abiertos a las experiencias del asombro y que éste podría ser más accesible para las personas con un estatus económico más bajo).[7] El AWE, según lo que aprendimos, funciona en los individuos que nunca han intentado meditar, y en quienes han tenido dificultades para mantener una práctica de *mindfulness*. Asimismo, los meditadores disciplinados tienden a sorprenderse ante lo rápido y accesible que es el método AWE.

El AWE contrarresta las atareadas y angustiosas formas en que llevamos nuestras vidas incluso cuando las pandemias y los disturbios no se están produciendo. Es un aplazamiento, una tregua en los esfuerzos constantes que llevamos a cabo, a veces sólo para demostrarnos lo que valemos. Con el tiempo, nos libera del ciclo infinito de consecución de logros y automejora. Aún podemos tener logros y una mejoría, pero sin el conflicto interminable de los esfuerzos constantes.

El AWE también es universal, ayudando a las personas de culturas y clases sociales distintas y que se encuentran en circunstancias también distintas. Nos gustaría poner el foco en Marshiari, una mujer que vive en Ciudad de México entre más de nueve millones de almas. Marshiari se unió a nuestro estudio durante el que quizá era el más solitario, más intenso, y el punto más bajo de su vida.

---

7. Paul K. Piff y Jake P. Moskowitz: «Wealth, Poverty, and Happiness: Social Class Is Differentially Associated with Positive Emotions», *Emotion*, vol. 18, n.º 6 (2018), pp. 902-905, https://doi.org/10.1037/emo0000387

Un vaso de agua rebosante

A sus treinta y tantos, con un hijo de dos años en casa, a Marshiari le diagnosticaron un cáncer de mama agresivo. Los doctores le recetaron la dosis más alta de quimioterapia que su cuerpo podía tolerar, pese a que ella era alérgica a la medicación. Los horribles efectos secundarios, incluida la amenaza de sufrir un shock anafiláctico, exacerbaron su ya intenso estrés emocional. A Marshiari le habría ido bien algo de asesoramiento, pero ella sólo se podía permitir el tratamiento en el hospital público oncológico, que no ofrecía servicios psicológicos.

Deprimida, con miedo a morir, lamentando que pronto podría perder un pecho, abrumada a causa del tratamiento –y al mismo tiempo temiendo que éste no funcionara–, Marshiari se sentía como si no sólo estuviera perdiendo la salud física, sino también la cabeza.

Éste era el estado de Marshiari cuando entró en nuestro estudio para testar los efectos del método AWE sobre las personas deprimidas o angustiadas.

Marshiari se inscribió en el estudio porque buscaba ayuda –y ella confió en el prestigio de la Universidad de California en Berkeley–. No tenía ni idea de qué podía esperar, pero creía que a lo mejor tendría que leer o estudiar algunos archivos en PDF. Para su sorpresa, a ella sólo se le exigió pasar por «esta encantadora actividad para sentirse maravillada por la vida». Esta encantadora actividad no cambió el diagnóstico de cáncer de Marshiari, pero alteró la forma en la que experimentaba su enfermedad.

Empecé a practicar el AWE por las noches, cuando estaba estirada en la cama, sintiéndome infeliz porque la quimioterapia me estaba resultando muy dura. Simplemente miraba por la ventana y prestaba atención al hermoso paisaje que había frente a mis ojos. Miraba el cielo, los cerros, o las vacas que estaban pastando en una pequeña colina cercana a mi casa. Permanecía en ese instante, olvidando qué estaba pasándole a mi cuerpo, y empezaba a inspirar y a espirar.

En cuestión de un instante, sentía que la esperanza y el amor formaban parte de mí. Cada vez que practicaba el AWE experimentaba esa sensación de gratitud por cada día que estaba viva, porque mi cuerpo estuviera soportando el tratamiento y curándose al mismo tiempo, por el amor incondicional de mi marido y mi hijo. A veces, tenía ganas de llorar, porque me sentía culpable por haber desperdiciado mi tiempo preocupándome o estresándome por acontecimientos que estaban fuera de mi control. Algo en mí estaba cambiando. El temor era pequeño y la felicidad se acrecentaba.

Posteriormente, ese mismo año, en diciembre de 2020, Marshiari fue sometida a una mastectomía, y en abril de 2021 finalizó oficialmente su tratamiento de cáncer. En este punto, estaba deseando ver a sus amigos y celebrarlo. Pero la pandemia de la COVID-19 aún se estaba extendiendo rápidamente. Marshiari se deprimió un poco, pero siguió practicando el AWE.

Esta pandemia ha sido una pesadilla para la mayoría de nosotros, pero yo fui capaz de quedarme en casa sin sentirme sola, deprimida o angustiada. Y si tengo que ser franca, a veces me siento como un vaso de agua que está rebosando…, pero, cuando practico el AWE, simplemente vuelvo a mi centro y mis pensamientos terroríficos desaparecen.[8]

¿Qué diferencia puede suponer la práctica del AWE?

No es ninguna exageración decir que el método AWE cambia vidas –no lo que hacemos o dónde vivimos o un diagnóstico médico, sino cómo experimentamos esos momentos–. Hemos visto los resultados reflejados en nuestros clientes, estudiantes, pacientes y participantes del estudio, incluida Marshiari, quien compartió cortésmente su historia con nosotros.

Aaron, por ejemplo, da propinas más generosas de lo que solía hacerlo. Él está menos frustrado en situaciones que pueden ser difíciles, como por ejemplo los retrasos en el aeropuerto. A la gente que no le ha visto en mucho tiempo, le parece que es más alto. Él atribuye esta percepción a permanecer con el corazón más abierto y a mostrarse más relajado.

---

8. Marshiari M.: Respuesta de la encuesta a los autores (25 de octubre, 2021).

Tom espera encontrar el lado positivo en cada situación, incluso cuando va al dentista, algo que lo ha aterrado toda su vida. Ahora, él tiene la certeza de que experimenta algo positivo, ya sea una agradable conversación con el higienista o gozar de buena salud.

Cuando socializa con la gente, ahora Olivia está bastante menos preocupada por qué podrían pensar los demás de ella y le interesa más conectar con sus semejantes. Se siente más auténtica y relajada en sus conversaciones. Como resultado, la gente parece disfrutar más de su compañía.

Michelle ha parado de rumiar sobre cosas que no puede controlar y ya no se ve a sí misma preocupándose más allá de toda racionalidad. Se siente más fuerte. Ahora experimenta sus emociones con un menor apego y más fluidez, algo que le ha ayudado a aliviar la tensión física que experimentaba en el cuello y la espalda con frecuencia. Michelle cree que su familiares más próximos notan que es alguien que está disponible y presente.

Ángela sigue viviendo la vida bajo una mejor perspectiva y siente una conexión y una belleza para con algo más grande que su vida y que ella misma. Se muestra más compasiva consigo misma y ya no se culpa de las situaciones incómodas o de las dificultades. Su pareja ha observado que se pasa menos tiempo sintiéndose mal o culpable en relación con los problemas detectados. Ángela emplea una caja como metáfora para describir el papel que el AWE ha tenido en su vida:

A veces me veo atrapada en una caja creada por una historia donde yo misma propicio sentirme arrepentida e inadecuada. Para escapar de la caja, en primer lugar localizo qué entiendo como seguro: estoy sana, me quieren, me alimentan, vivo en una casa y no tengo que sufrir daños físicos. Sentirme segura es una especie de taburete que me permite mantenerme estable y elevarme. Entonces, recuerdo mi práctica de AWE. Percatarme de algo hermoso y transcendental y meditar sobre ello me eleva lo suficiente para atisbar por encima de mi caja. Veo la belleza y nuevas perspectivas. Veo el poder elegir.[9]

---

9. Ángela (seudónimo): email enviado a los autores (5 de enero, 2022).

Ésos son cambios reales experimentados por personas reales que han empleado la práctica del AWE para acceder al asombro. Cada una de estas personas comunicó haber experimentado saltos en su crecimiento personal; grandes, fluidos y a menudo espontáneos. Si tomaras una instantánea de tu vida antes y después del AWE, verías la diferencia. A lo mejor físicamente –tal vez lo relajado (o alto) que pareces–, pero mayormente en cómo se ha aligerado o suavizado tu conducta. Seguirás afrontando dificultades, pero te quitarás esas situaciones de encimaantes. Las relaciones resultarán más fáciles, y las conversaciones difíciles serán más accesibles y menos agotadoras.

Los cambios que produce el AWE son perceptibles y a menudo tangibles. Nos gustaría invitarte a realizar un pequeño experimento. Antes de adentrarte demasiado en este libro o en el uso del método AWE, tómate un instante para responder a las preguntas siguientes. Éstas provienen de la Escala de Emociones Positivas Disposicionales, que analiza la propensión natural de una persona a experimentar siete emociones positivas (júbilo, contentamiento, orgullo, amor, compasión, regocijo y asombro). Algunos investigadores del asombro emplean el segmento del asombro de esta escala antes de empezar sus estudios para calibrar la tendencia al asombro de los participantes. Nos gustaría invitarte a hacer lo mismo. Recuerda tus respuestas, y te pediremos que repitas este cuestionario más tarde a fin de comparar tus respuestas. Creemos que te sorprenderás agradablemente.

ESCALA DE EMOCIONES POSITIVAS DISPOSICIONALES
LA SUBESCALA DEL ASOMBRO

Valora qué te parecen las afirmaciones siguientes en una escala del 1 al 7, siendo el 7 la puntuación más alta:

Siento el asombro a menudo.

Veo belleza a mí alrededor.

Me siento maravillado casi cada día.

A menudo busco patrones en los objetos que hay a mi alrededor.

Cuento con varias oportunidades para percibir la belleza de la naturaleza.

Busco experiencias que desafían mi comprensión del mundo.

Cuenta los puntos, que deberían estar en un abanico de 6 a 42. Cuanto mayor sea tu puntuación, con mayor naturalidad experimentarás el asombro.[10]

El AWE como intervención

Nosotros contemplamos el método AWE como una intervención médica (una herramienta que empleamos para interrumpir el curso de pensamientos y de sentimientos no deseados, modificar nuestro sistema nervioso, y en último término, modificar nuestra fisiología y cómo experimentamos cada momento dado o resultado). No conocemos ninguna otra intervención que induzca los estados del asombro tan rápidamente como el método AWE.

El AWE es una herramienta poderosa por diversas razones. Primero, el método nos conduce al asombro en lo ordinario –mientras cortas una manzana o pelas un plátano, por ejemplo–. Segundo, podemos hallar el asombro en segundos, sin reservar un vuelo para visitar una de las Siete Maravillas del mundo o meditar durante diez o más minutos cada día. Tercero, podemos invocar el AWE no sólo para gestionar los sentimientos y las experiencias difíciles –tal como Marshiari y otros hicieron durante el cenit de la pandemia de la COVID-19, cuando el estrés, la ansiedad y el temor existencial estaban en su punto máximo para mucha gente–, sino que también, cuando se nos antoje, podemos sentir que somos pacientes, cierta tranquilidad y un poderoso sentido del bienestar con repercusiones a lo largo de nuestro días.

Muchas investigaciones han explorado los beneficios de la práctica del *mindfulness*, como por ejemplo la meditación, y han confirmado que reduce el estrés y la ansiedad. La investigación también ha obser-

---

10. Michelle N. Shiota, Dacher Keltner y Oliver P. John: «Positive Emotion Dispositions Differentially Associated with Big Five Personality and Attachment Style», *Journal of Positive Psychology,* vol.1, n.º 2 (2006), pp. 61-71, https://doi.org/10.1080/17439760500510833

vado cómo la emoción del asombro nos presta un servicio, haciéndonos menos materialistas, más compasivos y que estemos menos deprimidos. Como práctica sencilla de *mindfulness*, el AWE nos brinda lo mejor de los dos mundos: en tan sólo unos pocos segundos, sin importar dónde estemos, podemos cosechar los beneficios asociados con las prácticas del *mindfulness* y el asombro. Esto es lo que nuestra investigación ha demostrado.

TRAER EL ASOMBRO AL LABORATORIO

El asombro es una poderosa emoción asociada con lo grandioso, lo espectacular, lo impresionante. Así que inspirar el asombro en un laboratorio estéril exige que los investigadores se pongan creativos. Primero, deben encontrar formas de suscitar la emoción en las personas que estés bajo un entorno controlado. Segundo, tienen que figurarse cómo medirlo.

Para inspirar a los participantes a sentir asombro, los investigadores a veces emplean la realidad virtual (VR), una simulación en 3D generada por ordenador que se puede experimentar mediante un juego de gafas de RV o llevando un casco de RV. Si alguna vez te has sentido alborozado (o tienes náuseas) durante un paseo en RV en Disney World, por ejemplo, comprenderás lo real que puede llegar a parecer. La RV le brinda a los participantes de los estudios la sensación de que están en otra parte, incluso suponiendo que el sitio sea imaginario.

Medir el asombro en dichos participantes a menudo implica aplicar la autocomunicación. A los sujetos se les pidió que anotaran sus sensaciones de asombro en un diario después de haber visto vííeos o presentaciones que inspiraban asombro, por ejemplo; o determinar cómo perciben una emoción rellenando la Escala de Emociones Positivas Disposicionales. A veces, se les pide que rememoren o imaginen una experiencia del asombro para suscitar la emoción.

En algunas instancias, los investigadores no les explican a los participantes que esos ejercicios están pensados para inspirar y medir el asombro.

Se produjo un cambio en la investigación del asombro con «el paseo del asombro», donde a los participantes se les indicó que buscaran

Para realizar nuestros estudios, nos basamos en autoinformes mediante la modalidad de cuestionarios y diarios. En el día 0, les pedimos a los participantes que rellenen un cuestionario de acceso de cuarenta y cinco minutos que evaluaba su salud mental, física y emocional. Durante el curso de veintiún días, los participantes asistieron a cuatro sesiones de AWE *online* de sesenta minutos durante las que hablamos sobre el asombro y el método AWE. También hemos hablado de la ansiedad, estableciendo las diferencias entre la ansiedad procesable y la existencial, y cómo se puede emplear el AWE para ambas cosas. (Hablamos sobre esas diferencias en el capítulo 10). Finalmente, hablamos de fuerza frente a presencia. El método AWE., dicho de otra forma, debería ser fácil y no implicar esfuerzo, empeño y formularse juicios. Puesto que las personas tendemos a juzgarnos a nosotras mismas cuando aprendemos nuevas habilidades, animamos a los participantes a no preocuparse por cómo estaba yendo su práctica del AWE. Tal como afirma el anuncio de Nike, queríamos que ellos «simplemente lo hicieran».

También le pedimos a todo el mundo que practicara el AWE al menos tres veces al día durante 5-10 segundos –menos de un minuto por día– para desarrollar su «músculo AWE» Con el objeto de ayudar a todos los participantes del estudio a recordar la práctica, les proporcionamos unas pulseras marcadas con los términos «Atención. Esperar. Exhalar y Expandirse». A la mayoría de la gente le parecieron útiles; al menos, inicialmente, como recordatorio. También invitamos a todo el mundo a compartir sus momentos de asombro en nuestra página web (ThePowerOfAwe.com), que presenta una colección actualizada de fotografías y palabras colgadas por personas que emplean el método AWE. A lo largo del estudio mucha gente hizo preguntas –no necesariamente sobre cómo microdosificar el asombro, sino sobre sus experiencias con el método—. Primordialmente, los participantes sentían curiosidad por saber qué les estaba pasando. Cada tercer día, respondíamos las respuestas de todo el mundo en un email de resumen.

En todos excepto en el primer día (el 0) y el último (el 23) del estudio, les pedimos a los participantes que elaboraran un diario cumplimentando cada día un cuestionario de 5 minutos que evaluaba su salud mental, física y emocional actuales, así como su adhesión a la intervención del AWE. El día 23, los participantes cumplimentaron un cuestionario de salida de 45 minutos prácticamente idéntico al de la entrada.

Nuestros resultados reflejaron claramente lo que descubrimos en nuestros estudios piloto más reducidos. A través de esos diarios anotados cada día y los cuestionarios de entrada y de salida, así como varios cálculos tomados a lo largo del estudio, fuimos capaces de rastrear unos cambios estadísticamente significativos en los participantes que microdosificaron el asombro tres veces al día durante al menos 5-15 segundos. El AWE obtuvo los resultados siguientes:

- Menos síntomas de estrés físico, dolor incluido.
- Menor percepción del estrés.
- Menos síntomas depresivos y de ansiedad.
- Menor percepción de la soledad.
- Menor percepción del agotamiento laboral.
- Mejoría general respecto a las sensaciones de atención plena del *mindfulness* y del bienestar.

En cuestión de segundos, el AWE estaba alcanzando los mismos o mejores resultados que diversas prácticas de *mindfulness* y otras intervenciones terapéuticas que requerían más tiempo y esfuerzo. Aquí tenéis una muestra más detallada de algunos de nuestros descubrimientos.

En el pasado, fui víctima durante años de ansiedad, miedos, agresividad y tuve una mente hiperactiva. El AWE ha manifestado mi curiosidad infantil y el júbilo de ver, escuchar y oler la vida que me rodea. Levantarme por la mañana y escuchar los sonidos de los pájaros que hay al otro lado de las ventanas hace que mi día empiece tranquilamente. Me asombro por el simple hecho de mirar las baldosas de terrazo cada día. Cuando veo que me estoy volviendo irritable, miro algo que tenga en mi entorno y encuentro el júbilo al instante. Mi vida es más divertida, y estoy seguro de que quien me conoce también lo apreciará.[11]

Denise

La depresión y la ansiedad

Los trastornos de la depresión y la ansiedad son muy comunes y perturbadores. En Estados Unidos hemos seguido una trayectoria que señala un incremento en la depresión y la ansiedad desde finales de la década de 1980. En todo el mundo, más personas (el 8 % de la población prepandémica global y el 59 % de la población durante la pandemia) padece depresión y ansiedad en mayor medida que cualquier otro problema de salud mental.[12] La escala en la que csos trastornos nos perturban va del grado leve al severo.

Pese a que la depresión y la ansiedad son problemas de salud mental, también nos afectan físicamente. Incluso los casos leves pueden alterar la salud y el bienestar, causando problemas digestivos, cardíacos, respiratorios, de sueño y de tiroides.

Las intervenciones actuales para la depresión y la ansiedad incluyen medicación, terapia conversacional, *mindfulness* y la práctica de ejercicio. Esos tratamientos a veces funcionan en algunas personas. Aunque la cuestión fundamental es que no tenemos pruebas lo suficientemente sólidas para afirmar que la forma de abordar actualmente el tratamiento de millones de personas que padecen depresión y ansiedad sea la adecuada. En gran parte, la investigación muestra que hay mucho margen de mejora.

---

11. Denise (seudónimo): email enviado a los autores (22 de febrero, 2022).
12. Saloni Dattani, Hannah Ritchie y Max Roser: «Mental Health», *Our World Data*, publicado en abril (2018), modificado por última vez en agosto (2021), https://ourworldindata.org/mental-health. Véase también Syed Mustafa Ali Shah, *et al.*: «Prevalence, Psychological Responses and Associated Correlates of Depression, Anxiety, and Stress in a Global Population, During the Coronavirus Disease (COVID-19) Pandemic», *Community Mental Health Journal* (27 de octubre, 2020), pp. 1-10, https://doi.org/10.1007/s10597-020-00728-y

Tratar la depresión resulta problemático, en parte, porque sus causas van desde dar a luz, a experimentar un trauma o pérdida, así como a padecer un ataque al corazón. A menudo, se emplea la medicación para tratar la depresión, pero no la causa subyacente. Esto explicaría los descubrimientos de la encuesta de los Centers for Disease Control and Prevention (Centros para el Control y la Prevención de Enfermedades), que determinó que más del 13% de los adultos en Estados Unidos toman antidepresivos para tratar la depresión.[13] Pese a que es verdad que la medicación ayuda a muchas personas, aún queda mucho por hacer. Un estudio más reciente muestra que los antidepresivos no mejoran la calidad de vida de la mayoría de los pacientes en lo tocante a la salud.[14]

De forma similar, una solución duradera para la ansiedad ha eludido a la medicina y la psicología. La terapia cognitivo-conductual (TCC), un tratamiento modelo que ayuda a los pacientes a cambiar patrones de pensamiento inútiles, y por lo tanto comportamientos, ha demostrado reducir el trastorno general de la ansiedad. Pero, por muy provechosa que sea la terapia, sigue siendo una modalidad de esfuerzo (debemos *intentar* ser mejores ideando respuestas más apropiadas a lo que nos enfurece o nos asusta). Todo esto requiere un esfuerzo continuo.

Los tratamientos médicos contra la ansiedad, que incluyen fármacos de marca como Xanax, Klonopin, Valium y Ativan, actúan más rápidamente, pero no son una cura definitiva. La medicación finalmente deja de hacer efecto y la ansiedad regresa, sobre todo en quienes no han adoptado otras medidas para eliminar las fuentes de la ansiedad de sus vidas o aprendido a tratar con aquellas que no pueden ser eliminadas.

Es más, algunos fármacos empleados para tratar la ansiedad, como por ejemplo las benzodiazepinas, causan dependencia y tras un uso reiterado y constante, el cuerpo desarrolla una tolerancia a los fárma-

13 Debra J. Brody y Qiuping Gu: «Antidepressant Use Among Adults: United States, 2015-2018», *NCHS Data Brief*, n.º 377 (septiembre, 2020), www.cdc.gov/nchs/products/databriefs/db377.htm

14 Omar A. Almohammed, *et al.*: «Antidepressants y Health-Related Quality of Life (HRQoL) for Patients with Depression: Analysis of the Medical Expenditure Panel Sur- vey from the United States», *PLoS One*, vol.17, n.º 4 (20 de abril, 2022), https://doi.org/10.1371/journal.pone.0265928

cos y su efecto desaparece. Para compensar la disminución de sus efectos, la tendencia suele ser tomar una cantidad mayor a la recetada. Si eso sucede, numerosos individuos cargados de ansiedad podrían sufrir la angustia añadida de la adicción.

A las prácticas de *mindfulness* se las conoce hace bastante tiempo por reducir los síntomas agudos de depresión y, en menor grado, de la ansiedad.[15] La terapia cognitiva basada en el *mindfulness*[16] (TCBM) muestra resultados prometedores en la prevención de las recaídas en el trastorno depresivo mayor (TDM).[17] La TCBM combina el *mindfulness* con las TCC, y las sesiones de grupo presenciales ofrecen el beneficio añadido de la interacción social. Hemos descubierto que el AWE es una opción conveniente para la TCBM y otras terapias y una aportación importante a las técnicas empleadas para abordar la depresión y la ansiedad.

Durante nuestra investigación, descubrimos que el AWE es una herramienta notablemente efectiva que proporciona un alivio para la depresión y la ansiedad e, incluso, acelera los progresos en la terapia conversacional, según algunos de los participantes del estudio. El AWE funciona, en parte, porque apunta al origen de lo que nos enferma (nuestro estado mental y/o anímico) y nos invita a ver nuestra situación a través de un nuevo punto de vista.

Para realizar el estudio del efecto del AWE sobre la depresión y la ansiedad, dividimos a los participantes en dos grupos: trabajadores sanitarios y sujetos procedentes de la población general. Al cabo de

---

15. Clara Strauss, *et al.*: «Mindfulness-Based Interventions for People Diagnosed with a Current Episode of an Anxiety of Depressive Disorder: A Meta-Analysis of Randomized Controlled Trials», *PLoS One*, vol.9, n.º 4 (24 de abril, 2014), e96110, https://doi.org/10.1371/journal.pone.0096110 Véase también Robyn Della Franca y Benjamin Milbourn: «A Meta-Analysis of Mindfulness Based Interventions (MBIs) Show that MBIs Are Effective in Reducing Acute Symptoms of Depression but Not Anxiety», *Australian Occupational Therapy Journal*, vol. 62, n.º 2 (abril, 2015), pp. 147-148, https://doi.org/10.1111/1440-1630.12198

16. También conocida como Terapia Cognitiva Basada en Atención Plena (TCBAP). *(N. de la T.)*.

17. Jacob Piet y Esben Hougaard: «The Effect of Mindfulness-Based Cognitive Therapy for Prevention of Relapse in Recurrent Major Depressive Disorder: A Systematic Review and Meta-Analysis», *Clinical Psychology Review*, vol. 6 (31 de agosto, 2011), pp. 1032-1040, http://doi.org/10.1016/j.cpr.2011.05.002

tres semanas de práctica del método AWE, ambos grupos experimentaron una notable mejoría. Los del grupo de los servicios sanitarios mostraron un 35 % de reducción en los síntomas depresivos y una reducción de un 21 % en la ansiedad. La población general obtuvo incluso mejores resultados, pues la depresión disminuyó un 36 % y la ansiedad un 24 % (unos resultados impresionantes para una práctica que es gratuita, inofensiva, y que tiene un porcentaje de eficacia que se incrementa con el tiempo). Más impactante aún resultó comprobar que los participantes de ambos grupos que comunicaron padecer una depresión leve antes de practicar el AWE confirmaron *no haber tenido síntomas depresivos* luego.

Mi ansiedad ha estado en unos niveles muy altos y ha resultado difícil de manejar, pero cuando estoy caminando y hago una pausa y me concentro en los colores de la naturaleza, los aromas, la forma en que se siente el aire, entonces sigo volviendo a esto; recuerdo lo que hay aquí. Me pierdo en los colores de las hojas y escucho los que hacen en su cambio estacional. Incluso, cuando me resulta verdaderamente difícil gestionar la ansiedad, la naturaleza siempre es mi medicina de asombro.

El asombro es un presente que siempre está ahí para nosotros si mantenemos ese espacio en nuestra mente y en el corazón para dejarlo pasar en la medida que podamos. Cuando mi pareja y yo vivimos tiempos difíciles y mi mente se pierde por un camino cargado de ansiedad, vuelvo a centrarme en las hojas caídas doradas, y esto me recuerda las estaciones y sus lecciones y su alimento. Qué hay aquí y qué es verdad, sin importar los obstáculos. Estoy en el asombro de la práctica del AWE.[18]

Natalie

EL MODELO MATRIOSKA

Los resultados de nuestro estudio muestran que el AWE funciona mitigando los síntomas de la depresión leve, y creemos que podría ser incluso una opción viable para quienes padecen un trastorno depresivo mayor (TDM).

Recientemente, investigadores de la Universidad Católica del Sagrado Corazón de Milán contemplaron la emoción del asombro como

18. Natalie (seudónimo): *e-mail* enviado a los autores (23 de febrero, 2022).

una intervención para el TDM. Han tenido en cuenta investigaciones que muestran cómo el asombro nos influye mediante cuatro dimensiones: psicológicamente, hormonalmente, neuropsicológicamente y existencialmente. Combinadas, esas incidencias producen un cambio repentino en el cual ya no somos los mismos –nos transformamos–. El «asombro –dijeron– es una emoción compleja y transformadora capaz de reestructurar los marcos mentales de los individuos tan profundamente que se podría considerar un recurso terapéutico para los principales problemas de salud mental, incluida la depresión».[19]

Esos investigadores enmarcaron las funciones del asombro en lo que ellos denominan el modelo Matrioska (cada dimensión del asombro es como una matrioska rusa, las muñecas de madera pintada anidadas ordenadamente unas dentro de otras). Los investigadores pensaron que la estructura anidada de las matrioska era una metáfora apropiada para representar la estructura anidada de la experiencia del asombro.[20]

Ellos determinaron que el proceso del asombro empieza por los cambios neurológicos que involucran la forma en que las neuronas cerebrales disparan sus pulsos, seguido de los cambios psicológicos que se producen en cómo percibimos la realidad, los cambios en el sistema endocrino (la liberación de hormonas), los cambios a nivel existencial, tales como explorar el sentido de la vida y el bienestar espiritual.

Los mismos investigadores también descubrieron que, cuanto más experimentamos el asombro, más podemos mantener la sensación del asombro, de modo que se convierte en algo más que una experiencia fugaz –no sólo es un estado, sino también un rasgo (en el capítulo 11 se habla más de estado frente a rasgo). Dicho de otra forma, el asombro podía alterar de forma efectiva el curso del TDM.

La depresión y la ansiedad surgen de fuentes distintas. La soledad es un factor desencadenante que tienen en común. Y por ello analiza-

---

19. Alice Chirico y Andrea Gaggioli: «The Potential Role of Awe for Depression: Reassembling the Puzzle», *Frontiers in Psychology* (26 de abril, 2021), https://doi.org/10.3389/fpsyg.2021.617715
20. Andrea Gaggioli, *e-mail* enviado a Michael Amster (19 de octubre, 2021).

mos si cultivando la emoción del asombro –conocida por incrementar nuestra sensación de pertenencia, ínterconectividad e identidad colectiva– nos ayudaría a disminuir la sensación de soledad.

La soledad

La soledad es más un estado mental y/o ánimo que una forma de ser. Nos sentimos solos cuando percibimos que no estamos tan conectados a los demás como nos gustaría. Si dos personas llevan vidas paralelas, pero una se conforma con estar sola y a la otra le parece estresante, la primera puede tener la percepción de que es feliz y la otra, la percepción de que se siente sola.

La soledad es un problema crónico para muchos americanos: uno de cada cinco adultos se siente solo a menudo o bien siempre. Tal como ocurre con la depresión, la soledad ha ido en aumento durante décadas, y sufrimos mental y físicamente por su causa. A la soledad crónica se la ha asociado con los trastornos del sueño, la demencia, la depresión, la ansiedad, las enfermedades cardiovasculares, los derrames cerebrales… Aparentemente afecta al corazón de forma significativa. Un reciente estudio ha descubierto un elevado riesgo (13-27 %) de padecer enfermedades cardiovasculares en mujeres posmenopáusicas que han experimentado el aislamiento social y la soledad.[21] Más preocupante todavía es que las personas que se sienten solas tienen un 50 % de posibilidades más de morir de forma prematura.[22]

Los humanos somos criaturas sociales. Nuestra salud depende de sentir que estamos conectados, si bien conseguir ayuda para la soledad puede ser difícil e incluso puede antojarse contradictorio. Tal como dijo Karestan Koenen, profesor de epidemiología psiquiátrica de Har-

21. Natalie M. Golaszewski, *et al.*: «Evaluation of Social Isolation, Loneliness, and Cardiovascular Disease Among Older Women in the US», *JAMA Network Open,* vol. 5, n.º 2 (2 de febrero, 2022): e2146461, http://doi.org/jamanetworkopen. 2021.46461

22. Julianne Holt-Lunstad, Timothy B. Smith y J. Bradley Layton: «Social Relationships and Mortality Risk: A Meta-Analytic Review», *PLoS Medicine* (27 de julio, 2010), https:// doi.org/10.1371/journal.pmed.1000316

vard: «Si te sientes solo, casi lo último que quieres hacer es acercarte a alguien».[23]

Con el fin de determinar si emplear el AWE para generar sensaciones de asombro podría ayudar a apaciguar las sensaciones de soledad, dirigimos la mirada nuevamente hacia nuestras dos cohortes: los profesionales sanitarios y la población general. De nuevo, esto ocurría durante la pandemia de la COVID-19, cuando muchos de nosotros vimos interrumpida la interacción con otras personas o, en el caso de los trabajadores sanitarios, la situación era estresante.

Para guiarnos a la hora de medir la percepción de la soledad pre y post AWE, le pedimos a los participantes que cumplimentaran una versión de la *escala de soledad* de *UCLA* (la Universidad de California en Los Ángeles), respondiendo con una escala del 1 al 4 a preguntas como: «¿Con qué frecuencia te sientes como si nadie te comprendiera?». Durante los 21 días que se llevó a cabo el estudio, los participantes emplearon un diario para comunicar sus experiencias en relación con cómo de solos, conectados y positivos se sentían.

ESCALA DE SOLEDAD DE UCLA

INSTRUCCIONES

Las afirmaciones siguientes describen cómo se sienten las personas a veces.
Por favor, indica en cada afirmación con qué frecuencia te sientes de la forma que se describe con los números. No hay respuestas correctas y/o incorrectas.

1 = Nunca   2 = Raramente   3 = A veces   4 = Siempre

¿Con qué frecuencia te sientes infeliz por hacer tantas cosas solo?
¿Con qué frecuencia sientes que no tienes a nadie con quien hablar?
¿Con qué frecuencia sientes que no puedes soportar estar tan solo?
¿Con qué frecuencia te sientes como si nadie te comprendiera?

---

23. Jacob Sweet: «The Loneliness Pandemic», *Harvard Magazine* (enero-febrero 2021), www.harvardmagazine.com/2021/01/feature-the-loneliness-pandemic

¿Con qué frecuencia esperas que te llamen o te escriban?

¿Con qué frecuencia te sientes completamente solo?

¿Con qué frecuencia te ves incapaz de acercarte a alguien y de comunicarte con quienes te rodean?

¿Con qué frecuencia necesitas compañía?

¿Con qué frecuencia sientes que te resulta difícil hacer amigos?

¿Con qué frecuencia sientes que los demás te dejan al margen y te excluyen?

CALIFICACIÓN

La puntuación total se calcula sumando la respuesta de cada pregunta. El promedio de la puntuación de la soledad está en torno a 20. Una puntuación de 25 o más refleja un grado elevado de soledad. Una puntuación de 30 o más refleja un nivel muy alto de soledad.

UCLA Loneliness Scale © Dr. Daniel Russell

Cuanto más sentían el asombro los participantes, más conectados se sintieron. Esto es un aspecto fascinante del asombro. La gente que se siente sola busca compañía. Pese a que el asombro no ofrece compañía, nos brinda una sensación de conexión con algo más grande que nosotros mismos. Y hace algo más, algo en lo que profundizaremos en la segunda parte de este libro: la sensación interna de conexión con el mundo o algo más grande que nosotros mismos modifica nuestro sistema nervioso de forma que tenemos una mayor disponibilidad para conectar con la gente de un modo más saludable. El asombro nos hace sentir completos y, de ese modo, entramos en las relaciones por la plenitud en lugar de por la necesidad y los demás se sienten atraídos por nosotros a causa de eso.

El AWE nos proporciona cierto control sobre nuestra soledad. Al emplearlo, no necesitamos que venga un compañero y sea nuestro amigo (pese a que eso sería bienvenido). En el asombro, experimentamos una sensación de conexión que no depende de estar con otras personas.

Esta sensación de estar conectado es un rasgo del asombro, y muchos estudios han mostrado que el asombro conduce hacia la conexión al hacer que estemos menos centrados en nosotros mismos, seamos más conscientes de nuestra interconexión con los demás e, incluso, percibamos una sensación de unidad con otras personas.[24] Apoyándose en ese rasgo único del asombro, el AWE reduce la soledad un 12 % en la población general y un 15 % en los trabajadores sanitarios.

A modo de comparación, en un estudio sobre la soledad y problemas de sueño en médicos durante la COVID-19 –un estudio muy similar al nuestro en cuanto a la población, el momento, la duración y el uso de una práctica de *mindfulness*–, los investigadores del Well-Span York Hospital en Pennsylvania le pidieron a la mitad de los participantes que practicaran una meditación *heartfulness*[25] diaria durante cuatro semanas. En este estudio, a los 155 participantes se los asignaba aleatoriamente al grupo de control o de intervención, que consistía en escuchar una grabación de seis minutos de una relajación *heartfulness* de meditación transcendental por la mañana y antes de irse a dormir. El resultado arrojó un 7 % de mejora: los médicos que practicaron la meditación se sentían menos solos y dormían mejor.[26] En comparación, nuestro estudio mostró que el método AWE era el doble de efectivo que la meditación del corazón.

Estoy en contacto con el asombro y con el deleite todos los días. El asombro es mágico y puede transcender cualquier circunstancia. Por ejemplo, antes me frustraba que mi hermano no respondiera a mis correos electrónicos, mensajes de texto o llamadas telefónicas. Me sentía sola y me preguntaba si le había ofendido en algo. Entonces, recordé repentinamente que puedo recrear mi experiencia. Tomé una profunda conciencia

24. Yang Baim, *et al.*: «Awe, the Diminished Self, and Collective Engagement: Universals and Cultural Variations in the Small Self», *Journal of Personality and Social Psychology*, vol. 113, n.º 2 (mayo 2017), https://doi.org/10.1037/pspa0000087. Véase también Patty Van Cappellen and Vassilis Saroglou: «Awe Activates Religious and Spiritual Feelings and Behavioral Intentions», *Psychology of Religion and Spirituality, vol* 4, n.º 3 (2012), pp. 223-236, https://doi.org/10.1037/a0025986
25. Técnica de meditación que propone vivir dejándose guiar por el corazón. *(N. de la T.)*.
26. Jayaram Thimmapuram, *et al.*: «Heartfulness Meditation Improves Loneliness and Sleep in Physicians and Advance Practice Providers During COVID-19 Pandemic», *Hospital Practice,* vol. 49, n.º 3 (agosto 2021), pp. 194-202, http://doi.org/10.1080/21548331.2021.1896858

de mi amor por él y me compadecí de lo que le estaba pasando. Me di cuenta de que yo no era el problema. Me acerqué a él sin expectativas y él me llamó al día siguiente. Tuvimos una cena maravillosa juntos. El AWE es un recordatorio. Me ayuda a ver cómo me meto en mi «maquinaria» y a tomar la decisión de abandonar la historia que me estoy contando a mí misma que me hace reaccionar.[27]

Estelle

Trataremos de forma más extensa la conexión y el asombro en el capítulo 3 y en otros lugares. Pero una cuestión que queremos destacar es que el AWE, *incluso practicado en el aislamiento*, puede generarnos la sensación de estar conectados y, por ende, reducir la percepción de la soledad.

El *burnout* o agotamiento laboral: Desenfrenado y mortal

El agotamiento laboral se produce cuando estamos agotados física y mentalmente, por lo general porque hemos estado estresados o frustrados y operando con muy pocas horas de sueño. Esta combinación no puede durar para siempre. Finalmente, como una máquina que ha estado funcionando echando humo, no tenemos más remedio que parar.

Es posible que ningún otro sector experimente tanto agotamiento laboral como el de los servicios sanitarios. Esto era cierto antes de la pandemia, cuando el promedio de los porcentajes de agotamiento laboral estaban entre el 30 y el 50 %. Durante la pandemia, cuando hospitales y clínicas no contaban con suficiente personal y los empleados estaban sobrecargados de trabajo y preocupados por contraer el virus y propagarlo entre sus seres queridos en casa, los porcentajes de agotamiento laboral oscilaban entre el 40 y el 70 %, siendo las enfermeras y los médicos de primera línea algunos de los que recibían el mayor impacto.[28]

27. Estelle (seudónimo): *e-mail* enviado a los autores (2 de noviembre, 2022).
28. Christopher Cheney: «Expert: Healthcare Worker Burnout Trending in Alarming Direction», *Healthleaders* (15 de diciembre, 2021), www.healthleadersmedia.com/

Durante el período en que realizamos nuestros estudios, la American Medical Association encuestó a más de 20 000 médicos y otros trabajadores sanitarios en relación con cómo se estaban adaptando durante la COVID-19. El grado de agotamiento laboral era alarmante: el 43 % sufría sobrecarga de trabajo –por ejemplo, trabajar largas horas atendiendo a más pacientes de lo habitual– y el 49 % dijo que estaba quemado a causa del trabajo.[29]

El agotamiento laboral no es algo que se pueda tomar a la ligera. La salud mental y física se llevan la peor parte. Traumatizados por la magnitud de lo que deben afrontar durante largas horas cada día, los trabajadores sanitarios de primera línea, por ejemplo, se vieron lidiando con pensamientos y afecciones que nunca habían experimentado. Los síntomas eran similares a los propios del trastorno de estrés postraumático (TEPT) e incluían la incapacidad de concentrarse, la depresión, la ansiedad, los pensamientos suicidas, la fatiga… La falta de sueño puede tener como resultado afecciones tan graves como enfermedades cardiovasculares e incluso psicosis.[30] Desmoralizados, mu-

_____

clinical-care/expert-healthcare-worker-burnout-trending-alarming-direction. Véase también «The Mental Health Impact of COVID-19 Pandemic on U.S. Healthcare Workers, First-Responders», *News Medical Life Sciences*, revisado por última vez el 16 de diciembre (2021), www.news-medical.net/news/20211216/ The-mental-health-impact-of-COVID-19-pandemic-on-US-healthcare-workers-first-responders.aspx. Véase también Anupam Das, *et al.*: «A Study to Evaluate Depression and Perceived Stress Among Frontline Indian Doctors Combating the COVID-19 Pandemic», *Primary Care Companion for CNS Disorders,* vol. 22, n.º 5 (8 de octubre, 2020), http://doi.org/10.4088/PCC.20m02716. Véase también Sara Berg: «Half of Health Workers Report Burnout Amid COVID-19», American Medical Association (20 de julio, 2021), www.ama-assn.org/practice-management/physician-health/half-health-workers-report-burnout-amid-covid-19

29. Kriti Prasad, *et al.*: «Prevalence and Correlates of Stress and Burnout Among U.S. Healthcare Workers During the COVID-19 Pandemic: A National Cross-Sectional Survey Study», *eClinicalMedicine* (16 de mayo, 2021), http://doi.org/10.1016/j.eclinm.2021.100879

30. Privar a un individuo del sueño es una conocida forma de tortura empleada en diversos países, Estados Unidos incluido. Resulta espantoso que permitamos estas condiciones en la sanidad y otros sectores teniendo en cuenta sus consecuencias en la salud mental y física. Hasta el *Libro Guinness de los récords* ha eliminado su entrada referente a la persona que ha permanecido la mayor cantidad de tiempo sin dormir.

chos sanitarios pensaron en dejar su profesión.[31] Y para algunos, ése era el único remedio.

El agotamiento laboral acarrea graves consecuencias en cualquier profesión. En la asistencia sanitaria, puede ser mortal. En hospitales y clínicas, los errores derivados del agotamiento causan cientos de miles de muertes de pacientes al año.[32] Los médicos cometen más errores cuando están estresados y faltos de sueño, por lo que pueden poner en peligro las vidas de los pacientes. A nivel nacional, cerca de 300 médicos se suicidan cada año debido a la depresión, un resultado habitual del agotamiento laboral.[33]

Cuando los trabajadores sanitarios dejan sus trabajos debido al agotamiento laboral, el personal existente está sobrecargado y es más susceptible al agotamiento laboral, de modo que se perpetúa un ciclo de fatiga interminable. Además, atraer a los trabajadores a una profesión con un porcentaje elevado de agotamiento laboral es difícil. La escasez de enfermeras durante la pandemia fue un claro ejemplo: antes de la pandemia, el 40 % de las enfermeras comunicó padecer agotamiento laboral. En enero de 2021, el porcentaje aumentó hasta alcanzar el 70 %.[34] Mientras tanto, la demanda de enfermeras está creciendo, ya que el agotamiento laboral provoca que una gran parte del personal de enfermería se retire prematuramente. Y entre el 30 y el 60 % de los recién graduados de la escuela de enfermería deciden que esa profesión no es para ellos.[35]

31. «The Mental Health Impact of COVID-19 Pandemic on U.S. Healthcare Workers, First-Responders», *News Medical Life Sciences*, revisado por última vez el 16 de diciembre (2021), www.news-medical.net/news/20211216/The-mental-health-impact-of-COVID-19-pandemic-on-US-healthcare-workers-first-responders.aspx

32. Thomas L. Rodziewicz, Benjamin Houseman y John E. Hipskind: «Medical Error Reduction and Prevention», *StatPearls* (Treasure Island, Florida: StatPearls Publishing, 4 de enero, 2022), https://tinyurl.com/4abx4yzn

33. Molly C. Kalmoe, Matthew B. Chapman, Jessica A. Gold y Andrea M. Giedinghagen: «Physician Suicide: A Call to Action», *Missouri Medicine* 116, n.º 3 (2019), pp. 211-216, www.ncbi.nlm.nih.gov/pmc/articles/PMC6690 303/

34. Kathleen Bartholomew: «The Dauntless Nurse: Had Enough Yet? The Latest on Nurse Burnout», *American Nurse* (8 de abril, 2021), www.myamericannurse. com/my-nurse-influencers-the-dauntless-nurse-nurse-burnout/

35. Christopher Cheney: «Expert: Healthcare Worker Burnout Trending in Alarming

El agotamiento laboral ha sido un problema durante años, pero muchas intervenciones de los médicos para mitigarlo han demostrado ser ineficaces, incluso aquellas que emplean prácticas de *mindfulness*. Hemos buscado en la literatura, e incluso los programas de reducción del estrés basados en la atención plena (MBSR, por sus siglas en inglés) de una duración de ocho semanas no fueron efectivos, incluso teniendo en cuenta que los MBSR han demostrado ser efectivos en la reducción del estrés en el lugar de trabajo. Sospechamos que parte del motivo de esta falta de eficacia es que ninguna intervención, sin importar lo efectiva que sea, puede sustituir una buena noche de sueño. (Un dato anecdótico: algunos de los participantes de nuestro estudio durmieron durante intervalos más largos al practicar el método AWE antes de irse a dormir).

En cuanto al método AWE y sus efectos sobre los profesionales sanitarios y el agotamiento laboral, les pedimos a los participantes que cumplimentaran el Inventario de Agotamiento Laboral de Maslach (una lista con 22 preguntas relacionadas con el trabajo, antes y después de la intervención del AWE).[36] Tras practicarlo durante 21 días, los síntomas del agotamiento laboral se redujeron en un 8 %, lo cual resulta impresionante teniendo en cuenta que la magnitud de la pandemia empeoró a lo largo de 2020, sin que se vislumbrara el final, y que la salud mental de la mayoría de los trabajadores sanitarios estaba empeorando, no mejorando.

El agotamiento laboral puede afectar a todo el mundo

No nos hace falta ser un trabajador sanitario que ha trabajado durante una pandemia para experimentar el agotamiento laboral. Una encuesta preepidémica de Gallup (2018) manifestaba que dos tercios de to-

Direction», Healthleaders (15 de diciembre, 2021), www.healthleadersmedia.com/clinical-care/expert-healthcare-worker-burnout-trending-alarming-direction

36. Maslach Burnout Inventory (Inventario de agotamiento laboral de Maslach), www.psychosomatik.com/wp-content/uploads/2020/03/Maslach-burnout-inventory-english.pdf

dos los empleados de todas las profesiones padecían agotamiento laboral en algún momento.[37]

Tratar el agotamiento laboral requiere un poco de autocuidado verdaderamente necesario (dormir, ejercicio físico, distracciones, una dieta saludable, hidratación, pausas y mantener nuestras relaciones con los amigos y la familia).[38] Si los trabajadores de la era pandémica acuciados por el agotamiento laboral se proponían cuidar de sí mismos, renunciar a su trabajo podía parecer la única opción. En lo que se conoce como *Great Resignation* (la gran renuncia*)*, más de 308 millones de personas dejaron sus trabajos en todos los sectores. El año 2021, el porcentaje de renuncia era de un 33 % –un porcentaje de la población activa superior al de cualquier otro año registrado–.[39] El agotamiento laboral, junto con un cambio en las prioridades personales desencadenadas por la pandemia, fue la causa principal de este éxodo masivo.

El método AWE posee una ventaja que sobrepasa a otras intervenciones de *mindfulness* para el agotamiento laboral. Primero, los trabajadores pueden acceder a él en cualquier momento mientras están en el trabajo o no y completar la intervención en menos de un minuto. Segundo, el AWE no requiere fuerza de voluntad (no tenemos que sentarnos durante períodos prolongados en silencio con la esperanza de que los pensamientos arremolinados en nuestra mente se vayan finalmente). Tercero, tiene un efecto acumulativo –las experiencias del asombro se generan una sobre la otra, incluso cambiando la vías neu-

37 Ben Wigert y Sangeeta Agrawal: «Employee Burnout, Parte 1: The 5 Main Causes», *Gallup* (12 de julio, 2018), www.gallup.com/workplace/237059/employee-burnout-part-main-causes.aspx

38. Lara Pinho, *et al.*: «The Use of Mental Health Promotion Strategies by Nurses to Reduce Anxiety, Stress, and Depression During the COVID-19 Outbreak: A Prospective Cohort Study», *Environmental Research* vol. 195 (abril, 2021), 110828, http://doi.org/10.1016/j.envres.2021.110828

39. Juliana Kaplan y Andy Kiersz: «2021 Was the Year of the Quit: For 7 Months, Millions of Workers Have Been Leaving», *Insider* (8 de diciembre, 2021), www.businessinsider.com/how-many-why-workers-quit-jobs-this-year-great-resignation-2021-12. Véase también Jay L. Zagorsky: «Are We Really Facing a Resignation Crisis?», *World Economic Forum* (13 de enero, 2022), www.weforum.org/agenda/2022/01/great-resignation-crisis-quit-rates-perspective/

ronales cerebrales (nos ocuparemos de esto en el capítulo 11). Cuarto, el AWE prácticamente garantiza una recompensa (nos quedamos sintiéndonos encantados, renovados y menos constreñidos después de tan sólo 15 segundos de práctica. El método AWE puede ser útil en la mitigación del agotamiento laboral porque el asombro expande nuestra conciencia, ayudándonos a percibir qué hay más allá de nuestra situación estresante. Y esto supone una ayuda porque, de acuerdo con Dacher Keltner, la mayoría de nosotros estamos «desprovistos de asombro».[40]

El cómplice del agotamiento laboral es el estrés. Cuando analizamos sus niveles en nuestras dos cohortes, descubrimos de nuevo que el AWE es una intervención efectiva.

El estrés y el bienestar

Cada año desde 2007, la American Psychological Association (APA) se ha asociado con Harris Poll[41] para realizar una encuesta sobre los niveles de estrés en Estados Unidos. Durante la mayor parte de los años, los encuestados comunicaron que el dinero, el trabajo y la economía eran los factores más estresantes para ellos, seguidos de la asistencia sanitaria, los tiroteos masivos y el cambio climático. Eso cambió los años 2020 y 2021. Al tiempo que esos factores estresantes primordiales aún existían, fueron superados por la preocupación por la pandemia, el futuro de Estados Unidos como nación, la discriminación y la violencia policial contra los marginados.[42] La APA estaba alarmada: «Esos factores estresantes agravantes están teniendo consecuencias reales so-

---

40. Paul Piff y Dacher Keltner: «Why Do We Experience Awe?», *New York Times* (22 de mayo, 2015), www.nytimes.com/2015/05/24/opinion/sunday/why-do-we-experience-awe.html

41. Consultoría estadounidense de análisis e investigación de mercado que rastrea sentimientos, comportamientos y motivaciones de los adultos estadounidenses. *(N. de la T.)*.

42. El 33 % de los adultos encuestados se sintieron estresados por verse discriminados personalmente; el 59 % de los adultos citaron como factores estresantes principales la discriminación y la violencia policial en general, tanto si les afectaba personalmente, como si no.

bre nuestras mentes y cuerpos… Estamos enfrentándonos a una crisis nacional de salud mental que podría dar lugar a graves consecuencias en la salud y en lo social en los años venideros».[43]

Desde la pandemia, casi la mitad de los adultos comunicaron enfurecerse más fácilmente, sufrir altibajos emocionales inesperados y sentir una mayor tensión. Los adultos de la Generación Z (de los dieciocho a los veintitrés años), viéndose ante un futuro incierto, mostraron niveles más elevados de estrés que otras generaciones.

Cuando padecemos estrés, no somos la mejor versión de nosotros mismos. Nos quedamos cortos con la gente que amamos, tendemos a perder el norte fácilmente y a pasarlo mal cuando toca tomar decisiones. Los síntomas físicos del estrés pueden incluir dolores de cabeza, dolores estomacales, dolor crónico y erupciones cutáneas. A menudo, el estrés crónico causa depresión y ansiedad. Tener un problema mental o de salud física habitualmente empeora el estrés.

Algunas personas abordan el estrés automedicándose –dándose al alcohol y a otras drogas– o distrayéndose apostando o jugando a los videojuegos compulsivamente. Las aproximaciones más saludables para aliviar el estrés incluyen técnicas de relajación, como por ejemplo remojarse en un baño caliente, hacer estiramientos, meditar, pasar tiempo en la naturaleza– y hallar el asombro.

Cuando se les pidió a veteranos, a jóvenes en situación de riesgo y a estudiantes universitarios que buscaran el asombro en la naturaleza, su de bienestar aumentó significativamente al cabo de una semana.[44] Otros estudios muestran que el asombro incrementa la satisfacción vital, al menos momentáneamente, y el bienestar diario.[45] Y el asom-

43. «Stress in America 2020: A National Mental Health Crisis», American Psychological Association (octubre, 2020), www.apa.org/news/press/releases/stress/2020/report-octubre

44 Craig L. Anderson, Maria Monroy y Dacher Keltner: «Awe in Nature Heals: Evidence from Military Veterans, At-Risk Youth, and College Students», *Emotion*, vol. 18, n.º 8 (2018), pp. 1195-1202, https://doi.org/10.1037/emo0000442

45. Melanie Rudd, Kathleen D. Vohs y Jennifer Aaker: «Awe Expands People's Perception of Time, Alters Decision Making, and Enhances Well-Being», *Psychological Science* (10 de agosto, 2012), https://doi.org/10.1177/0956797612438731. Véase también Amie M. Gordon, *et al.*: «The Dark Side of the Sublime: Distinguishing a Threat-Based Variant of Awe», *Journal of Personality and Social Psycho-*

bro no sólo cambia nuestra forma de pensar, sino también nuestra biología. Según un estudio de 2015 en la revista *Emotion*, el asombro, más que cualquier otro sentimiento positivo, estaba ligado a unos niveles más bajos de una molécula denominada interleucina-6, que está asociada con el estrés y la inflamación.[46] (Hablaremos más sobre el AWE y la biología en el capítulo 2).

Durante los primeros días de la pandemia, estaba atascada en el patrón de quedarme despierta hasta tarde para asegurarme de que no sucedía nada malo. De improviso, un amigo me envió el enlace de un estudio sobre la práctica del AWE. La vida se había transformado en unas aguas tan turbias y fangosas, que creía que merecía la pena echarle un vistazo a casi cualquier cosa. Incluso aunque sonara un poco a patraña para esta empollona rarita formada en la investigación.

La práctica del AWE resultó ser algo que me cambió la vida. Hasta entonces, primordialmente me negaba a pasar a un estado en el que viviera en el momento o me tomara tiempo para apreciar el viaje del presente.

Aprender la práctica de hallar el asombro durante la pandemia me permitió provocar cambios vitales fundamentales. Por ejemplo, me quedaba despierta tres o cuatro horas más pasado el momento en que solía irme a la cama habitualmente, jugando a estúpidos juegos de ordenador para poder ganar en algo. Creo que también permanecía despierta para «garantizar» mi seguridad personal. En mi estado de hiperalerta, dormía durante intervalos de una hora. Me irritaba con mis gatos por el hecho de ser gatos y descargaba mis frustraciones frente a comportamientos gatunos normales obvios en ellos (¡en la cuarentena, principalmente estaba sola con ellos!). Estaba centrada en los factores estresantes del polémico panorama político y de mi vida bajo el impacto de la pandemia.

Me pasaba la mayor parte del tiempo preocupándome por cosas que no podía controlar.

Después de aprender el AWE, encontré momentos para celebrar la seguridad personal prestándole atención a lo qué es en lugar de a lo que podría ser y restringí notablemente los incesantes juegos de ordenador. Empleé la práctica del AWE cuando me iba a

logy, vol. 113, n.º 2 (2017), pp. 310-328, https://doi.org/10.1037 /pspp0000120
46. Jennifer E. Stellar, *et al.*: «Positive Affect and Markers of Inflammation: Discrete Positive Emotions Predict Lower Levels of Inflammatory Cytokines», *Emotion*, vol. 15, n.º 2 (abril 15, 2015), pp. 129-133, https://doi.org/10.1037/emo 0000033

dormir y eso incrementó mis intervalos de sueño de tres a cinco horas (algo sumamente significativo).

Por si eso no era suficiente, celebraba las diferencias y prestaba más atención al presente y a lo que tenía a mi alcance. Opté por considerar las percepciones de los demás como algo asombroso y dejar atrás mi necesidad de poner mis intenciones en cualquiera de ellas. Acepté dónde estaban ellos y dejar atrás dónde estaba o no en su historia.

Para mí, encontrar momentos de asombro en lo ordinario se ha convertido en algo natural.[47]

Sally

Nuestro estudio sobre el estrés y el bienestar analizaba el bienestar emocional, psicológico y social, así como los niveles de estrés percibidos en nuestros dos grupos: los trabajadores sanitarios y la población general. Para determinar esos niveles, recurrimos al formulario breve de la Escala del Contínuum de Salud Mental,[48] que hace preguntas encuadradas en cada uno de los tres dominios, y la Escala de Estrés Percibido,[49] la cual hace diez preguntas relacionadas con los niveles de estrés y, entonces, califica los niveles de estrés percibidos de bajo a alto en función de las respuestas.

Cuando observamos si las experiencias diarias del asombro han provocado cambios diarios en el estrés subjetivo, el estrés físico (como por ejemplo dolores de cabeza y estomacales), y el bienestar general, descubrimos que quienes comunicaron haber experimentado unos niveles más elevados de asombro también comunicaron niveles más bajos de estrés subjetivo, menos estrés físico y un mayor bienestar.

En análisis adicionales, cuanto más experimentaban los participantes el asombro a diario, más experimentaban un bienestar a largo plazo. Dicho de otra forma, las dosis diarias de asombro durante el cenit de la pandemia de la COVID-19 fueron beneficiosas para la salud física y psicológica de las personas.

Los resultados finales también fueron impresionantes: tras estar 21 días practicando el AWE, ambos grupos mostraron una disminu-

---

47. Sally (seudónimo): *e-mail* enviado a los autores (18 de enero, 2022).
48 También conocido como *Mental Health Continuum. (N. de la T.).*
49. También conocida como *Perceived Stress Scale. (N. de la T.).*

ción relevante del estrés y de los síntomas físicos relacionados con el estrés (el 18 % en el grupo de trabajadores sanitarios y el 17 % en el grupo de la población general).

El dolor crónico

El dolor crónico se desarrolla durante los meses y años posteriores a sufrir una lesión y se prolonga durante más tiempo del previsto para la curación. Es distinto del dolor agudo (que es temporal y se prolonga unos pocos días o semanas después de una lesión física o de una operación quirúrgica). En Estados Unidos, más de cincuenta millones de adultos padecen dolor crónico –un dolor que persiste más allá de lo que se considera un período de recuperación normal.[50]

Cuando Michael se formó como especialista del dolor veinte años atrás, se tenía la creencia dominante de que ese dolor crónico era el resultado de un problema anatómico del cuerpo y se lo trataba de forma más efectiva con medicamentos, inyecciones, terapia física y a veces cirugía. En la década de 1990, los líderes innovadores del campo del manejo del dolor, empezando por John Sarno (Doctor en Medicina), demostraron que la mayor parte del dolor crónico no se debe a un problema estructural en el cuerpo, sino que es un fenómeno adquirido que tiene lugar en el cerebro. El doctor Sarno escribió: «Los síndromes del dolor parecen tan "físicos" que es particularmente complicado para los médicos considerar la posibilidad conforme podrían estar causados por factores psicológicos, y entonces se aferran a la explicación estructural. Por hacer esto, sin embargo, son los principales responsables de la epidemia de dolor que se da en este país».[51] Él fue muy profético, ya

---

50. James Dahlhamer, Jacqueline Lucas, Carla Zelaya, Richard Nahin, Sean Mackey, Lynn DeBar, Robert Kerns, *et al.*: «Prevalence of Chronic Pain and High-Impact Chronic Pain Among Adults. United States, 2016», *Morbidity and Mortality Weekly Report* (14 de septiembre, 2018), www.cdc.gov/mmwr/volumes/67/wr/mm6736a2.htm

51. John E. Sarno: *Healing Back Pain: The Mind-Body Connection* (Nueva York: Grand Central Publishing, 1991), p. 32. [Trad. cast.: *Libérese del dolor de espalda*, Sirio, 2000].

que esa epidemia ha empeorado mucho más desde que hizo esa afirmación por primera vez en 1991.

Más recientemente, Alan Gordon (autor y fundador del Pain Psychology Center) explicó: «Cuando el cerebro experimenta el dolor una vez tras otra, esas neuronas se "interconectan", y cada vez se les da mejor y mejor aún disparar en conjunto. Lamentablemente, eso significa que al cerebro cada vez se le da mejor y mejor aún sentir dolor».[52] Él llama a esto «dolor neuroplástico»: «Cuando el cerebro cambia de tal forma que refuerza el dolor crónico».

Todo ello empieza de una forma bastante inocente. Después de una lesión grave como por ejemplo un esguince lumbar, el centro de memoria del cerebro empieza a crear vías nerviosas. Una vez formadas, esas vías pueden recordar el dolor de espalda incluso después de que el esguince muscular se haya curado por completo, y entonces el dolor puede volverse crónico. Vivir con dolor crónico supone algo más que un malestar físico; tiene un impacto adverso en nuestra capacidad de funcionar en el mundo, así como en la salud mental y el bienestar espiritual. Quienes soportan un dolor crónico debilitante tienen tendencia a padecerlo de muchas otras formas, ya que es posible que sean incapaces de trabajar, cuidar plenamente de sí mismos, o incluso de disfrutar de actividades sociales sencillas y lúdicas.

La profesión médica ha tenido un éxito limitado a la hora de tratar buena parte del dolor crónico. La mayoría de los tratamientos –incluida la medicación, las inyecciones, el ejercicio y las técnicas de relajación– alivian temporalmente el dolor, pero no lo eliminan. La carencia de un tratamiento adecuado ha conducido inadvertidamente a la crisis de los opiáceos, una batalla que ha durado más de dos décadas que o bien se ha llevado o ha interrumpido las vidas de millones de personas.[53]

---

52. Alan Gordon con Alon Ziv: *The Way Out: A Revolutionary, Scientifically Proven Approach to Healing Chronic Pain* (Nueva York, Penguin Random House, 2021), p. 28.
53. Tres factores a los que a veces se atribuye haber sentado inadvertidamente las bases de la crisis de opiáceos son: *1)* el llamamiento de la American Pain Society (Sociedad Americana del Dolor) dirigido a hospitales y clínicas a fin de incluir la evaluación del dolor como «el quinto signo vital», junto con la temperatura corporal, el pulso, la presión sanguínea y la respiración; *2)* la investigación que

Pese a que la comunidad médica sigue recetando opioides para gestionar el dolor, se ha vuelto mucho más prudente y está mejor informada, por lo que en la actualidad hay numerosos médicos que recomiendan aproximaciones sin opiáceos como por ejemplo, las técnicas de *mindfulness* y de movimiento corporal como por ejemplo el qigong y el yoga.

Cuando a través de nuestro estudio supimos que el AWE aliviaba el dolor crónico, nos emocionamos por su potencial como una intervención para el dolor segura y viable. El dolor crónico está íntimamente ligado al sistema nervioso autónomo (SNA), y tal como explicaremos a lo largo este libro, el método AWE influye sobre el SNA. Para la sección sobre el dolor crónico de nuestros estudios, le pedimos a los participantes que calificaran su dolor en una escala del 0 al 10 en cada sección siguiente:

Dolor de espalda
Dolor de cuello
Dolor en las extremidades (brazos, piernas y articulaciones)
Dolores de cabeza
Dolor en el pecho o dificultades respiratorias

Durante el estudio de tres semanas, los participantes comunicaron una disminución estadísticamente significativa en su dolor físico. Se dio una relación directa entre dosis-respuesta, es decir, que en los días en que los participantes comunicaban haber experimentado más asombro, aseguraban también sufrir unos niveles más bajos de dolor físico. Al fijarnos en las grandes tendencias presentes en los dos estudios, hemos observado que el asombro aumenta con el tiempo y que el dolor disminuye con el tiempo. Los resultados se sostuvieron en todos los tipos de dolor.

Esos descubrimientos se habían visto reforzados por los resultados que Michael había confirmado en sus pacientes. Como especialista en

---

afirmaba que la gente a quien se le habían recetado opioides para el dolor crónico no se habían vuelto adictos a ellos, y *3)* la intensa comercialización de los analgésicos opiáceos llevada a cabo por las compañías farmacéuticas.

la gestión del dolor, Michael atiende a una media de mil pacientes al año. El primer año que introdujo el programa AWE de 21 días en su clínica, 50 pacientes pasaron por el programa, y varios de ellos experimentaron resultados que les cambiaron la vida ya que mejoraron su capacidad para regular su dolor crónico sin medicación.

Pese a que aún no hay una investigación específica sobre los mecanismos por los que el asombro mejora el dolor crónico, Michael cree que los pacientes que lo practican regularmente rumian menos respecto a su dolor, y cambian su perspectiva y su reactividad ante dolor al estar menos temerosos, lo cual les ayuda a relajarse. Cuanto más empleaban sus pacientes el método AWE, más relajado estaba su sistema nervioso autónomo, por lo que disminuía tanto la percepción del dolor, como la de los espasmos musculares asociados. Entre los pacientes de Michael, el método AWE también era beneficioso para otros tipos de dolor, incluidas la neuropatía, las dolencias autoinmunes como por ejemplo la enfermedad de Crohn y la fibromialgia.[54]

Una de las pacientes de larga duración de Michael, Rebecca, padecía dolor lumbar crónico después de sufrir una lesión laboral que tuvo como resultado una fusión lumbar de la columna vertebral. La cirugía ayudó a aliviar el dolor que irradiaba hacia las piernas pero causó un tejido cicatrizal en su región lumbar. Antes de que ella participara en las clases de *El poder del asombro* de Michael, Rebecca se suministraba morfina tres veces al día para el dolor crónico; de no ser así éste le impediría ser una voluntaria del centro de rescate de animales y disfrutar de actividades al aire libre con su marido. En la tercera sesión de grupo, ella dijo que era capaz de empezar a reducir su morfina por primera vez desde su operación de espalda. Tres meses después, Rebecca le contó a Michael que el método AWE le proporcionó un control casi total sobre el dolor hasta el punto de que había sido capaz de abandonar la medicación para el dolor. Y lo más importante; ella dijo: «Ahora que me siento mejor, obtengo una dosis doble de asombro de trabajar como voluntaria con los animales y de apreciar los buenos

54. Marianne C. Reddan y Tor D. Wager: «Brain Systems at the Intersection of Chronic Pain and Self-Regulation», *Neuroscience Letters* 702 (29 de mayo, 2019), pp. 24-33, http://doi.org/10.1016/j.neulet.2018.11.047

momentos que paso con mi marido en nuestros paseos matinales diarios».[55]

• • •

El AWE es una intervención rápida y fácil que puede cultivar el asombro en lo ordinario, en cualquier momento y en cualquier sitio. Nuestros descubrimientos sugieren que cultivar el asombro durante menos de un minuto al día reduce los síntomas de la depresión y de la ansiedad, mejora nuestras conexiones sociales, disminuye la soledad, reduce el agotamiento laboral y el estrés, incrementa el bienestar y disminuye el dolor crónico. Imagina qué podrían hacer unas experiencias del asombro más sostenidas y frecuentes.

Exploraremos otros beneficios del asombro en los siguientes capítulos. Pero primero queremos responder a las preguntas: ¿Cómo puede una emoción tener unos efectos tan radicales? ¿Cómo pueden ser esos cambios posibles? Resulta que el asombro es semejante a una dosis de medicina. Si pudiéramos embotellarla, podríamos ayudar a mitigar todo tipo de sufrimientos. Echemos un vistazo más de cerca a todo ello.

---

55. Rebecca (seudónimo): *e-mail* enviado a Michael Amster (12 de noviembre, 2021).

CAPÍTULO 2

LA CIENCIA DE LA CURACIÓN

Todos los miércoles, cerca de cuarenta y cinco neurocientíficos, especialistas del dolor, psicólogos, médicos de familia, profesionales de la salud, cirujanos, investigadores de ciencia básica y pacientes con formación respecto al dolor de todo el mundo encendían sus ordenadores para encontrarse vía Zoom durante una hora exactamente. Los anfitriones de este grupo, llamado Dynamic Healing Discussion Group (Grupo de debate sobre la curación dinámica), son David Hanscom (Doctor en Medicina), un cirujano ortopédico jubilado especialista en deformidades complejas de la columna vertebral que reside en la Costa Oeste y el doctor Stephen Porges (Doctor en Filosofía), un distinguido científico de la Universidad de Indiana y profesor de Psiquiatría que ha investigado durante años la psicofisiología –la interacción entre la mente y el cuerpo–. En los primeros meses de la COVID-19, las ideas fuera de lo establecido de esos dos médicos llevaron a la formación de este grupo de debate.

Lumbreras de sus respectivos campos, a esos dos hombres se los considera casos atípicos del campo de la medicina porque se comprometieron a hacer públicos datos rigurosamente documentados –aunque ignorados– en relación con la naturaleza de las enfermedades crónicas. Al compartir su investigaciones, sus pensamientos y los últimos descubrimientos, este grupo ha hecho progresar la ciencia de la curación más allá de lo que cualquier persona habría sido capaz durante un espacio tan breve de tiempo.

Buena parte de su aproximación está basada en la idea de que para curar el dolor y la enfermedad tenemos que sentirnos seguros. ¿Qué tiene que ver la seguridad con la curación? El hecho de cómo de seguros o de amenazados nos sintamos tiene un impacto directo sobre el estado de nuestro sistema nervioso y fisiológico. Miembros de este grupo podrían argumentar que, cuando se está en una respuesta crónica de lucha-huida (un sistema nervioso simpático activado) inducida por la amenaza, el cuerpo consume sus propias reservas para sobrevivir y, por este motivo, le faltan recursos para la plena curación. Ésta se produce en el estado fisiológico de sentirse seguro (cuando el sistema nervioso parasimpático, o SNP, está activo), lo cual produce un profundo cambio en la química del organismo. Cuando el SNP está activo, el cuerpo está en un estado de «reposo y digestión», al que nos gusta aludir como estado de «reposo y reparación». Se reponen las reservas de combustible, se reconstruyen los tejidos y el cuerpo queda restablecido.

El asombro, tal como aprenderás en breve, nos ayuda a sentirnos seguros y, por lo tanto, contribuye a la curación.

Nos unimos al grupo en su fase temprana. Como especialista del dolor, Michael estaba familiarizado con el trabajo del doctor Hanscom. Jake estaba deseoso de aprender más sobre las teorías del doctor Porges en relación con el sistema nervioso. Este grupo no sólo nos ha motivado a profundizar más en nuestra comprensión del proceso de la curación, sino que también nos ha mostrado cómo encaja el asombro en este debate revolucionario de la curación –y por qué estamos obteniendo los resultados que obtenemos con el AWE.

Todo empieza y acaba en función de si nos sentimos seguros o bajo una amenaza.

Las citoquinas: Los comunicadores dominantes del cuerpo

Por todo el organismo circula una red de comunicación de cuatro mil millones de años de antigüedad que trabaja sin descanso para mantenernos saludables. Las «citoquinas» son las comunicadoras dominantes de esta red de señalización intercelular. Liberadas por el sistema inmunitario, esas pequeñas proteínas transmiten noticias a las células situadas en cualquier parte del cuerpo. Al igual que los vecinos chismosos, las citoquinas se aseguran de que si algo va mal, todo el bloque esté al corriente. Cuando todo va bien, las citoquinas también transmiten la buena noticia.

Si el cuerpo está bajo la amenaza de un virus o una bacteria, por ejemplo, las células inmunológicas liberan las «citoquinas de la amenaza». Son los cornetistas, transmiten la señal de que una batalla está a punto de empezar e informan a las otras células (como por ejemplo los glóbulos blancos) de que deben ayudar a las tropas –a fin de crecer en número y desplegarse ante la posición del invasor–. Las citoquinas de la amenaza, en realidad, no atacan a los invasores, sino que les dicen a otras células inmunológicas bien equipadas que lo hagan. Una vez liberadas, las citoquinas de la amenaza desencadenan una cascada de acontecimientos fisiológicos, uno de los cuales es generar una inflamación en el escenario de la invasión o lesión como forma de protección.

Casi todo el mundo ha experimentado los resultados de las citoquinas de la amenaza en acción. Si alguna vez has tenido fiebre, estas citoquinas estaban implicadas en la activación de tus células inmunológicas y en el aumento de tu temperatura corporal a fin de ayudar a combatir la infección. Asimismo, si alguna vez te has hecho un esguince de tobillo, habrás visto que el área circundante a la articulación se hincha. El tejido de las articulaciones lesionadas libera las citoquinas de la amenaza, provocando que la sangre se apresure a acudir al área lesionada, trayendo consigo los glóbulos blancos y otros mecanismos de reparación.

El sistema inmunitario no trabaja solo. El organismo puede percibir las amenazas para su salud y su bienestar mediante múltiples aportaciones, incluido el cerebro y todo el sistema nervioso. Está equipado para protegerse no sólo de los virus, las bacterias y las heridas físicas, sino también de las *heridas emocionales*. Sentir vergüenza por uno de tus padres, por ejemplo, primero quedará registrado en el córtex del cerebro y luego en la amígdala, el hipotálamo y el sistema nervioso simpático (lucha-huida) antes de que el sistema inmunitario libere las citoquinas de la amenaza.

Independientemente de cuál sea el origen de la amenaza, las citoquinas intensifican el sistema nervioso simpático y, simultáneamente, rebajan el sistema nervioso parasimpático (reposo y reparación). El cuerpo ahora está en guardia y preparado para reaccionar ante cualquier cosa percibida como una amenaza.

Cuando el cuerpo nota que la amenaza grave ha terminado y el sistema inmunitario ha realizado su trabajo, las citoquinas comunican que ha llegado la hora de liberar «las citoquinas de la seguridad». Las citoquinas de la seguridad dirigen a las células inmunitarias para que eliminen la inflamación, desactiven el sistema nervioso simpático, recarguen el sistema nervioso parasimpático y dejen que la curación empiece.

Pese a que estamos restringiendo nuestro análisis de las citoquinas a la comunicación y a la inflamación, éstas son más que los marcadores de la respuesta inmune, y su red de comunicación va más allá del sistema inmunitario y de la inflamación. Las citoquinas son tan importantes para nuestro bienestar que cada célula de nuestro cuerpo posee receptores de citoquinas, dándoles así a las citoquinas una influencia sistémica generalizada. Ellas no sólo influyen en los niveles de inflamación, sino también en el metabolismo y las hormonas, por ejemplo.

Pese a que las citoquinas de la amenaza ayudan a estimular una respuesta inmunológica cuando hace falta, también son catabólicas (pueden ser altamente degenerativas). Durante el tiempo que las citoquinas de la amenaza están ocupadas transmitiendo su señal y generando inflamación, también pueden transmitir su señal a nuestros tejidos (órganos, músculos…) para ser catabolizadas y empleadas como combustible para la respuesta lucha-huida.

El catabolismo y la degeneración empiezan cuando las citoquinas de la amenaza permanecen en niveles altos durante demasiado tiempo. El resultado acumulativo es que la inflamación aguda se convierte en una inflamación crónica, y el organismo atacado se deconstruye y se deteriora.

La inflamación: Grave buena, crónica mala

Las citoquinas de la amenaza persisten con la intención de ayudar al cuerpo si, por ejemplo, está expuesto regularmente a toxinas o no logra eliminar una infección. Al detectar una amenaza continua, las citoquinas de la amenaza se ligan a otras sustancias químicas en el cuerpo para mantener el sistema inmunitario en funcionamiento a bajo nivel. En este punto, la señal de las citoquinas de la amenaza puede volverse crónica y empezar a dañar la ubicación de origen de la aflicción e incluso partes saludables del cuerpo (órganos, tejidos, vasos sanguíneos). Con el tiempo, a veces meses o décadas, esta respuesta rebelde de bajo nivel puede hacer mucho daño y extenderse a otras partes del cuerpo. Y lo que es peor, las citoquinas de la seguridad no se activarán hasta que la red de trabajo de comunicación intercelular indique que la actual amenaza crónicamente fuera de control haya terminado.

A la inflamación crónica se la asocia con la raíz de todas las enfermedades crónicas, incluidas las tres asesinas principales: la diabetes, las afecciones cardíacas y el cáncer. El hecho de que la amenaza crónica esté transmitiendo su señal queda indicado no sólo por la inflamación y la degeneración sino también por síntomas como la fatiga, el insomnio, la depresión, la ansiedad, la pérdida de la libido, el malestar gastrointestinal, el dolor articular… Sus efectos pueden ser graduales y provocar trastornos metabólicos y autoinmunes como, por ejemplo, la diabetes, el lupus, la artritis reumatoide y la enfermedad inflamatoria intestinal. Y pueden ser incesantes. Una tormenta de citoquinas, o una liberación repentina y masiva de citoquinas en el torrente sanguíneo, son los que más se asocian a la neurodegeneración (piensa en la de la enfermedad de Alzheimer y el Parkinson, por ejemplo) y las enfermedades cardíacas. Éste es el catabolismo de las citoquinas de la amenaza en su peor faceta.

Pese a que todo el mundo sufre alguna inflamación aguda alguna que otra vez, la inflamación crónica es un problema para al menos el 60 % de la población en Estados Unidos y es una de las principales causas de muerte en todo el mundo.[1]

---

1. Roma Pahwa, Amandeep Goyal y Ishwarlal Jialal: «Chronic Inflammation», *StatPearls* (Treasure Island, Florida: StatPearls Publishing, 28 de septiembre, 2021), https://tinyurl.com/3sj4hkj2

El trauma, la ansiedad y el estrés: Sinónimos de la amenaza

La amenaza se presenta bajo múltiples formas, y el cuerpo interpreta la herida emocional como una amenaza. Vivir bajo una amenaza constante puede indicarle al sistema nervioso simpático que permanezca activo y que mantenga a las citoquinas de la amenaza circulando. Dado que no hay un tobillo torcido o una gripe que atajar, la inflamación puede ser relativamente baja, pero las citoquinas de la amenaza aún siguen ocupadas catabolizando.

Nos podemos sentir amenazados por muchas razones. Es bien sabido que muchos de nosotros nos sentimos siempre amenazados, con un sistema nervioso simpático que no se detiene. Estamos tensos, estresados, con un «cableado muy apretado» por toda una serie de razones. El estrés típico del siglo XXI (el tráfico, las notificaciones de descubiertos bancarios, divorcios, la presión para triunfar…) a menudo es crónico. El resultado puede ser una inflamación innecesaria de un grado leve que causa estragos en nuestro cuerpo, incluso sin ser conscientes de ello.

Según el Doctor en Medicina D. R. Clawson (otro miembro del grupo de Hanscom), Porges y otros, la inflamación crónica tiene unas causas sociales, psicológicas y biológicas –algunas de ellas arraigadas en el estrés– y argumentan que deberíamos observar atentamente a las citoquinas de la amenaza. Una carga elevada de éstas no sólo causa enfermedades crónicas, sino que también modifica la forma cómo actuamos y cómo nos comportamos en este nuestro mundo. En un artículo aún no publicado, escriben que las citoquinas de la amenaza, a las que se refieren como TC, «son los pilares de la mayoría de las dolencias y enfermedades físicas crónicas [y] de todas las enfermedades mentales, incluidas las adicciones». También señalan que estas citoquinas son elevadas en los individuos que han estado sometidos al aislamiento, al acoso, a la pobreza, a la enajenación, a la discriminación y a la injusticia y que «el desencadenante de las TC está sensibilizado y la carga de TC a menudo es elevada en quienes han sufrido traumas destacables en el pasado». En último término, concluyen que las TC «son responsables de los comportamientos enfermizos, la impotencia y la desesperanza».[2]

---

2. Roger Clawson, *et al.*: «Post Covid-19 Syndrome: Threat versus Safety Physiology»

No hace falta romperse la cabeza para ver cómo el trauma y el estrés pueden conducir a la inflamación crónica y a la enfermedad. Una lesión emocional activa una respuesta inmunológica, y más que la gripe o un hueso roto, la lesión emocional tiende a permanecer con nosotros. La mayoría de la gente está aferrada a un resentimiento o dos; no se han recobrado por completo de haberse visto juzgados por alguien cuya opinión estimaban. Cualquier grado de dolor emocional puede desatar acontecimientos fisiológicos.

En un estudio de la Universidad de California (Irvine) donde se analizaba si sentirse juzgado por los demás puede incrementar la actividad de las citoquinas proinflamatorias, los investigadores le pidieron a un grupo de mujeres sanas que dieran un discurso y llevaran a cabo una tarea matemática ante un público que evaluaría su desempeño. Un grupo de control realizó las mismas tareas sin público. El grupo evaluado mostró unos niveles mayores de citoquinas proinflamatorias y unos niveles de respuesta reducidos de glucocorticoides, que ayudan a sofocar una respuesta inflamatoria. El grupo de control no mostró cambios en las actividades proinflamatorias.[3]

Según el grupo de Hanscom, la recuperación total de cualquier cosa, incluida la depresión, la ansiedad, el estrés, el agotamiento laboral y el dolor crónico –todas las afecciones que medimos en nuestros estudios–, no se puede lograr mientras los niveles de la citoquina de la amenaza permanezcan altos porque el cuerpo no cuenta con los recursos necesarios para la curación. Esa «cualquier cosa» también incluye todos los estados propio de la enfermedad mental y física existentes, desde el de la enfermedad de Alzheimer hasta el del virus zóster (herpes). Cuando hablamos con Clawson en una entrevista por Zoom, él nos compartió cómo considera que las citoquinas de la amenaza contribuyen a causar toda clase de trastornos de la salud, incluida, por ejemplo, la epidemia de obesidad:

(unpublished paper, 26 de julio, 2021), https://backincontrol.com/wp-content/uploads/2022/07/Post-Covid-19-Syndrome-7.29.22.pdf

3. Sally S. Dickerson, *et al.*: «Social-Evaluative Threat and Proinflammatory Cytokine Regulation: An Experimental Laboratory Investigation», *Psychological Science*, vol. 20, n.º 10 (2009), pp. 1237-1244, https://doi.org/10.1111/j.1467-9280.2009.02437.x

Tenemos un modelo falso para la obesidad y la diabetes. Durante años, nuestro modelo ha sido que haya demasiadas calorías de entrada y pocas de salida. Y entonces nosotros vinimos a decir recientemente que, bueno, a lo mejor se debe a la calidad de las calorías que ingerimos. Pero cuando rastreas un poco más a fondo, te das cuenta de que la gente que vive bajo una amenaza crónica tiene el metabolismo de lípidos deteriorado y resistencia a la insulina. Bajo una amenaza avanzada, en realidad, conservan una mayor energía. Acumulan grasas pese a comer muy poco, y he visto eso en el hospital durante toda mi carrera. No sabía por qué sucedía. Había pacientes obesos que comían como pajarillos. Y en realidad comían siguiendo dietas relativamente aceptables, pero ellos seguían teniendo obesidad mórbida. Y por desgracia, criticábamos a esos pacientes diciendo: «A ver, ya sabes, son incapaces de apartarse de la mesa». Pero en realidad es una enfermedad relacionada con la amenaza. Y luego está la diabetes. Las citoquinas de la amenaza provocan la resistencia a la insulina y la hiperglucemia. Y lo que también son tan interesantes son esas citoquinas. Su objetivo es movilizar la mayor cantidad de azúcar posible para la batalla.

Para responder de otro modo, necesitamos proporcionar a la gente obesa la sensación de seguridad que podría estar más allá de la atención médica básica. Esencialmente, tenemos que cambiar la cultura para estar saludables de nuevo.[4]

El asombro y las citoquinas de la seguridad:
El sistema parasimpático da un paso adelante

Tanto si la causa una faringitis estreptocócica, el coronavirus, un esguince de tobillo, el estrés, o la vergüenza, una inflamación puede volverse crónica si el sistema nervioso simpático continúa dominando. Para reducir la inflamación, aumentar la inmunidad, mejorar el metabolismo y prevenir daños más graves en los tejidos y los órganos –para curar cualquier dolencia que padezcamos– debemos controlar la res-

---

4. David Roger Clawson: Entrevista por Zoom con los autores (22 de marzo, 2022).

puesta de las citoquinas de la amenaza proinflamatorias e incrementar la producción de las citoquinas de la seguridad antiinflamatorias, las cuales restituyen la salud y el bienestar. Cuando las citoquinas de la seguridad aumentan, se activa la respuesta parasimpática (el estado de descanso y reparador del cuerpo). Según el artículo de Clawson:

> Es aquí donde somos antiinflamatorios, anabólicos, regenerativos, reconstituyentes, sexuales, reproductivos, intelectuales, creativos, y estamos conectados, unidos. También poseemos una fuerte inmunidad celular. Nuestras células inmunológicas cambian los fenotipos [su expresión física] cuando están seguras y se vuelven activas no sólo a nivel de inmunidad, sino que también son fundamentales para el proceso de regeneración y de recuperación. Debemos alcanzar ese estado para sanarnos plenamente. Estamos cargados de energía y nos sentimos bien cuando estamos completamente a salvo, vistos y protegidos.[5]

Completar el ciclo de la curación exige más que limitarse a interrumpir la causa de la inflamación aguda (tomar antibióticos para matar a la bacteria estreptocócica, por ejemplo). Hay que activar las citoquinas de la seguridad.

Resulta que el asombro es la única emoción positiva conocida que reduce de forma significativa las citoquinas proinflamatorias (la amenaza) e incrementa las citoquinas antiinflamatorias (la seguridad), tal como miden los niveles de interleucina-6 (IL-6).

La IL-6 es uno de los muchos tipos de citoquina que hay y funciona primordialmente como citoquina proinflamatoria (de la amenaza). Al comunicarse con otras células y sustancias químicas del cuerpo, la IL-6 estimula las vías inflamatorias para protegernos de las infecciones y de las lesiones. La IL-6 también conlleva un riesgo especial: puede facilitar la transformación de una inflamación aguda a una inflamación crónica.

En un estudio que medía los niveles de IL-6 en estudiantes universitarios antes de que se les pidiera que cumplimentaran el Programa de

---

5. Clawson, *et al.*: «Post Covid-19 Syndrome».

Afectos Positivos y Negativos,[6] una herramienta que calcula con qué frecuencia tiene una persona emociones positivas o negativas, los estudiantes que generalmente eran más positivos tenían unos niveles más bajos de IL-6. Cuando esos mismos investigadores llevaron a cabo un segundo estudio empleando la Escala de Emociones Positivas Disposicionales[7] y el Inventario de los Cinco Grandes de la Personalidad,[8] descubrieron que el asombro predecía unos niveles más bajos de IL-6, incluso por encima de otras grandes emociones positivas como por ejemplo la gratitud, la generosidad, el júbilo y el amor.[9]

Sin aludir a las citoquinas, en *The Book of Hope*, la renombrada científica de la fauna salvaje y autora Jane Goodall cuenta una historia que ilustra cómo vivir bajo una amenaza crea desesperanza y un dolor físico arraigado en la inflamación, y cómo el asombro, al llevarnos de vuelta hacia la seguridad, genera la curación.

La historia se centra en Cunsolo, una mujer inuit que estaba escribiendo su disertación sobre cómo los inuit (un pueblo indígena de Alaska, el norte de Canada y Groenlandia) estaban perdiendo su forma de vida. Después de escuchar tantas historias tristes y desoladoras de los miembros tribales, Cunsolo sintió su dolor emocional. Un día, ella descubrió que ya no podía teclear más –desarrolló repentinamente un dolor neurálgico debilitante en los brazos y las manos–. Cunsolo experimentó tal aflicción durante el proceso de las entrevistas, que enfermó físicamente.

Varios especialistas fueron incapaces de encontrar anomalía física alguna en ella. De modo que visitó a un anciano inuit que le dijo que necesitaba hallar el asombro y el júbilo cada día como medio para desprenderse de su pesar. Cunsolo veló escrupulosamente por hallar el asombro en la naturaleza cada día, y en unas semanas su dolor neurálgico desapareció. Las historias que Cunsolo estaba documentando habían activado su sistema nervioso simpático. Ella empatizaba con

---

6. También conocido como *Positive and Negative Affect Schedule*. *(N. de la T.)*.
7. También conocida como *Dispositional Positive Emotions Scale*. *(N. de la T.)*.
8. También conocido como *Big Five Personality Inventory*. *(N. de la T.)*.
9. Jennifer E. Stellar, *et al.*: «Positive Affect and Markers of Inflammation: Discrete Positive Emotions Predict Lower Levels of Inflammatory Cytokines», *Emotion*, vol. 15, n.º 2 (abril 15, 2015), pp. 129-133, https://doi.org/10.1037/emo0000033

sus entrevistados hasta tal punto que se sentía amenazada, al igual que se sentía la gente a quien entrevistaba. Al experimentar el asombro cada día, fue capaz de calmar su sistema nervioso, desconectar las citoquinas de la amenaza y producir las citoquinas de la seguridad.

El asombro no es el único medio que hay para reducir las citoquinas de la amenaza e incrementar las de la seguridad. Individualmente, podemos ayudar a otros a sentirse seguros mediante el gesto más pequeño, saludándoles con una sonrisa, una voz y una postura gentil, por ejemplo. Estas expresiones de bienvenida indican a los demás que están seguros con nosotros y pueden bajar la guardia. Las técnicas de relajación como por ejemplo la meditación y sentirse bienvenido en una comunidad segura obtienen los mismos efectos: promover la recuperación. Pero a algunas personas les resulta difícil meditar, y muchas otras se sienten aisladas y como si no fuera algo para ellas. El asombro, por otra parte, está al alcance de todo el mundo que prueba el método AWE.

Cómo enfermamos y que nos curemos completamente o no implica una interacción mucho más compleja entre células y sistemas del cuerpo que lo aquí descrito. Pero los investigadores están aprendiendo que, independientemente de cuál sea la fuente de la inflamación crónica, la curación puede producirse cuando el cuerpo se siente seguro. El asombro nos ofrece eso. Tal como mostró nuestro estudio, cuanto más accedemos a él, mejor nos sentimos

Neal Kearney, uno de los pacientes de Michael, compartió la historia siguiente en relación con cómo el asombro mitiga su dolor crónico:

A la tierna edad de siete años me introdujeron a la práctica del surf; mis ojos brillaban repletos de asombro por el poder de las olas, por el aroma del mar y por la sensación de ingravidez, de estar volando que tuve cuando mi padrino me empujó hacia esas primeras olas. Durante el tiempo que crecí en Santa Cruz, me uní a un grupo de jóvenes surfistas que llevaban sus esfuerzos y también los de los demás al límite para ganar concursos y conseguir un patrocinador. El surf pasó de ser una búsqueda etérea a convertirse en un despiadado estilo de vida competitivo. Con toda esta presión para ofrecer un rendimiento, los momentos de asombro empezaron a escasear y se espaciaron cada vez más.

Cuando empecé a padecer dolor crónico, tenía veinte años. Acabé inmerso en mi sufrimiento, atenuando los bordes afilados de la realidad con analgésicos, aislamiento autoimpuesto, videojuegos y dormir. Empecé a practicar el surf cada vez menos. Mi columna y mis caderas artríticas mermaron mis habilidades, y me vi físicamente menos capaz de salir y disfrutar del amor de mi vida. Estaba completamente insensibilizado por el dolor, el pesar y la ira. Finalmente, dejé de practicar el surf y evitaba conducir por la línea de la costa durante todo el año, intentando así lidiar con mi pérdida.

Ahora tengo treinta y cinco años. Durante la pasada década he estudiado, practicado y enseñado *mindfulness* y yoga exhaustivamente. Tuve un reemplazo de ambas caderas el año pasado, lo cual me ha permitido volver al agua. Con mis nuevas limitaciones, la antigua presión para alcanzar unos resultados se ha disipado. En lugar de elegir hacer pedazos la ola, he empezado a ralentizarme a mí mismo y a permanecer presente durante todo el proceso.

Ya no puedo hacer una maniobra aérea explosiva, pero, Dios mío, ¡hay que ver lo hermoso que es observar el reflejo resplandeciente del Sol rebotando en las salpicaduras!

¿Cómo me sentiría si me tomara un momento de vez en cuando para experimentar plenamente las profundidades de la dicha que tengo a mi disposición mientras me deslizo por la cara de una ola encrespada impulsada por la energía que se produce a mil millas de aquí? Cuando empleo mi mente de principiante, soy capaz de aprovechar el asombro inconmensurable hallado en la abundancia del mar, y durante esos momentos pasajeros el dolor es lo que está más lejos de mi mente.[10]

La capacidad de ayudar a curar la mente y el cuerpo tan sólo es uno de los súper poderes del asombro. En el próximo capítulo, revisaremos otras razones por las que la emoción del asombro ha obtenido tanta atención.

---

10. Neal Kearney, *e-mail* enviado a Michael Amster (22 de abril, 2022).

CAPÍTULO 3

DESVELANDO EL ASOMBRO

En los tramos superiores del placer y en la frontera del miedo hay una
emoción poco estudiada: el asombro. Fugaces y raras, las experiencias
del asombro pueden cambiar el curso de la vida de formas profundas y
permanentes. Sin embargo, la investigación del campo de la emoción
permanece prácticamente callada en lo que respecta al asombro.

DACHER KELTNER y JONATHAN HAIDT:
Approaching Awe, a Moral, Spiritual, and Aesthetic Emotion

El asombro ha estado ganándose una considerable atención de un
tiempo a esta parte. Es el tema de libros, talleres, artículos en pe-
riódicos importantes y revistas, *TED Talk*, pódcast, presentaciones de
YouTube y numerosos artículos de revistas.

Algunas compañías están empleando el término en sus etiquetaje.
Incluso desarrolladores y arquitectos están tomando en consideración
cómo evocar el asombro cuando lo hacen todo: desde diseñar disposi-
tivos digitales hasta potenciar la experiencia en los museos. Pero no
siempre ha sido así.

Se ha tardado mucho en llegar a una comprensión profunda y rigu-
rosa del asombro, sobre todo porque los psicólogos sociales tradicionalmente consideraban que el asombro era irrelevante para el desarrollo
humano.

No creían que sirviera a un propósito. La investigadora del asombro Michelle Shiota de la Universidad Estatal de Arizona comparó la
percepción del asombro con un objeto de lujo: «A menudo consideran
la idea del asombro como el bolso Gucci de las emociones. Si puedes

permitirte uno, bien, pero en realidad ese bolso no es algo que la gente necesite».[1] O eso es lo que solían pensar.

Numerosos investigadores (incluida Shiota) han confirmado que el asombro es más una necesidad, que una indulgencia. Estos últimos años ha surgido un número asombroso de estudios, y sus resultados sugieren que las implicaciones de la emoción son muy importantes. Según el investigador puntero del asombro Dacher Keltner, «Tenemos muchas razones para ser optimistas [sobre el asombro]».[2]

El asombro, por lo que sabemos ahora, puede ayudarnos a descubrir un nuevo sentido –descubrir qué podríamos disfrutar haciendo en nuestras vidas, incrementar los niveles de satisfacción y reinterpretar (o comprender mejor) las experiencias dolorosas–.[3] Por ejemplo, Kirk Schneider (un psicólogo humanístico y autor de numerosos libros sobre el asombro) lo emplea en sus prácticas de psicoterapia para ayudar a sus clientes a moverse a través de los sentimientos difíciles. «Intento ayudar a las personas a permanecer presentes en su dolor, en su dificultad, hasta el punto donde pueden introducirse en partes más extensas de sí mismos y ya no viven tan amenazados por ese dolor.

Lo planteo como el cambio gradual del terror abyecto y la parálisis a la intriga y la curiosidad incrementales…, a un asombro real e incluso a una fascinación por aquello a lo que les ha abierto su experiencia».[4]

Los beneficios del asombro en la salud tratados en los capítulos 1 y 2, desde disminuir la depresión y la ansiedad hasta promover el bienestar, están llevando a médicos como Michael a recetar el asombro a sus pacientes. Y en su práctica terapéutica, Jake emplea el asombro

---

1. Kimberlee D'Ardenne: «Research That Takes Your Breath Away: The Impact of Awe», *ASU News* (3 de enero, 2019), https://news.asu.edu/20190103-research-takes-your-breath-away-impact-awe

2. Dacher Keltner: Entrevista por zoom con los autores (24 de noviembre, 2021).

3. Summer Allen: «Eight Reasons Why Awe Makes Your Life Better», *Greater Good Magazine* (26 de septiembre, 2018), https://greatergood.berkeley.edu/article/item/eight_reasons _why_awe_makes_your_life_better. Véase también Grace N. Rivera, *et al.*: «Awe and Meaning: Elucidating Complex Effects of Awe Experiences on Meaning in Life», *European Journal of Social Psychology*, vol. 50, n.º 2 (2019), pp. 392-405, https://doi.org/10.1002/ejsp.2604

4. Kirk Schneider: Entrevista con los autores (24 de diciembre, 2021).

como una intervención efectiva para alterar la autoestima de los pacientes y mejorar sus relaciones.

Merece la pena explorar el asombro no sólo por la sensación pasajera de euforia que ofrece, sino también por sus beneficios duraderos. Existen varias explicaciones por las que necesitamos el asombro en nuestro juego de herramientas emocional. Además de los beneficios cubiertos anteriormente, los investigadores aprendieron que el asombro logra:

- Estimular la curiosidad.
- Infundir energía, especialmente cuando se lo experimenta en la naturaleza.
- Acallar los «monólogos silenciosos negativos» de la mente.
- Calmar el sistema nervioso.
- Reducir la inflamación.
- Hacernos menos materialistas y más generosos.
- Incrementar la espiritualidad, dado que experimentamos ser parte de algo más grande que el yo.
- Atenuar nuestra conciencia del yo para estar menos ensimismados.
- Suavizar las convicciones más arraigadas, haciendo que tengamos una mentalidad más abierta y unos pensamientos menos rígidos.
- Permitir que nos sintamos más presentes y pacientes.
- Que seamos más amistosos, humildes y estemos conectados con los demás.
- Incrementar la satisfacción vital

Todos esos beneficios merecen la pena en y por sí mismos. Cuando se los combina, nos hace mejores, personas más interesantes; lo cual nos ayuda a alcanzar lo que la mayoría de nosotros deseamos aunque estemos perpetuamente desconcertados: el asombro nos ayuda a mejorar nuestras relaciones sociales y nos inspira a sentirnos felices, incluso entusiasmados por estar vivos. Así que, ¿por qué han tardado tanto los investigadores en llevar el asombro al laboratorio?

Desvelando el asombro

La ciencia del asombro es joven, con un recorrido de un cuarto de siglo. Pese a que desde hace tiempo ha habido un interés en el potencial humano y la psicología positiva, en lo que concierne a las emociones, los psicólogos tendían a observar más de cerca los que consideraban «aspectos negativos del comportamiento humano». Durante décadas, ha habido un sesgo lucha-huida entre los investigadores, que creían que obtendríamos los máximos beneficios si lográbamos comprender las emociones que afectan tan profundamente a nuestros instintos de supervivencia (emociones negativas como el temor y la ira, por ejemplo).

Ese sesgo cambió a finales de la década de 1990, momento en que la comunidad científica consideró que tenía un valor comprender el papel desempeñado por las emociones positivas en nuestra evolución. Y, como descubrirás muy pronto, juegan un papal esencial.

Hicieron falta algunos años más antes de que alguien empezara a observar de cerca la más grandiosa de las emociones positivas: el asombro. No se estaban guardando lo mejor para el final. Más bien, tenían dificultades con algunas cuestiones fundamentales, concretamente: ¿de qué modo describirías algo tan complejo como el asombro?

Por ejemplo, a diferencia de emociones sumamente unidimensionales como la felicidad y el miedo, el asombro puede ser una emoción tanto positiva, como negativa. Sentir euforia o pavor depende únicamente del contexto en que surja la emoción —tanto si estamos maravillados por algo que valoramos, apreciamos, o encontramos maravilloso, o que tengamos una sensación de terror o de veneración por estar ante algo que parece tan abrumadoramente poderoso que nos aterra.

LAS DOS CARAS DEL ASOMBRO

El asombro es, en realidad, dos emociones distintas que históricamente han compartido el mismo nombre. Pero no son lo mismo. El asombro basado en la amenaza y el asombro basado en lo positivo se originan en partes distintas del cerebro.

En un estudio que empleaba vídeos que inspiraban asombro y neuroimagenología (IRM funcional) para mostrar qué áreas del cerebro se iluminaban durante experiencias del asombro basadas en la amenaza frente a las del asombro basado en lo positivo, los investigadores descubrieron diferencias relevantes. Cuando estaban bajo una amenaza, el giro temporal medio (GTM) izquierdo conectaba intensamente con la amígdala (que procesa las experiencias amenazadoras). Cuando sentía la positiva, el GTM conectaba intensamente con el giro cingulado anterior y posterior, ambos implicados en el proceso de recompensa, y el giro supramarginal, que está implicado en la expresión de la admiración y compasión.[5]

Las únicas similitudes entre el asombro basado en la amenaza y el basado en lo positivo son el grado en que puede incidir sobre nosotros, y lo difíciles de describir que pueden llegar a ser. Ambos son muy poderosos, pero vamos a centrarnos primordialmente en el que deseamos más.

Nuestra forma de usar el término *asombro* ha cambiado con el paso de los siglos. La historia antigua traza un cuadro pesimista de la emoción. El primer uso de la palabra podría haberse dado en el nórdico antiguo. En aquella época, y durante siglos, el asombro fue empleado para describir el terror asociado con estar ante un ser divino. Al asombro también se lo consideró una fuente de lo que algunas personas pueden ver como «el temor a Dios» –una reverencia por aquello que podría lanzar un castigo divino si no nos comportábamos o actuábamos como correspondía–. La Biblia emplea la palabra hebrea *yirah*, que se interpreta como la clase de asombro que evoca o temor o gozo y maravillamiento, alentándonos a estar «deslumbrados y embriagados» por Dios (Isaías 29:9) o maravillados por los milagros de Dios. O bien «Que toda la Tierra tema al Señor; Que todos los habitantes del mundo estén asombrados ante él», (Salmos 33:8).

5. Ryota Takano y Michio Nomura: «Neural Representations of Awe: Distinguishing Common and Distinct Neural Mechanisms», *Emotion*, vol. 22, n.º 4 (2022), pp. 669–677, http://dx.doi.org/10.1037/emo0000771.

Para cuando llegó la era de la Ilustración, la definición del asombro se suavizó, al menos en la lengua inglesa.[6] A finales del siglo XVIII, el asombro se empleaba para describir experiencias que no estaban necesariamente relacionadas con la religión, sino con lo extraordinario dentro de lo familiar o lo hermoso: el sonido del trueno o la música producida por una orquesta sinfónica. Esta definición se basaba en la idea de que esas experiencias eran milagrosas. Hoy en día, el significado del asombro ha dado un giro de ciento ochenta grados desde sus antiguos orígenes. Pese a que el asombro aún puede describir el terror, se emplea más habitualmente cuando remite a experiencias increíblemente positivas e impresionantes.

Aparte de tenerlas para definir el asombro, los investigadores tenían dificultades para determinar cómo llevar el asombro al laboratorio. Si el asombro está asociado con estar ante alguien o algo extraordinario, ¿tendrían los investigadores que llevar el laboratorio y a los participantes del estudio a una de las siete maravillas del mundo? Además, el asombro también tiende a ser una emoción pasajera y, por lo tanto, es difícil de capturar. ¿Cómo la medirías tú? Los investigadores finalmente sortearon esos desafíos (tal como hemos aprendido en el capítulo 1). Pero, inicialmente, por esas razones, al asombro se lo ha eludido como objeto de estudio, aunque no olvidado.

Una visión fresca del asombro

Un día a finales de la década de 1980, mientras estaban sentados en un mirador con vistas a San Francisco, Dacher Keltner, un joven estudiante de posgrado de la Universidad de California (San Francisco), y su profesor de psicología, Paul Ekman, estaban hablando cuando Keltner le preguntó qué debería estudiar.

Ekman, cuyos ojos vagaban por el paisaje urbano de San Francisco con la bahía y el océano como telón de fondo, dijo: «El asombro».

---

6. En neerlandés, las palabras para el asombro, *ontzag* y *vrees*, aún denotan temor, reverencia, o terror, lo cual supone un reto para los investigadores holandeses a la hora de estudiar los efectos positivos del asombro.

Ekman plantó una semilla.[7] Más de una década más tarde, Keltner, que en ese momento estaba trabajando en la Universidad de California (Berkeley), y el psicólogo social Jonathan Haidt, profesor de la Universidad de Nueva York, saltaron a la palestra en 2003 con un artículo histórico que describía el asombro como una «emoción moral, espiritual y estética». No sólo definieron el asombro al investigar los orígenes de la palabra, sino que también establecieron un marco de trabajo que describía cómo estudiar ésta, la más magnífica de las emociones.

Keltner y Haidt hicieron algo más para ayudar a asentar las bases para la explosión de la investigación del asombro que pronto se produciría. Ellos diferenciaron el asombro de otras emociones condensando la experiencia en dos mecanismos esenciales. Experimentar el asombro, dijeron, requiere inmensidad, o la sensación de que formamos parte de algo mucho más grande que nosotros mismos, y la acomodación cognitiva, o la capacidad repentina de cambiar nuestra perspectiva. Más tarde, los investigadores definieron dos características adicionales del asombro. El asombro expande la percepción del tiempo e incrementa la tendencia a ser prosocial –conectar con otras personas, participar en la comunidad, e incluso hacer lo mejor para el grupo en lugar de para el individuo–. Esos cuatro mecanismos del asombro son responsables no sólo de algunos de los beneficios del asombro, sino también de nuestra existencia continua como especie. Sin esas características del asombro, nuestra evolución podría haberse interrumpido, tal como aprenderás muy pronto.

¿Necesitamos experimentar esos cuatro mecanismos para estar asombrados? Nos gusta plantear esas características como notas musicales. Si tocas una de ellas, es una nota. Cuando tocas tres de ellas, es un acorde. Si tocas cuatro, es otro acorde. Cada nota o acorde transmite un sonido y una sensación distinta –un sabor diferente–. Al asombro, entonces, se lo experimenta de formas distintas en diferentes grados por parte de personas distintas. Bucearemos a fondo en el espectro de las experiencias del asombro en el capítulo 11. Por ahora, esperamos que tengas la curiosidad suficiente para explorar la inmensidad, la acomodación cognitiva, la percepción del tiempo y los comportamientos

---

7. Dacher Keltner: Entrevista por zoom con los autores (24 de noviembre, 2021).

prosociales para que así puedas reconocerlos cuando experimentes el asombro.

La inmensidad: Una experiencia expansiva

Típicamente, la *inmensidad* se emplea para describir algo grandioso o ilimitado. Podríamos pensar en un *paisaje inmenso*. Pero, cuando hablamos de la inmensidad del asombro, no nos estamos refiriendo a la fuente del asombro sino más bien al estado existencial en que nos pone el asombro. En el contexto del asombro, la inmensidad es cualquier cosa que nos brinde la sensación de que estamos ante la presencia de algo más grande que el yo: una *experiencia que está fuera de nuestro rango normal de experiencias.*

Pese a que una vista inmensa y espectacular puede aportar asombro, no es un requisito para sentir la nota emocional de la inmensidad. La inmensidad del asombro es una inmensidad que guardas en tu interior.

El gran avance en nuestra investigación, tal como se demostró con el método AWE, es que la inmensidad del asombro se puede encontrar en lo ordinario. El simple acto de prestarle atención a las venas de una hoja de arce o de contemplar a un chiquillo jugar con la actitud maravillada de un niño nos puede encauzar a experimentar el asombro, dándonos la idea de que formamos parte de algo mucho más grande y expandir nuestra conciencia en relación con qué significa formar parte de este mundo.

Experimentar la inmensidad tiene un valor, ya que posee el potencial de cambiar la vida personal y poderosamente. Sentir que formamos parte de algo más grande que nosotros mismos significa que nos sentimos más pequeños. Nuestro ego se atenúa un poco –de una forma positiva–, hace sitio para otras perspectivas.

Cuando nuestra conciencia del yo mengua, podría darnos la impresión de que estamos haciendo algo menos importante o menos relevante. Pero existe una paradoja: a medida que nuestra conciencia del yo se atenúa, nos sentimos más relevantes en otros sentidos. Es contradictorio, pero, cuando conectamos con algo más grande –ya sea la naturaleza, nuestro lugar de trabajo, un movimiento político, o Dios o una energía universal–, nuestro rumbo en el mundo cambia. Sentimos un impulso y notamos que nos estamos moviendo con ese impulso. Ya no estamos solos. Está sucediendo algo y somos parte de ello. Sentimos que estamos conectados.

A nivel personal, a medida que nos volvemos menos egocéntricos, menos narcisistas, y nos tomamos menos en serio, nos relajamos. La presión de destacar o de ser especial o de competir se disipa y queda reemplazada por la humildad. Hay algo muy reconfortante en ser humilde. Es una emoción reconfortante. Nuestro foco está más puesto hacia el exterior, y nos comunicamos con más facilidad y naturalidad con los demás. Las conversaciones son más amenas, productivas y significativas.

Michael cuenta una historia sobre cómo recibe inmensas dosis de humildad de algunas de las criaturas más pequeñas de nuestro planeta. Durante una época en que estaba quemado por su carrera, él y un grupo de sus amigos de *rafting* en rápidos se aventuraron en el río Colorado en las profundidades del Gran Cañón. Además de vivir una épica aventura de diecinueve días, uno de sus objetivos era participar en un proyecto de ciencia cívica recolectando insectos para una investigación sobre el cambio climático.

Cada noche, el grupo encendía una luz para atraer a los insectos hacia su kit de recolección. En esos momentos todo un universo de insectos cobraba vida. El número y la variedad de bichos era pasmosa, aparentemente salidos de la nada, aparecieron insectos de formas, colores y tamaños distintos, dirigiéndose todos hacia la tarjeta de visita universal que tenían en común: la luz.

Michael esperaba que las formaciones geológicas del cañón con capas de mil ochocientos millones de años le traerían el asombro. Nunca llegó a imaginar que enjambres de pequeños insectos le conectarían con algo mucho mayor que él mismo. Ahí estaba Michael, rodeado de miles de seres vivos de los que no era consciente hasta que encendieron la luz. A lo largo de su viaje, él había sido ajeno a su existencia porque estaba perdido en sus pensamientos. Cuando los bichos cobraron vida, Michael también lo hizo. Su sentido de conciencia del yo disminuyó al tiempo que su perspectiva se expandió. Él y sus problemas no eran tan enormes como había supuesto. Y su vida era más significativa y satisfactoria de lo que había imaginado.

Michael trabajó (y se divirtió) a tope en ese viaje, y se fue a casa sintiéndose renovado. Pese a que la inmensidad experimentada como parte de asombro fue temporal, se llevó su perspectiva más iluminada y el recuerdo del asombro inspirado por los insectos a su vida diaria.

PIENSA EN ELLO...

¿Has sentido alguna vez que eres una pequeña parte de un gran movimiento o proyecto con un grupo de personas que podía conseguir más que lo que tú conseguirías por tu cuenta?

¿Has sentido alguna vez el ímpetu de formar parte de un movimiento o de una práctica donde no destacabas personalmente, pero cuya experiencia fuera significativa?

¿Te has perdido alguna vez o te has sentido pequeño en la grandeza de la naturaleza? Piensa en cómo se sentiría uno si se subiera a la copa de un pino que se está agitando por el viento en mitad del bosque.

¿Has estado presente en el momento que un bebé nace o cuando alguien o algo muere?

La inmensidad logra algo más que hacer que nos sintamos conectados. Es una expansión, crea ese espacio que necesitamos para ver las cosas de una forma distinta. Mientras estamos en la inmensidad, es posible que sintamos una sutil alteración de las percepciones, lo que se conoce como «acomodación cognitiva». Es como si se encendiera una bombilla, inspirando nuevas formas de pensar.

La acomodación cognitiva: Creando nuevas percepciones

Es posible que la acomodación cognitiva sea la faceta más enigmática del asombro. Las experiencias repletas del asombro pueden perturbar nuestras concepciones, o cómo percibimos, vemos, comprendemos y le damos un sentido a nuestro ser y al mundo circundante. Para darle un sentido a una experiencia repleta de asombro, algo percibido como nuevo e inspirador, nuestra comprensión cambia o se expande a fin de que percibamos y comprendamos algo más que nuestro pequeño núcleo en el mundo. El cambio es cognitivo –involucra cómo pensamos–. También es sutil y rápido, una leve pero perceptible desorientación que hace que nos detengamos y nos maravillemos. O reconsideramos lo que «sabemos» que es verdad.

Al acomodar este cambio (encontrarle un sentido) vemos un panorama mayor, más realzado. Y esto puede cambiar de qué forma nos aproximamos a algo, como por ejemplo a la naturaleza. El mundo actual sería un lugar distinto, por ejemplo, si John Muir (naturalista, conservacionista y fundador del Sierra Club) no hubiera experimentado la acomodación cognitiva –lo que nos gusta denominar «la asombropifanía»– un día en la Universidad de Wisconsin (Madison).

Mientras estaban sentados fuera, un compañero de la clase de botánica de Muir se presentó ante él con una flor de una *robinia pseudoacacia* o falsa acacia y le explicó que el árbol es un integrante de la familia de las legumbres. Muir estaba alucinado. ¿Cómo podía ser que la *robinia pseudoacacia*, que podía alcanzar los 30 metros de altura, fuera un integrante de la familia de las legumbres cuando resulta que la planta del guisante mide, como mucho, 2 metros de altura? Cuando Muir escribió su autobiografía 50 años más tarde, recordó ese momento:

> Esta exquisita lección me hechizó y me hizo volar hacia los bosques y los prados con un entusiasmo salvaje. Al igual que a todo el mundo, siempre me gustaron las flores, atraído por su belleza y pureza externas. Ahora mis ojos se han abierto a su belleza interior; todas ellas revelan trazas gloriosas de los pensamientos de Dios, y nos conducen sin freno hacia el universo infinito.[8]

---

8. John Muir: *Nature Writings: The Story of My Boyhood and Youth, My First Summer in the Sierra, the Mountains of California, Stickeen, Essays* (Nueva York: Penguin Putnam, 1997), p. 139.

John Muir siguió ayudando a crear varios parques nacionales, incluidos Yosemite y el Gran Cañón.

Algunos estudios sobre el asombro han observado de qué modo influye la acomodación cognitiva sobre nuestro apego a ideas o convicciones. Específicamente, los investigadores han tomado en consideración la voluntad de los individuos para desprenderse de fuertes creencias en torno a la religión y a la justicia social –temas sobre los que la gente tiende a ser inamovible–. Hay muchas personas que no cambian de opinión en relación a qué sienten respecto a Dios o a un partido político o al cambio climático, por ejemplo. En el asombro, dado que experimentamos la acomodación cognitiva, estamos más dispuestos a observar nuestras convicciones con una mente abierta e incluso humildad.[9]

Cuestionamos nuestras creencias –no a la fuerza o por obligación, sino desde la curiosidad genuina o «el desconocimiento»–, lo cual conduce a nuevos conocimientos y a menudo a una reevaluación. Suavizar nuestro apego a nuestras creencias e ideales nos ayuda a reconsiderarlos con una nueva perspectiva. Esto no significa necesariamente que renunciemos a nuestros ideales o que debamos ceder cuando defendemos lo que sabemos que es correcto. Significa más bien que nos aproximamos a nuestras creencias con un corazón y una mente abiertas. De esta forma, permitimos que otras perspectivas entren en nuestra psique, lo cual, en último término, tiene como resultado una perspectiva más holística.

El asombro también hace que estemos menos apegados a ideas, percepciones, e incluso posesiones. Diversos estudios han concluido que el asombro nos ayuda a alzarnos por encima de la necesidad de acumular riqueza y posesiones materiales.[10]

La acomodación cognitiva del asombro también mejora nuestras relaciones e interacciones con los demás. A la gente le parece más grato estar a nuestro alrededor y, como nos mostramos menos críticos, es más

---

9. D. M. Stancato y Dacher Keltner: «Awe, Ideological Conviction, and Perceptions of Ideological Opponents», *Emotion*, vol. 21, n.º 1 (12 de agosto, 2019), pp. 61-72, http://dx.doi.org/10.1037/emo0000665

10. Libin Jiang, *et al.*: «Awe Weakens the Desire for Money», *Journal of Pacific Rim Psychology* (1 de enero, 2018), https://doi.org/10.1017/prp.2017.27

probable que disfrutemos de la compañía de los demás. Cuando ambas partes en una interacción tienen la capacidad de acomodar, el resultado resulta estimulante. Jake ofrece una mirada honesta a cómo la acomodación cognitiva le ayudó a superar un sesgo que desconocía que tenía.

Años atrás, cuando Layla entró por primera vez en la oficina de Jake, se quedó a cuadros. Layla no era su típica cliente. Vestida con un traje de motorista y cubierta de tatuajes, Layla apareció enfadada y a la defensiva. Ella había estado los últimos veinte años en prisión por asesinato, y ahora que la habían soltado, su razón principal para acudir a terapia era averiguar qué hacer para ganarse la vida. Layla también se estaba recuperando de su adicción a las drogas y el alcohol. A Jake le intimidaba un poco el desconocimiento que él tenía respecto a las circunstancias de Layla, pero asumió el reto.

Ayudarla resultó mucho más fácil y más gratificante de lo que Jake se había imaginado al principio. Y él rápidamente apreció a Layla por quién era —no por quién él creía que era—. Durante sus sesiones con Layla, Jake estaba asombrado por cómo alguien podía ser tan distinto de la primera impresión que causaba.

Layla era un ejemplo de lo que es capaz el espíritu humano. En este punto de su vida, tenia el don de ver a otras personas sin juzgarlas. Ella había creado un gran espacio abierto —gran cantidad de espacio para la acomodación cognitiva— para ver a la gente y al mundo de formas nuevas, incluso en las situaciones más extremas.

Jake experimentó una acomodación cognitiva por el mero hecho de estar en su presencia, e imaginó que ella podía suscitarla en otras personas. Dada su aptitud para ver a las personas y a los acontecimientos con una mirada fresca, Jake le sugirió convertirse en una consejera de adicciones. Si alguna vez un cliente afirmaba estar demasiado hundido para recuperarse, la historia personal de Layla testimoniaba lo contrario. Y precisamente por sus experiencias vitales, ella impulsaba a otros a abrir sus mentes y reconsiderar que era posible. Layla podía ser un faro de esperanza para aquellos que la habían perdido.

Layla no aparentaba ser alguien impresionado consigo misma. Pero ella era impresionante. Se convirtió en una consejera afectuosa y compasiva. Ella se pasó la última decada dándole a la gente el espacio y el permiso que necesitaban para curarse.

La acomodación cognitiva es destacable en el sentido que puede cambiar cómo pensamos y nos sentimos en relación con toda una serie de cosas, incluido lo que muchos de nosotros creemos que apenas tenemos: tiempo. En la experiencia del asombro, quizá en alguna parte entre la inmensidad y la acomodación cognitiva, percibimos el tiempo de una forma distinta. En el asombro, nuestra percepción del tiempo se expande.

La percepción del tiempo

La mayoría de nosotros hemos tenido la sensación de que algunos momentos vuelan mientras que otros parecen prolongarse. Algunos días, casi nos vemos forzados a matar el tiempo. A lo mejor estamos a pocas horas de un acontecimiento que nos pone nerviosos o que esperamos con ansias.

Estamos vestidos antes de lo previsto y nos cruzamos de brazos mientras esperamos tensos a que nos recojan para llevarnos. Mientras estamos profundamente absortos en un proyecto, por otra parte, podríamos olvidarnos del tiempo por completo. Estamos en la onda o en nuestro elemento, sintiendo que nos hemos aunado con lo que estamos haciendo, cargados de energía y disfrutando del proceso. Cuando finalmente miramos el reloj, para nuestro asombro, han pasado horas.

Éste es un estado fantástico y productivo en el que estar. Pero ¿adónde ha ido a parar ese tiempo?

Durante décadas, los investigadores han equiparado cómo interpretamos el paso del tiempo a cómo nos sentimos en ese momento. Cuando nuestras actividades son placenteras y somos felices, parece pasar más deprisa. Si estamos deprimidos, angustiados o nos sentimos solos, parece ir a paso de tortuga. Cuando estamos en el asombro, sin embargo, no experimentamos el tiempo en absoluto: nuestra noción de él queda suspendida.

Otros estados emocionales positivos existentes no aportan esta misma percepción alterada del tiempo. En el que ha sido el estudio más relevante sobre la percepción y el asombro hasta la fecha, los investigadores mostraron a los participantes vídeos que inspiraban admiración de imponentes cataratas o de gente interactuando con animales enormes. Los investigadores descubrieron que no sólo se podría disfrutar de los momentos de asombro, sino que también uno podía disfrutarlos durante lo que parecen momentos más largos. Estar en esos momentos de asombro dio a los participantes la percepción de que el tiempo era más abundante, que pasaba más despacio. El estudio atribuyó esta sensación de abundancia a estar en el momento (los participantes que sintieron el asombro lo describieron como estar completamente presentes).[11] Es como si el asombro se hubiera diseñado para saborearlo.

El asombro crea una sensación de intemporalidad, un espacio que se antoja eterno, como si no hubiera ni un principio ni un final. En nuestra atareada sociedad, en la que la mayoría de la gente se siente abrumada y considera el tiempo como un bien escaso, la intemporalidad es un respiro bienvenido.

Al prolongar los momentos, el asombro se lleva esa sensación de agobio. Al haber experimentado el asombro, sacamos más cosas adelante en menos tiempo sin sentirnos apurados. Y la forma en la que conectamos con los demás mejora notablemente. Sentirnos y actuar

---

11. Melanie Rudd, Kathleen D. Vohs y Jennifer Aaker: «Awe Expands People's Perception of Time, Alters Decision Making, and Enhances Well-Being», *Psychological Science*, vol. 23, n.º 10 (10 de agosto, 2012), pp. 1130-1136, https://doi.org/10.1177/0956797612438731

como si el tiempo abundara en lugar de escasear cambia el tono de nuestras relaciones.

El asombro disipa la sensación de urgencia que muchos de nosotros acarreamos a lo largo de un día atareado manteniéndonos en el instante presente, lo cual calma el sistema nervioso simpático. En este espacio, con esa urgencia fuera del panorama, podemos experimentar la paciencia. Si tengo una relación contigo, y soy más paciente y conecto contigo, imagina cómo va a cambiar eso el tono de nuestras conversaciones, que a su vez cambiará nuestras actitudes y perspectivas. Ahora nos relacionamos desde un lugar fundamentalmente distinto, un lugar opuesto al de la urgencia y la carencia, un lugar de abundancia.

PIENSA EN ELLO...

¿Recuerdas algún momento en que sintieras que el tiempo se había expandido?

¿Alguna vez has perdido la noción del tiempo?

¿Alguna vez has experimentado que el tiempo se ha detenido?

¿Recuerdas tu infancia y que entonces te decían que debías esperarte para abrir un regalo?

Más allá de estas tres características del asombro (la inmensidad, la acomodación cognitiva y la percepción del tiempo en expansión), los investigadores también han mirado el asombro con lupa para comprobar si ha desempeñado algún papel en nuestra evolución social. ¿Por qué, se preguntaron, sentimos asombro? Ellos descubrieron que las implicaciones evolutivas del asombro son gratificantes así como cruciales para nuestra supervivencia. Esos investigadores aprendieron que, quizá, el mayor beneficio del asombro para la raza humana es su tendencia a hacer que nos comportemos de formas que nos animen a congraciarnos con los demás.

Nuestro súper poder evolutivo: La conexión

El historiador holandés y autor Rutger Bregman ha escrito sobre el potencial que tienen las personas para ser bondadosos. Para destapar este potencial, él echó la mirada atrás, hacia la antigüedad. En su libro titulado *Humankind: A Hopeful History*, una de las preguntas básicas que hace es, ¿qué rasgos le han dado al *homo sapiens* una ventaja evolutiva? Pese a que Bregman no habla del asombro directamente, vincula la supervivencia humana a nuestra capacidad de conectar con los demás. Escribe: «Los humanos, en resumen, son de todo menos gente con cara de póker. Se nos escapan emociones constantemente y estamos programados para relacionarnos con quienes nos rodean. Pero lejos de ser una desventaja, éste es nuestro auténtico superpoder».[12]

La evolución favoreció los comportamientos prosociales, dando crédito a la teoría conforme las emociones que inducen el deseo de estar con los demás eran, y siguen siendo, importantes para la supervivencia. Para nuestros ancestros, vivir en una tribu ofrecía más protección de los enemigos y de algunas de las duras condiciones de la naturaleza. Asimismo, posibilitaba el esfuerzo colectivo que requieren la caza y la recolección, y más tarde sembrar y cosechar ayudó a garantizar que todos los integrantes del grupo tuvieran el estómago lleno. Pero al vivir tan cerca de los demás, debíamos ser amistosos, a fin de que no nos expulsaran de la tribu y tuviéramos que espabilarnos por nuestra cuenta, una posibilidad que pintaba muy mal en el mejor de los casos.

Cuanto más capaces somos de vivir en una comunidad –llevarse bien con los demás, por así decirlo–, más son nuestras probabilidades de supervivencia. El asombro consigue eso alentando la amabilidad, la generosidad y los comportamientos atentos. El asombro nos ayuda a ser mejores personas.

En la teoría de la «supervivencia del más amistoso», el científico soviético Dmitry Belyaev proclamó que ser una buena persona podría haber contribuido a tener una pareja con quien procrear –la garantía definitiva de que nuestra especie sobreviviría–. Como director del

---

12. Rutger Bregman: *Humankind: A Hopeful History* (Nueva York: Little, Brown, 2020), p. 118.

Institute of Cytology and Genetics en Novosibirsk (la capital de Siberia), en los años cincuenta Belyaev pasó décadas criando zorros plateados cautivos. Su objetivo era comprender qué papel desempeñaba la genética en la domesticación de los animales. Durante años, trabajando cerca de los pantanos helados o plagados de mosquitos de las llanuras siberianas, Belyaev y su equipo cruzaron cientos de zorros plateados, mezclando y emparejando ejemplares en función de los rasgos de su personalidad. Cuando cruzaban un zorro amistoso con otro zorro amistoso, el resultado arrojaba un zorro todavía más amistoso.

Al cabo de varias generaciones, los zorros más afables habían sido domesticados hasta tal punto que parecían perros (agitaban la cola o bien mostraban afecto hacia los humanos). Esos zorros fueron domesticados, no por un entrenador, sino por un solo criador. Belyaev probablemente demostró cómo nuestros ancestros de la antigüedad convirtieron al lobo en «el mejor amigo del hombre».

Además de comprender de qué forma tiene lugar la domesticación, a Belyaev se le ocurrió esta teoría de la supervivencia del más amistoso para explicar la proliferación de la raza humana, sugiriendo que «las personas son simios domesticados [y así] los humanos más afables eran los que más hijos tenían».[13]

Queremos sugerir que la cordialidad guarda relación con el asombro porque éste nos lleva a ser más prosociales y altruistas. Asimismo, los comportamientos prosociales nos conducen hacia el asombro. Si somos amables, generosos y pacientes (dicho de otra forma, amistosos y conectados con los demás), es más probable que experimentemos el asombro espontáneamente. Es un bucle de retroalimentación continua.

Lo opuesto también es cierto. Cuando nos alejamos de un estado prosocial, relacionarnos con los demás nos resulta más complicado.

LA DROGA DEL AMOR Y EL ASOMBRO

La oxitocina (una hormona liberada durante el parto), al dar el pecho, al abrazar y en el orgasmo, puede hacernos sentir eufóricos, llevando a algunas personas a denominarla «droga del amor» u «hormona del

---

13. Bregman, *Humankind*, p. 110.

amor». También es probable que el cuerpo libere oxitocina cuando estamos asombrados.

En un estudio de la Universidad Duke, los investigadores administraron la droga del amor a un grupo de hombres. El grupo de control recibió un placebo. Después, a ambos grupos se les pidió que meditaran y respondieran a preguntas sobre qué emociones sentían, así como qué pensaban de la espiritualidad. Quienes formaban parte del grupo de la oxitocina eran más propensos a comunicar que habían sentido una fuerte conexión con los demás y que la espiritualidad era importante. Esos hombres también comunicaron haber sentido asombro y otras emociones positivas durante la meditación.[14]

La mayoría de la gente ansía establecer una conexión no sólo con otras personas, sino también con el mundo a gran escala. Bregman escribe: «Nuestros distantes antepasados [...] ubicados desde las tundras más frías hasta los desiertos más cálidos, creían que todo está conectado. Ellos se veían a sí mismos como parte de algo mucho más grande, vinculado a todos los demás animales, plantas y a la Madre Tierra [...]. Los seres humanos ansían sentir una unidad e interacción. Nuestros espíritus anhelan establecer una conexión de la misma forma que nuestros cuerpos tienen hambre de comida».[15]

La emoción del asombro nos invita a conectar con los demás, y muchos estudios apoyan esta idea. Por ejemplo, un estudio empleó una intervención conocida como «paseos del asombro» para testar sus efectos en un grupo de adultos de edad avanzada.

Posiblemente, no hay otra franja de edad más afectada por la desconexión social que los adultos de edad avanzada, y así pues, los investigadores del asombro recurrieron a esta cohorte para analizar el efecto que tenía el asombro sobre los sentimientos derivados de la conexión social.

---

14. Duke University: «Oxytocin Enhances Spirituality: The Biology of Awe», *ScienceDaily (*21 de septiembre, 2016), www.sciencedaily.com/releases/2016/09/160
921085458htm
15. Bregman: *Humankind*, p. 122.

Durante un período de ocho semanas, sesenta participantes pasaron quince minutos caminando al aire libre cada semana. Un grupo realizó paseos del asombro, durante los cuales se les ordenó que observaran lo novedoso que encontraran a lo largo de su ruta con el maravillamiento propio de un niño. Al grupo de control se le pidió que simplemente caminara.

Como cabe esperar, el grupo del asombro comunicó haber experimentado júbilo y otras emociones positivas durante sus paseos, algo que incrementó su sensación de estar socialmente conectados. Incluso sonreían más.[16]

Sentirse conectado también es bueno para nuestra salud física. Los investigadores de la Universidad de Carolina del Norte determinaron que incluso *percibir* que tenemos conexiones sociales positivas conduce a una mejor salud física. Para este estudio, los investigadores emplearon una modalidad de meditación para inducir emociones positivas (incluido el asombro) y midieron los efectos sobre la frecuencia cardíaca en un laboratorio empleando el análisis de frecuencia espectral.

Durante seis semanas, un grupo de participantes practicó la meditación del Amor Bondadoso,[17] una práctica contemplativa que requiere autogenerar pensamientos afectuosos y bienintencionados hacia los demás. En realidad, los participantes no estaban siendo sociables con los demás cuando meditaban, tan sólo estaban pensando en los demás afectuosamente. El grupo de control no empleó ninguna intervención.

Mientras tanto, los investigadores midieron el tono vagal cardíaco en todos los participantes. El *tono vagal* es un término usado para describir la actividad del nervio vago.

Vagus proviene del término latino «vagar». Es una palabra que describe cómo desciende el nervio serpenteando desde el cerebro hasta el abdomen. Al tratarse del nervio más largo del cuerpo, el vagus tiene varias responsabilidades. Afecta a todas las cuestiones desde las expresiones

---

16. V. E. Sturm, *et al.*: «Big Smile, Small Self: Awe Walks Promote Prosocial Positive Emotions in Older Adults», *Emotion* (21 de septiembre, 2020), publicación anticipada *online*, http://dx.doi.org/10.1037/emo0000876
17. Práctica también conocida como *loving-kindness meditation*. *(N. de la T.)*

faciales, el tono de voz y la audición, hasta la presión sanguínea, la capacidad de tragar y en qué medida trabajan bien nuestros intestinos.

El tono vagal cardíaco refleja de qué forma afecta el nervio vago a las funciones cardíacas.

Se puede medir el tono vagal cardíaco observando la variabilidad de la frecuencia cardíaca (VFC). Si llevas algún dispositivo de control de seguimiento de *fitness* en la muñeca, debes estar familiarizado con la VFC, que es un indicador de lo bien que está manejando tu cuerpo el estrés. Una VFC alta, o un lapso de tiempo variado entre latidos, es bueno, pues indica que el sistema nervioso está respondiendo bien a los factores estresantes de la vida diaria (incluidas las situaciones como el aislamiento y la enfermedad) y que, en general, te sientes positivo.

Un tono vagal alto es bueno, ya que señala que el nervio vago está manteniendo una presión sanguínea saludable, el azúcar en sangre y los niveles de ansiedad, así como ayudando en la digestión. El tono vagal alcanza sus niveles más elevados cuando nos sentimos seguros, es decir, cuando no estamos en la respuesta lucha-huida o bajo el estrés. Cuando experimentamos el estrés, un tono vagal alto nos ayuda a relajarnos más rápidamente. Un tono vagal alto también señala una inflamación reducida y un menor riesgo de sufrir un ataque al corazón.

Si recuerdas nuestra exposición sobre las citoquinas y el asombro del capítulo 2, a lo mejor te interesa saber que la VFC es un buen marcador de la carga de citoquinas de la amenaza. A medida que aumenta la carga de citoquinas de la amenaza, la VFC se desploma. Lo opuesto también es cierto: a medida que la carga de citoquinas de la seguridad sube, los niveles de la VFC se elevan. En resumen, esas lecturas «altas» del tono vagal y la VFC nos dicen que nuestros cuerpos están llevando bien el estrés y que hemos reducido el riesgo de mortalidad, probablemente viviremos más tiempo.

En el estudio de la meditación del Amor Bondadoso, los investigadores descubrieron que incluso percibirnos a nosotros mismos como socialmente conectados nos lleva a sentir emociones positivas (una VFC y un tono vagal más elevados), algo que nos conduce a una mejora de la salud. Y aprendieron que lo contrario también es cierto: la buena salud nos proporciona que sintamos más emociones positivas. Los investigadores llamaron a este efecto «dinámica de espiral ascendente autosostenida».[18] Mucho se ha aprendido sobre la conexión y la longevidad. Tras revisar ciento cuarenta y ocho estudios sobre el tema, los investigadores de Universidad Brigham Young analizaron qué factores contribuyeron en mayor medida a la longevidad entre un grupo de adultos de mediana edad. Coronando la lista no estaba la salud, la dieta o el ejercicio, sino tener conversaciones casuales con gente en el supermercado o en la parada del autobús, por ejemplo. Ese tipo de encuentros, que no son estresantes, promovían una sensación de pertenencia y de conexión. En segundo lugar, estaban las relaciones estrechas, o las relaciones con la gente con quien podríamos contar en caso de necesidad.[19] Pese a que este estudio y otros como él no contemplaban el asombro, sostienen la idea de que la conexión es esencial para nuestra existencia y bienestar. Y tal como sabemos por nuestra investigación, experimentar el asombro durante menos de un minuto al día es un antídoto efectivo contra la soledad.

· · ·

UN MOMENTO AWE

Uno de los aspectos más notables del asombro es su capacidad de ayudarnos a sentirnos más conectados con los demás. Y, a semejanza de la meditación del Amor Bondadoso empleada en el estudio de la Universidad de Carolina del Norte, uno de los aspectos más notables del AWE es su capacidad para generar sensaciones de conexión mientras estamos completamente solos.

Cuando puedas, busca un lugar donde estés solo y, entonces, emplea el método AWE al tiempo que piensas en la persona a quien más has querido en la vida. Pueden ser personas vivas o que hayan fallecido.

18. Bethany E. Kok, *et al.*: «How Positive Emotions Build Physical Health: Perceived Positive Social Connections Account for the Upward Spiral Between Positive Emotions and Vagal Tone», *Psychological Science*, vol. 24, n.º 7 (1 de julio, 2013), pp. 1123-1132, https://doi .org/10.1177/0956797612470827

19. J. Holt-Lunstad, T. B. Smith y J. B. Layton: «Social Relationships and Mortality Risk: A Meta-Analytic Review», *PLoS Med*, vol. 7, n.º 7 (2010): e1000316, www.doi.org/10.1371/journal.pmed.1000316

Tómate tu tiempo para crear una imagen clara de esa persona; tal vez un recuerdo o una escena que capture su esencia.

Mantén esa imagen en tu mente, préstale toda tu atención.

Espera durante una inhalación completa, o tal vez más de una, mientras te tomas tu tiempo en apreciar a esta persona. Imagina que la estás mirando a los ojos.

Considera qué significa para ti, qué aprendiste de ella o cómo has crecido como resultado de haberla conocido.

Podemos permanecer en el momento mientras recordamos. Mientras recuerdas y sientes, limítate a recordar y sentir.

A continuación, cuando estés listo, exhala por completo y permítete un momento de asombro.

• • •

PIENSA EN ELLO...

¿Has experimentado el asombro y parte de esa experiencia supuso sentirte más conectado a otras personas, a la naturaleza, a una deidad o a ti mismo o a tu cuerpo?

¿Has experimentado el asombro y te has sentido más generoso?

¿Has reconectado alguna vez con alguien que te importa tras haber pasado años separados y has sentido asombro ante lo fácil que ha sido seguir donde lo dejasteis?

¿Has conectado alguna vez tan profundamente con otra especie que has sentido el asombro?

Exploraremos algunos de los otros beneficios del asombro en los próximos capítulos. Pero en primer lugar queremos responder a un par de preguntas: ¿Cómo puede una emoción tener unos efectos tan determinantes? ¿Cómo son todos esos cambios posibles? Nosotros mismos teníamos curiosidad. Respondimos a esas preguntas desglosando el método AWE para ver qué cambios se estarían produciendo en el cerebro y en el cuerpo. Lo que aprendimos fue confirmado, y nada menos que impresionante.

SEGUNDA PARTE

CÓMO FUNCIONA EL AWE

CAPÍTULO 4

A DE ATENCIÓN: PROCESANDO NUESTRA REALIDAD

A Leonardo da Vinci, un auténtico hombre del Renacimiento, se lo recuerda sobre todo por ser un pintor, ingeniero y científico brillante. A pesar de sus logros, él también dejó muchos trabajos inacabados y era inconstante. Pero, cuando algo le resultaba interesante, importante o hermoso llamaba su atención, Leonardo hacía más que tomar nota. Escarbaba a fondo, desenterraba las minucias y prestaba toda su atención al detalle más minúsculo. A menudo le sorprendía lo ordinario, especialmente en lo concerniente a la anatomía. Su atención hiperconcentrada en los músculos de los labios condujeron a la *Mona Lisa* y al *Salvator Mundi*, obras de arte de las que aún se habla a causa de las misteriosas sonrisas de los personajes representados, ¿o son muecas?

EL MÉTODO AWE

Atención *significa concentrar tu entera e indivisible atención en algo que aprecies, valores o que te parezca asombroso. Mira a tu alrededor por la habitación donde te encuentres. Encuentra ese algo bonito especial que valores y aprecies. Examínalo con atención. Échale un buen vistazo. Si es un objeto pequeño, cógelo y empieza a observar todo lo que lo define. Si es una planta, toca las hojas; observa su textura, color y aroma; y observa la vida que contiene. Si es un cuadro, imagina al pintor pintándolo y observa la profundidad, la luz y los colores.*

La atención es más poderosa de lo que la mayoría de nosotros creemos. La palabra proviene del latín, con el significado «extenderse hacia algo». El filósofo y psicólogo William James definió la atención como «la capacidad de retener algo ante la mente». Él añadió que la atención lleva fuera del yo: «No es sólo que el otro se vuelva real para nosotros, sino que nuestra atención en sí misma se hace palpable».[1] La atención de Da Vinci le llevó fuera de sí mismo. Le llevó al asombro.

Niveles de atención

Existen varios niveles de atención. Nos gusta considerarlos como *a* en minúsculas y *A* en mayúsculas. La atención en minúsculas es principalmente irreflexiva. Éste es uno de los milagros de la mente (la habilidad de conducir un coche, conversar y realizar varias tareas sin concentrar conscientemente nuestra atención en ellas). La mayoría de nosotros pasamos buena parte del día en la *a* en minúsculas porque vivimos en medio de una sobreabundancia de estimulación (teléfonos, correos electrónicos, avisos acústicos, vídeos, televisiones, horarios, largas listas de cosas por hacer), distracciones de todo tipo. Con dema-

---

1. William James: «Chapter XI. Attention», en *The Principles of Psychology* (1890), Classics in the History of Psychology, https://psychclassics.yorku.ca/James/Principles/prin11.htm

siada frecuencia, no elegimos a qué le prestamos atención. Simplemente, reaccionamos al estímulo.

La atención en mayúsculas tiene un propósito. Nos proponemos atender a algo por completo. Concentrarnos conscientemente en algo nos pone en un estado de disponibilidad y receptividad. Todos los sentidos están dispuestos para lo que hay frente a nosotros. Al crear espacio en la cabeza para el objeto de nuestra atención, estamos renunciando a nuestros pensamientos aleatorios, distracciones y a hacer las cosas en la forma del piloto automático.

Estar pendiente de una cosa profundamente aunque sólo sea durante unos pocos segundos trae un presente. La atención nos brinda espacio para ver ese objeto de una forma novedosa. Profundizamos yendo más allá de nuestras ideas preconcebidas, llegando hasta tal punto que profundizamos en la existencia del objeto.

Esto crea una novedad, o la acomodación cognitiva de la que hablan los investigadores del asombro. Al acomodar, o dar cabida a nuestra nueva percepción, modificamos cómo experimentamos el objeto de nuestra atención. Así es cómo se despliega la emoción del asombro. Así es cómo Leonardo fue capaz de ver y pintar labios como nadie.

El asombro requiere la atención con mayúsculas. Así pues, para sentir el asombro necesitamos prestar atención a en qué medida estamos pendientes de las cosas y de qué estamos pendientes.

Procesando nuestra realidad

Jenny Odell, en su libro *How to Do Nothing: Resisting the Atención Economy*, habla sobre lo abrumador que se ha vuelto decidir a qué le prestamos nuestra atención, dadas todas las entidades comerciales que rivalizan por nuestra atención y nuestro dinero. Esta invasión de nuestro mundo personal es incesante y perturbadora. La mayor parte de las veces, estamos prestando atención a cosas superficiales que, en realidad, no nos importan. Y tenemos mucho que ofrecer.

El mensaje de Odell para desengancharnos de la economía de la atención y «hacer nada» coincide con la llamada de prestar nuestra atención a lo que significa algo para nosotros. Y su mensaje es urgente:

«Hay más razones para hacer más profunda nuestra atención que simplemente resistir la economía de la atención. Esas razones tienen que ver con las formas muy reales en que la atención –a lo que prestamos atención y a lo que no– procesa nuestra realidad de una forma muy seria».[2]

Nosotros decidimos conscientemente a qué atender. El desorden que nuestra pareja deja en la cocina después de preparar la comida nos puede tener irritados toda la noche si eso es todo lo que vemos. O podemos centrarnos en la exquisita comida que nos han ofrecido y disfrutar de limpiar la cocina conversando animadamente.

Llamamos a esta elección «percepción selectiva». En qué elegimos centrarnos (qué optamos percibir) procesa nuestra realidad a lo grande, determinando cómo vemos y experimentamos el mundo.

William James reconoció lo caótica que habría sido la vida si no hubiera hecho esa elección:

> Millones de cosas externas presentes para mis sentidos nunca se introducen en mi experiencia de forma apropiada. ¿Por qué? Porque no tienen ningún interés para mí. Mi experiencia es aquello a lo que esté conforme a atender. Sólo esos objetos que percibo conforman mi mente, sin el interés selectivo, la experiencia es un caos absoluto. Por sí mismo, en resumen, el interés brinda acento y énfasis, luz y sombra, una perspectiva inteligible en un primer y segundo plano. Varía en función de cada criatura, pero sin él la conciencia de cada criatura sería una aleatoriedad caótica y gris, que nos resultaría hasta imposible de concebir.[3]

La percepción selectiva es necesaria y útil. Cada segundo, millones de bites de datos entrantes bombardean nuestro sistema nervioso –más información que a la que podríamos prestar atención–. Sin la capacidad de percibir selectivamente, nuestro poderoso aunque infrautilizado y sobrestimulado cerebro estaría abrumado. La percepción selectiva

2. Jenny Odell: *How to Do Nothing: Resisting the Attention Economy* (Brooklyn, Nueva York: Melville House, 2019), p. 120. [Trad. cast.: *Cómo no hacer nada: Resistirse a la economía de la atención*, Ariel, 2021].
3. James: «Chapter XI. Attention».

también nos limita por la misma razón que nos mantiene en funcionamiento, garantiza que somos conscientes de únicamente una angosta porción del mundo que nos rodea. El problema es que no decidimos conscientemente estar pendientes.

Podemos, por ejemplo, prestar atención sólo a nuestras necesidades y no a las de los demás. Podemos centrarnos en nuestro dolor y no en nuestro júbilo. Podemos ver sólo nuestras faltas y no las fortalezas. Podemos perseguir nuestras metas con determinación y no observar jamás el tiempo que hace o a los pájaros piando fuera de la ventana. Quizá veamos qué va mal en nuestro hogar y no lo que es encantador. Quizá aceptemos ciegamente cierta conciencia colectiva en torno a la raza o la política o el género o el entorno y luego raramente la cuestionemos.

¿El resultado? Podemos quedarnos estancados en la realidad que hemos procesado sin reconocer que sólo se basa en una escasa porción de datos disponibles. Nuestras creencias y perspectivas son limitadas e incluso nos podrían estar frenando. Hay un mundo mucho más grande ahí fuera que el que nos permitimos observar.

• • •

UN MOMENTO AWE

Para experimentar, aunque sólo sea en parte qué te estás perdiendo, tómate un instante para echar un vistazo por tu casa como si estuvieras en un museo, y detente el tiempo suficiente para apreciar algunas cosas a las que últimamente no les has prestado atención.

- ¿Tienes una obra de arte o una fotografía que puedas mirar y apreciar?
- ¿Tienes alguna escultura, accesorios de iluminación, espejos o lámparas que tengan alguna historia detrás? ¿O una manta, almohada, alfombra o un jarrón…?
- Cuando algo capte tu atención, detente, espera e inspira lentamente mientras le dedicas toda tu atención a lo que estés mirando.
- ¿Te evoca algún recuerdo? ¿Quién te lo dio? ¿Qué le ha sucedido?

- ¿Cómo acabaste teniendo eso en tu hogar? Observa sus cualidades, características y detalles y aquello de lo que no te hayas percatado antes. Exhala y expándete en una sonrisa.

Cada uno de esos recuerdos puede proveerte de un momento de asombro ahora que los has asimilado, uno cada vez.

• • •

Tomar atajos

Otra cosa que hacemos para aliviar algunas de las cargas que acarreamos en nuestro ya atareado cerebro es tomar atajos. Nuestros cerebros tienen neuronas dedicadas a almacenar recuerdos, y podemos aprovechar los recuerdos empleándolos para crear suposiciones y generalizaciones. Esto funciona bastante bien, especialmente en las tareas rutinarias. Cada vez que nos aproximamos a una puerta, por ejemplo, no necesitamos volver a aprender qué es el picaporte o cómo funciona. Giramos el picaporte y pasamos por la puerta. No tenemos que pensárnoslo dos veces porque el cerebro ha almacenado este dato, aunque no seamos conscientes de ello. Es como si el cerebro tuviera un catálogo lleno de ideas preestablecidas sobre nuestra realidad.

Tomar atajos es, repito, necesario pero restrictivo. Pese a que esas preconcepciones nos ayudan a gestionar las copiosas cantidades de datos que nos llegan cada segundo, y pese a que nos resultan familiares y nos ayudan a orientarnos, también nos arrojan a una zona de confort de desinterés irreflexivo. Vamos en piloto automático, y en este estado es fácil dar nuestro mundo por sentado. Al no conectar enteramente con nuestro entorno —no estamos completamente presentes—, echamos de menos la belleza y el maravillamiento que nos rodea. Antes de abrir la puerta principal, es poco probable que nos detengamos a preguntarnos cómo funciona el picaporte de la puerta o qué se inventó en primer lugar.

La capacidad del cerebro para emplear la percepción selectiva y luego almacenar parte de esos datos para el futuro es brillante porque garantiza que nos apañaremos a lo largo del día sin «la aleatoriedad caótica y gris» a la que William James se refiere. Somos capaces de darle un sentido a nuestra realidad. Pero durante el proceso de ser selectivo, ¿qué nos estamos perdiendo?

Una fuente inmediata de asombro

Puesto que nos percatamos de únicamente una nanofracción del mundo, ¿y si eligiéramos una cosa, una cosa sencilla y le prestáramos cierta atención? Mucho de lo que nos rodea en lo ordinario es digno de que lo miremos o merece la pena mirarlo con una mirada fresca. Buena parte de ello es una fuente inmediata de asombro.

La celebridad televisiva Jason Silva cree firmemente en el uso del poder del asombro para salir del piloto automático. Es su serie de YouTube titulada *Shots of Awe*, describe elocuentemente qué llegamos a perdernos cuando estamos desconectados:

Pienso mucho en el contraste entre la banalidad y el maravillamiento. Entre la desvinculación y el éxtasis radiante. Entre no verse afectado por el aquí y el ahora, y estar absolutamente extasiado emocionalmente por él. Y creo que uno de los problemas de los seres humanos son los hábitos mentales. Una vez que creamos una zona de confort, raramente salimos de esa zona de confort […] La sobrestimulación al mismo tipo de cosas, el mismo estímulo, una vez y otra y otra, invisiviliza dichos estímulos. Tu cerebro ya lo ha mapeado en su propia cabeza, y ya no tienes que participar en él literalmente. *Tenemos ojos, pero no miramos. Oídos que no escuchan. Y corazones que ni sienten, ni comprenden.*[4]

Más a menudo de lo que quizá nos percatamos, podemos elegir inspirarnos huyendo del piloto automático y procesar de nuevo nuestra realidad, pasando de lo mundano al asombro, o lo que Silva define como «éxtasis radiante». Con el AWE, podemos decidir hacer eso en cualquier momento y en tan sólo unos pocos segundos. Empieza al

---

4. Jason Silva: «Awe», vídeo de YouTube (23 de mayo, 2013), código de tiempo 2:48, www.youtube.com /watch?v=8QyVZrV3d30&t=2s

darle nuestra atención indivisible conscientemente a sólo un pequeño pedazo de belleza y de maravillamiento que nos rodea en lo ordinario.

El método AWE depende de prestar una atención en mayúsculas a lo que valoramos, apreciamos o nos parece impresionante. Éste es el propósito de la A del AWE. Elegir prestar atención a cosas que *valoramos, apreciamos o nos parecen impresionantes* centra la mente y el corazón en lo que probablemente fomenta el asombro en el mejor sentido de la palabra.

Cuando estamos repletos de asombro, nuestro sentido de la realidad queda alterado. Las cosas ya no parecen lo mismo. La preconcepción del objeto de nuestra atención ha quedado quebrada, suspendiendo cualquier idea preestablecida que podamos tener sobre él. Esta novedad crea una desorientación sutil. Para adaptar dicha desorientación, debemos acomodar nuestro cambio de percepción. Esto despierta nuestro sentido del maravillamiento, y entramos en un mundo hormigueante de posibilidades infinitas y antes inesperadas. En este punto, ya no somos los mismos.

Ésta es la realidad que procesa el asombro. El asombro nos despierta a lo extraordinario que hay en aquello que se ha vuelto tan sumamente ordinario. De improviso, el picaporte de una puerta se convierte en una obra maestra de la inventiva, un milagro. Todo lo que hay a nuestro alrededor adquiere una cualidad espaciosa, un sentido de intemporalidad y de vitalidad. Y todo empieza con la atención.

Pedirle a la gente que altere su realidad centrándose en algo esencialmente positivo puede sonar muy trillado; no obstante, el efecto dominó es profundo. Esta positividad no sólo conduce a una expresión positiva del asombro, alterando y expandiendo nuestra percepción temporalmente, sino que es también otra razón por la que el asombro es bueno para la salud y el bienestar. La positividad nos coloca en lo que la física y la medicina conocen como *coherencia*, un fenómeno fisiológico estudiado ampliamente.

· · ·

UN MOMENTO AWE

Reflexiona sobre Osbourn Dorsey, un joven afroamericano de dieciséis años, que registró la primera patente para el picaporte de la puerta moderna en 1878. La idea de que un joven negro registrara y recibiera una patente poco después de la guerra civil americana llena de asombro en y por sí misma. Pero menos de dos siglos más tarde, lo damos a él y al picaporte de la puerta por sentados. La noción conforme el tiempo nos ha dado al resto de nosotros permiso para olvidarnos de Dorsey y de sus logros también llena de asombro. Para obtener otro momento que inspira asombro, piensa en cómo la atención que Dorsey le prestó al simple acto de abrir y cerrar una puerta cambió para siempre cómo el mundo entraría en una habitación o abriría un armario.

• • •

La coherencia: La supervivencia de los más felices

Antes de que Riccardo Chailly dirija la *Sinfonía n.º 40 en sol menor* de Mozart, podrías oír caer un alfiler. La sala de conciertos permanece sumida en un silencio absoluto. Los músicos están listos para el movimiento descendente de manos del mundialmente famoso director de orquesta italiano, transmitiendo así su señal para que la música empiece. A medida que los intérpretes hacen su trabajo, la música transporta a la audiencia.

Crear esa magia exige que un montón de cosas vayan como deben ir. Todos los instrumentos deben estar afinados y en sintonía, los músicos deben estar listos para tras haberse pasado casi cada día de su carrera practicando o tocando en escena, la acústica del teatro tiene que ser óptima y los platillos deben chocar en el momento oportuno. Una experiencia mágica con una orquesta sinfónica requiere coherencia. Si un solo componente desafina –si un intérprete de trombón hace sonar la nota equivocada, por ejemplo– crea una disonancia, y todo el mundo en la sala de conciertos lo advierte. Es inquietante.

En el cuerpo humano, la coherencia es un poco como una orquesta sinfónica bien formada y extremadamente disciplinada. En un estado de coherencia, todos los sistemas orgánicos no sólo están trabajando en concierto unos con otros, sino que también con la mente y las emociones. Cuando funciona como está previsto, el cuerpo realiza su trabajo de una forma soberbia. Podemos experimentar una presión sanguínea óptima, una inmunidad reforzada, un sueño más profundo y más energía. En resumen, nos sentimos bien mental, física, emocional y espiritualmente, y también vivimos más tiempo.

Por simple que parezca, la coherencia la impulsan las señales eléctricas generadas por el corazón cuando sentimos unas emociones positivas. En parte, el amor, el entusiasmo, la apreciación, el júbilo y el asombro pueden llevarnos al estado de la coherencia por incrementar la variabilidad de la frecuencia cardíaca (*véase* «Nuestro súper poder evolutivo: La conexión» en el capítulo 3), lo cual indica que están manejando bien el estrés. El HeartMath Institute ha dirigido numerosos estudios que demuestran la relación entre sentirse optimista y estar saludable.

Merece la pena señalar, por otra parte, que el asombro se diferencia de otras emociones que nos hacen sentir bien. Primero, si estamos deprimidos, no necesariamente podemos hacernos felices en ese momento y, por lo tanto, la coherencia está fuera de nuestro alcance. El asombro, sin embargo, es única entre las emociones positivas en el sentido que podemos experimentarlo incluso cuando se está deprimido o se viven otras emociones negativas. Segundo, empleando el AWE, podemos acceder al asombro de inmediato (en un período de 5-15 segundos– para así no tener que esperar hasta que no estemos deprimidos con el objeto de volver a un estado de coherencia. El AWE es un camino rápido hacia la coherencia independientemente de nuestro estado emocional.

La coherencia no es una propuesta en la línea de todo o nada. Nos estamos ajustando constantemente (como una orquesta afina sus instrumentos) para intentar volver a cierto nivel de coherencia. Pero cuando todo está bien emocionalmente –cuando nos sentimos positivos–, una mente y cuerpo saludables puede mantener un alto nivel de coherencia. Introduce un pensamiento o experiencia estresante –introduce la sección de viento demasiado pronto, por así decirlo– y la coherencia queda reducida.

El corazón y el cerebro están íntimamente conectados, intercambian constantemente señales neurológicas. Cuando estamos estresados, una serie de cambios biológicos, incluida la liberación de las hormonas del estrés, provocan que el corazón bombee más rápido, y este cambio en el ritmo cardíaco influye directamente en los procesos emocionales del cerebro. De improviso, cuando nos hallamos sometidos a alguna coacción, somos incapaces de pensar con claridad, no podemos recordar qué acabamos de leer, ni siquiera podemos tomar las decisiones más sencillas. No nos sentimos joviales o cariñosos. Estamos nerviosos o incluso asustados.

El estrés interrumpe la coherencia al conectar el sistema nervioso simpático, la respuesta lucha-huida del cuerpo, y entramos en lo que se denomina «fisiología de la defensa». Ahora en guardia, estamos preparados con energía extra para defendernos (o huir) de cualquier cosa que nos haga sentir amenazados. El cuerpo funciona como debería. Se supone que el sistema nervioso simpático entra en juego cuando nos sentimos amenazados. Pero, en este estado, ya no experimentamos un elevado nivel de coherencia. Se han liberado las citoquinas de la amenaza (*véase* el capítulo 2).

Durante muchísimo tiempo, la ciencia ha enseñado que la evolución diseñó el cuerpo para permanecer en el estado parasimpático la mayor parte del tiempo para que así el cuerpo tenga la energía necesaria para funcionar de una forma óptima, lo cual podría promover la coherencia. La respuesta del estrés únicamente era para las emergencias. También se nos ha advertido que el estrés del siglo XXI es continuo, no el de un breve encuentro ocasional con un tigre o un invasor que el sistema simpático combatirá antes de recuperar la homeostasis porque para eso está diseñado. Todos lo hemos oído antes: la mayoría de nosotros estamos estresados durante demasiado tiempo. Nuestros cuerpos están sobrecargados por un sistema nervioso simpático hiperactivo. Necesitamos relajarnos.

Algunos investigadores han especulado que el estado óptimo de coherencia tiene lugar en una «zona» de activación del sistema nervioso parasimpático que incluye una excitación simpática modesta. Ni completamente relajado ni excesivamente en guardia; en lugar de eso, el cuerpo se ve estimulado y vigorizado a fin de poder disfrutar de la vida o lograr algo. Es la energía que empleamos para bailar, hacer el amor, cantar en un coro y conectar con los demás. Los investigadores llaman a esto un «estado movilizado» o «prosocial». Éste también es el estado en que entramos cuando experimentamos el asombro.

Una forma de entrar o de volver a la coherencia es experimentar alguna emoción positiva (como, por ejemplo, el asombro o la gratitud) durante un breve período de tiempo.[5] En la mayoría de las circunstancias, volver a la coherencia implica centrarse en cosas o personas que nos hacen sentir felices o agradecidos. Éste es el motivo por el que los líderes espirituales y de la autoayuda nos comentan que debemos mostrarnos agradecidos y por lo que los psicólogos nos piden que enmarquemos las cosas de una forma positiva y no negativa. Pero eso no siempre es fácil de hacer.

Darwin describió un proceso evolutivo en el cual sólo el más fuerte de cada especie sobrevivía para transmitir su robusto ADN. La coherencia nos muestra otra cara de la moneda de la supervivencia: la supervivencia de los más felices. Sentir emociones positivas nos coloca en un estado saludable física y mentalmente.

La atención es el primer paso en el acceso a la emoción del asombro, algo que es único entre las emociones positivas en el sentido que podemos sentirlo en tándem con otras emociones, incluso esas que consideramos negativas. El asombro sitúa el cuerpo en un estado óptimo de coherencia, mejorando la salud física y mental, lo cual ayuda a explicar por qué el método AWE funcionó tan bien en los participantes de nuestro estudio a la hora de reducir la depresión, la ansiedad, la soledad, el agotamiento laboral y el dolor crónico, así como incrementar el bienestar.

La siguiente etapa en el método AWE es la espera, la pausa en que entramos en lo que algunos consideran el más sagrado de todos los espacios: el instante presente.

---

5. HeartMath: «The Science of HeartMath», www.heartmath.com/science/

CAPÍTULO 5

W DE ESPERAR: 1 ESTAR PRESENTE

El instante presente está repleto de júbilo y felicidad. Si estás atento, lo verás.
THICH NHAT HANH: *Peace Is Every Step: The Path
of Mindfulness in Everyday Life*

Honrar el momento es honrar a cada ser humano que te encuentres.
El único lugar donde puedes encontrarte con ellos es en el momento.
ECKHART TOLLE

A lo mejor recuerdas que nuestra definición del asombro es «una experiencia emocional en la que sentimos estar ante algo que transciende nuestra percepción normal del mundo». Esperar en el AWE es la pausa donde experimentamos estar presentes –esa cualidad de la espaciosidad en la que la mente no está cavilando en demasía y procesando, sino que es una observadora–. Con la presencia, no hay agenda. No hay nada que hacer y no hay ningún lugar donde haya que estar. No hay que pensar. Sólo ser. Porque hemos elegido estar presentes ante algo que valoramos, apreciamos o nos parece maravilloso, la experiencia que tenemos de ese momento será nutritiva y poderosa.

¿Pero qué permite que la mente haga una pausa y esté presente? ¿Y qué ocurre cuando no estamos presentes en el momento? ¿Dónde estamos?

---

1. La «W» proviene del término *wait*, que literalmente significa 'espera' y/o 'esperar'. *(N. de la T.)*.

EL MÉTODO AWE

Atención significa concentrar tu entera e indivisible atención en algo que aprecies, valores o que te parezca asombroso. Mira a tu alrededor por la habitación donde te encuentres. Encuentra ese algo bonito especial que valores y aprecies. Examínalo con atención. Échale un buen vistazo. Si es un objeto pequeño, cógelo y empieza a observar todo lo que lo define. Si es una planta, toca las hojas; observa su textura, color y aroma; y observa la vida que contiene. Si es un cuadro, imagina al pintor pintándolo y observa la profundidad, la luz y los colores.

Esperar significa ralentizar o hacer una pausa. Así que toma aire, inhala profundamente mientras aprecias ese objeto tan apreciado de tu hogar.

El último paso, **Exhalar y Expandirse**, amplifica las sensaciones que hayas experimentado. Mientras exhalas –realizando una espiración ligeramente más profunda de lo normal–, permite que lo que estás sintiendo te llene y crezca. ¿Qué has observado? ¿Has sonreído? ¿Te has relajado? ¿Has sentido cierta calidez en el vientre? ¿Tu visión se ha suavizado, tus ojos se han humedecido de gratitud por ese objeto precioso que estás observando?

La red neuronal por defecto

Durante décadas, Marcus Raichle (Doctor en Medicina) ha trabajado para comprender cómo funciona el cerebro. O dicho con sus propias palabras: «¿Cómo puede un pedazo de biología organizarse a sí mismo?».[2]

En el año 2001, el doctor Raichle, como neurólogo de la Universidad Washington en San Luis, utilizó la tomografía por emisión de po-

---

2. Marcus Raichle: «What Your Brain Does When You're Doing Nothing», vídeo de YouTube (9 de enero, 2019), código de tiempo 5:55, www.youtube.com/watch?v=0r15-Xde66s

sitrones (PET) y los escáneres de imagen por resonancia magnética funcional (IRMf) para comparar el cerebro de dos grupos: sujetos que estaban despiertos sin hacer nada, y otros concentrados en una tarea. Lo que descubrió le sorprendió. En el grupo de control de los ociosos, extensas áreas del cerebro se encendían, indicando una abundante actividad neurológica. En los cerebros de los individuos orientados a las tareas, la actividad en esas mismas regiones se quedaban apagadas. ¿La conclusión? Cuando no estamos prestando activamente nuestra atención a algo (cuando no estamos presentes), el cerebro vuelve automáticamente a un modo predeterminado, durante el cual algunas de nuestras redes neuronales están escandalosamente recargadas.

Denominadas red neuronal por defecto (RND), esas regiones del cerebro, cuando están activas, están nadando con pensamientos y rumias aleatorias. La mente vaga de un pensamiento a otro, empleando los datos almacenados a modo de forraje. Nosotros soñamos despiertos, hacemos planes, nos preocupamos o pensamos en lo aburridos que estamos. Nos evaluamos a nosotros mismos y reflexionamos sobre cómo nos ven los demás. Aquí, vivimos en las historias que nos hemos creado sobre nosotros mismos. Y viajamos en el tiempo reproduciendo recuerdos y anticipando futuros acontecimientos. Estamos en cualquier parte excepto en el instante presente.

La RND es la «*mente del mono*»,[3] la cháchara continua que la mayoría de los meditadores intenta acallar. (Hablando de monos, los chimpancés y los macacos también tienen una RND, al igual que la tienen los ratones y las ratas).[4]

Impulsar esos pensamientos requiere cantidades masivas de energía. El doctor Raichle estima que la RND metaboliza cerca del 90 % de la energía requerida por el cerebro. Esto parece increíble cuando se piensa en ello. Y también parece un desperdicio de recursos. Ahora bien, para los neurocientíficos, esta cifra no es sorprendente porque la RND es complicada. Pese a que a la RND no se la comprende del

---

3. Expresión surgida de un concepto budista que describe un estado de inquietud donde no se tiene un control sobre los pensamientos. *(N. de la T.)*.
4. ScienceDirect, página de Default Mode Network, www.sciencedirect.com/topics/neuroscience/default-mode-network

todo, Raichle y otros le atribuyen una tarea monumental: mantener el orden en el cerebro previniendo que las señales cerebrales que compiten entre sí interfieran unas con otras y «caigan en la anarquía».[5] Así pues, pese a que la RND podría ser donde almacenamos algunos de los pensamientos y percepciones que nos distraen, esta red de trabajo es un pedazo esencial de la biología.

En la gente cuyo diálogo interno es primordialmente negativo, se ha vinculado una elevada actividad en la RND a la depresión y la ansiedad. Pero la RND no siempre es un lugar para la negatividad. También puede ser un lugar feliz.

Tor Wager, Doctor en Filosofía y profesor de Neurociencia en la Universidad Dartmouth College y un líder de las imágenes cerebrales, critica la forma en que la RND ha sido descrita por parte de algunos científicos. Él no ve la RND como una actual red sino como «un "área de trabajo neurológico" para representar conceptos y pensamientos relacionados con el yo».[6] Según Wager, acallar la RND es menos importante que influir en su contenido.

«Yo lo veo más como una casa que como un botón de volumen o un interruptor», escribió en un *e-mail* que envió a Jake. «[Con un botón,] puedes bajar o subir el volumen, pero eso es todo. [Una] casa… puede ser muchas cosas… lo que es importante es qué pones en ella».[7]

La RND puede ser productiva. Resulta que es posible que la creatividad no discurra por el hemisferio derecho del cerebro, como a la mayoría de nosotros se nos ha hecho creer, sino en la RND. Los creativos a menudo mencionan las labores de este espacio cuando describen cómo brotan en su mente las ideas cuando se despiertan, dan un paseo, están en la ducha —cuando preparan panqueques– o cuando están en el estado mental del «no hacer nada» del que habla Jenny Odell en su libro.

Cuando la RND está activa, nuestras reflexiones pueden llevarnos a conectar los puntos y crear algo, incluso mientras estás durmiendo,

---

5. Michael Pollan: *How to Change Your Mind* (Nueva York: Penguin Books, 2018), p. 260.
6. Tor Wager, *e-mail* enviado a Jake Tagle (26 de julio, 2021).
7. Ibíd.

cuando el cerebro reorganiza los nuevos datos del día y los conecta con viejos recuerdos.

Así pues, una mente errabunda puede ser útil, dando con ideas creativas o soluciones a problemas. Una mente errabunda también es bastante normal. Los investigadores dicen que por lo menos nos pasamos la mitad de nuestros días soñando despiertos, planeando o rumiando. A pesar de algunas de sus ventajas, una mente errabunda nos aleja del presente. Y el asombro está en el presente.[8]

Para hallar el asombro, debemos liberar los pensamientos errabundos de la mente durante un breve espacio de tiempo —ya sean creativos, resolutivos, que distraigan o de otra naturaleza— y acallar la RND. Una atención concentrada hace eso en nuestro beneficio. Éste es el motivo por el que las prácticas de *mindfulness* son tan populares y necesarias. De vez en cuando, necesitamos un descanso de los «monólogos silenciosos negativos» de la mente, independientemente de cuál sea su contenido. Necesitamos descansar en la presencia.

Acallar la mente, o más específicamente, la RND, es un objetivo común en las prácticas meditativas, y la meditación también ha demostrado aminorar el diálogo interno negativo y reducir la actividad en la RND. Pero la meditación requiere esfuerzo. Y a algunos de nosotros no se nos da demasiado bien. La forma más rápida de liberar la mente es dirigir la atención hacia algo que valoramos, apreciamos o nos parece impresionante. El foco de la *A* en mayúsculas pasa la mente de un estado inactivo (que es cuando la RND está más activa) a un estado participativo. Cuando nos concentramos en qué valoramos, apreciamos, o nos parece impresionante, ya no oímos los pensamientos aleatorios deambulando por la cabeza. Éste es el valor de la Espera.

---

8. Cuando la RND es menos activa y estamos presentes, no necesariamente perdemos la creatividad. Cuando alcanzamos el estado del asombro, surge un brote de creatividad de otro tipo, uno nacido de una nueva perspectiva.

EL ESTILO SE DETIENE EN EL ASOMBRO

La paciencia de las cosas ordinarias
de Pat Schneider

Es una especie de amor, ¿no?
Cómo sostiene el té la taza,
cómo se mantiene la silla robusta y firme,
cómo recibe el suelo las suelas de los zapatos,
o los dedos de los pies. Cómo saben las plantas de los pies
dónde se supone que deben estar.
He estado pensando en la paciencia
de las cosas corrientes; cómo la ropa
espera respetuosamente en los armarios,
y el jabón se seca tranquilamente en el plato,
y las toallas se beben lo mojado
de la piel de la espalda.
Y la encantadora repetición de las escaleras.
¿Y qué hay más generoso que una ventana?

Pat Schneider: *Another River: New and Collected Poems* (Amherst: Amherst Writers and Artists Press, 2005), p. 111. Reimpreso con la autorización de *Estate of Pat Schneider.*

La fase de la espera del AWE también se da, creemos, cuando experimentamos una noción del tiempo alterada. El tiempo tiene tres categorías: el pasado, el presente, el futuro. La clave para comprender cómo influye el asombro en nuestra relación con el tiempo empieza por comprender que el asombro nos trae al presente. Cuando la mente está presente, el cuerpo libera dopamina (un neurotransmisor responsable de potenciar el ánimo, reducir la ansiedad e, incluso, actuar como un calmante del dolor). La dopamina, a su vez, ha mostrado que nos brinda la sensación de que el tiempo se está expandiendo, sentimos que tenemos más tiempo.

En los estudios en los que a los pacientes se les dan fármacos dopaminérgicos (que liberan o activan la dopamina), los participantes perciben un período de un minuto en tan sólo treinta segundos.

Esto ocurre porque a cada segundo que pasa más información se toma y por lo tanto, experimentamos que el tiempo se expande.[9] A su vez, una experiencia novedosa prolonga los minutos, haciendo que nos sintamos como si estuviéramos en un lugar nuevo más tiempo del que hemos estado. El asombro, como bien sabemos, nos invita a experimentar el objeto de nuestra atención de una forma novedosa.

$$\bullet \quad \bullet \quad \bullet$$

UN MOMENTO AWE

Rememora un momento en que estuvieras yendo en coche a alguna parte por carreteras por las que nunca habías transitado antes. A lo mejor, el viaje hacia tu destino debió parecerte eterno. Por el contrario, al recorrer las mismas rutas en el viaje de regreso aparentemente se te hizo más rápido. La novedad del viaje durante el camino influyó en tu percepción del tiempo.

$$\bullet \quad \bullet \quad \bullet$$

Michael empleaba el AWE deliberadamente para, en efecto, pasar más tiempo con su hija. Cuando ella cursaba el último año del bachillerato, se percató intensamente de que en un futuro próximo ya no podría formar parte de su vida diaria. Ella se tendría que mudar para acudir a la universidad. Michael no podía evitar que el acontecimiento sucediera, ni deseaba hacerlo. Más bien, tuvo un momento profundamente revelador conforme este tiempo que pasaba con ella era sumamente precioso. Quería prolongar el tiempo que pasaba con su hija, así que se limitó a hacer justamente eso. Cuando estaba con ella, Michael empleaba el AWE para alterar su percepción del tiempo, haciendo los momentos que pasaba con su hija más ricos, profundos y duraderos:

---

9. Jennifer M. Mitchell, Dawn Weinstein, Taylor Vega y Andrew S. Kayser: «Dopamine, Time Perception, and Future Time Perspective», *Psychopharmacology*, vol. 235, n.º 10 (octubre, 2018), pp. 2783-2793, https://doi.org/10.1007/s00213-018-4971-z

Como profesor de *mindfulness*, era consciente de que ansiar que las cosas fueran distintas era una fuente de sufrimiento. Aferrándome al pasado, anhelando que el tiempo se ralentizara, y tener una aversión a los cambios inevitables en mi futuro me creaba más sufrimiento. El AWE me ayudó a estar plenamente presente (atento) y agradecido en cada momento.

Por ejemplo, me quedaba completamente absorto en los partidos de waterpolo de mi hija y no me distraía con el móvil, con pensamientos tristes por ser aquélla su última temporada, o en la cháchara insustancial con otros padres. Me sentaba en las gradas inmerso en el asombro por los logros de mi hija, su destreza, su belleza y su gracia en el agua. Absorbía cada momento: el reflejo de la luz en la piscina, la algarabía del gentío animando, la sensación del sol sobre mi piel.

Esos cuarenta y cinco minutos de waterpolo, de ritmo acelerado, empecé a sentirlos como si estuvieran durando horas, como si el tiempo pasara a paso de tortuga. Estaba experimentando este tiempo con mi hija exhaustiva y profundamente. También me di cuenta de que mis ansias y mis aversiones se disipaban. Me sentí como si buena parte de mi vida se hubiera convertido en una práctica espiritual, no sólo en el cojín, sino en el mundo que hay ahí fuera un momento tras otro. Guardaba un profundo aprecio por lo milagrosas que eran nuestras vidas. Habíamos sido bendecidos por la paz, el amor, la comunidad y las oportunidades de tener una conexión expansiva y de crecimiento.

En la fase de Espera del AWE, lo único que sabemos es que estamos concentrados en algo impresionante, ya sea una ardilla que corretea al otro lado de la ventana, el sonido de la risa de nuestra pareja, la fragancia de una lima rallada, o nuestro hija jugando a waterpolo por última vez en el instituto. No somos conscientes de nada más. No tenemos pensamientos, sólo esta conciencia. Durante el tiempo que nuestra conciencia está repleta de lo que estamos apreciando, inhalamos con naturalidad. Estamos asimilando la belleza y, a medida que la asimilamos, la energía se está construyendo fisiológicamente. Nuestro ritmo cardíaco aumenta, aunque sea muy ligeramente. Y entonces esperamos sólo durante una pequeña pausa antes de exhalar.

Esperar, cuando se hace deliberadamente, es una forma de estar presente. Y son muchos los presentes que ofrece estar presente. En *The Power of Now*, el autor Eckhart Tolle escribió: «En cuanto honras el instante presente, toda infelicidad y conflicto desaparecen, y la vida empieza a fluir con júbilo y alivio. Cuando actúas partiendo de la conciencia del momento que marca el presente, cualquier cosa que haces queda imbuida de un sentido de la propiedad, cuidado y amor, incluso la acción más simple». La fluidez, el júbilo y el alivio que según Eckhart Tolle son resultado de la presencia no son otra cosa que el asombro.

La presencia crea espacio para la emoción del asombro y la emoción del asombro crea presencia. Cuando estamos presentes, el asombro surge de forma natural. En ese momento, podemos inundar el espacio de lo novedoso, lo inesperado –una profusión de posibilidades que nunca habíamos imaginado–. Ahora, todo lo que necesitamos es la *E*.

CAPÍTULO 6

E DE EXHALAR Y EXPANDIRSE: ENCONTRAR EL PUNTO IDEAL DE TU SISTEMA NERVIOSO

Para algunas personas, la parte más potente del AWE es la exhalación. Hay una buena razón para ello. Respirar profundamente puede hacer que nuestro sistema nervioso pase de estar en el estado de lucha-huida al de reposo y reparación. Los meditadores que se concentran en respirar profundamente lo saben muy bien.

La fisiología que sustenta una buena exhalación radica en que estimula el nervio vago, que a su vez activa el sistema nervioso parasimpático. Cuando una exhalación profunda activa el estado de reposo y reparación a través del nervio vago, el oxígeno se desvía de las extremidades (por donde fluía para ayudarnos a impulsar el movimiento de lucha-huida) hacia el cerebro. Nuestro pensamiento se agudiza a medida que cualquier forma de estrés que sintamos empieza a desvanecerse. Tiene un efecto relajante.

A este efecto se lo puede corroborar mediante lo que se conoce como teoría polivagal (una forma matizada de analizar cómo funciona el sistema nervioso autónomo) y una forma de ayudarnos a localizar de dónde surge el asombro en el SNA.

EL MÉTODO AWE

Atención significa centrar tu atención entera e indivisible en algo que aprecies, valores o que te parezca asombroso. Mira a tu alrededor por la habitación donde te encuentres.

Encuentra ese algo bonito especial que valores y aprecies. Examínalo con atención. Échale un buen vistazo. Si es un objeto pequeño, cógelo y empieza a observar todo lo que lo define. Si es una planta, toca las hojas; observa su textura, color y aroma; y observa la vida que contiene. Si es un cuadro, imagina al pintor pintándolo y contempla la profundidad, la luz y los colores.

Esperar significa ralentizar o hacer una pausa. Así que toma aire, inhala profundamente mientras aprecias ese objeto tan apreciado de tu hogar.

El último paso, **Exhalar y Expandirse***, amplifica las sensaciones que hayas experimentado. Mientras exhalas –realizando una espiración ligeramente más profunda de lo normal–, permite que lo que estás sintiendo te llene y crezca. ¿Qué observas? ¿Has sonreído? ¿Te has relajado? ¿Has sentido cierta calidez en el vientre? ¿Tu visión se ha suavizado, tus ojos se han humedecido de gratitud por este objeto precioso que estás observando?*

SIMPLEMENTE, RESPIRA

Mucho se ha escrito sobre la importancia de la respiración en la salud. Cuando inspiras por la nariz y espiras por la nariz, creas una fisiología distinta que cuando inspiras y espiras por la boca. Lo mismo se aplica si inspiras por la nariz y espiras por la boca, y viceversa. Lento frente a rápido, largo frente a corto, superficial frente a profundo. La forma en que respiramos puede tener repercusiones como roncar, alergias, apneas del sueño, e incluso afectar en lo alineados que tengamos los dientes, así como en nuestro estado emocional.

Todo resulta increíblemente fascinante. Pero queremos que te olvides de eso.

Cuando practicamos el AWE, queremos que respires más o menos como lo haces normalmente, con sólo una exhalación ligeramente más larga de lo normal, sin pensar en ello. La clave del AWE es experimentar los beneficios del ciclo respiratorio completo al tiempo que te concentras en algo que valoras. Tu práctica se volverá tan inmediata que no pensarás en los pasos del AWE, y mucho menos en cómo respirar. Pensar en sus pasos, de hecho, te saca del asombro.

La teoría polivagal: Una mirada matizada del sistema nervioso autónomo

Pese a que podemos emplear conscientemente técnicas de respiración para calmar el sistema nervioso, por definición, el SNA es automático y opera inconscientemente, forzando a los pulmones a respirar, al corazón a latir y a la adrenalina a impulsarse por el cuerpo cuando estamos asustados (todas ellas funciones necesarias para sobrevivir que es mejor no dejar al azar).

La mayoría de nosotros aprendimos la interpretación tradicional del SNA en la clase de biología de secundaria. El SNA está formado por dos ramas: el sistema nervioso simpático (lucha-huida-bloqueo) y el sistema nervioso parasimpático (reposo y reparación). El cerebro activa esos dos sistemas en función de cómo percibimos (a menudo inconscientemente) qué está sucediendo en nuestro entorno. El SNA escanea el entorno de una forma efectiva para nosotros e interpreta cualquier signo de amenaza.

Desde 1994, Stephen Porges ha estado desafiando parte de esta verdad aceptada con la teoría polivagal, la cual sugiere que el sistema nervioso parasimpático (la parte del reposo y reparación del SNA) está comprendida por dos ramas nuy distintas: un sistema vagal ventral y un sistema vagal dorsal, procediendo ambos del nervio vago –ventral (frontal) y dorsal (trasero)–.

Al incluir los nervios vagos ventral y dorsal en el sistema nervioso parasimpático por considerarlos parte del mismo, la TPV[1] ofrece una comprensión de algunos de nuestros comportamientos y respuestas de una forma más matizada.

---

1. Abreviatura para referirse a la teoría polivagal. *(N. de la T.)*

Por ejemplo, ¿has entrado alguna vez en alguna habitación repleta de gente y has sabido si eras bienvenido o has sentido que no pertenecías a ese lugar? Esta capacidad de «leer» el ambiente de una habitación al instante está programada en el sistema nervioso, que actúa como una especie de guardaespaldas interno, permitiéndonos saber cuándo estamos seguros y alertándonos cuando no lo estamos. Cómo reaccionemos ante esta habitación llena de gente depende de qué nos esté diciendo nuestro sistema nervioso. Porges explica que hay una jerarquía de respuesta del SNA que nos permite ser participativos socialmente, estar movilizados o inmovilizados.

En un modo óptimo, nos sentiremos participativos socialmente. Este estado es la madre de todas las respuestas de la seguridad. Cuando tenemos alrededor a gente que nos saluda con los brazos abiertos, sonríe y muestra una calidez genuina, y manifiesta su atención a través de sus palabras, acciones y tono de voz, nos sentimos tranquilos y confortables. Y entonces somos capaces de comunicarnos de una forma extremadamente efectiva. La participación social es posible cuando nuestro el nervio vago ventral está activado.

Ahora, digamos que vemos a un viejo amigo en la habitación con quien estamos en conflicto. Estamos anticipando el conflicto –una interacción que no nos brindará una sensación de calma y seguridad– y el sistema nervioso le dice al cuerpo que libere hormonas como, por ejemplo, adrenalina y cortisol. En el acto, pasamos de la participación social a la movilización. Este estado movilizado activa el sistema nervioso simpático, o la lucha-huida. Estamos angustiados, y el nivel de tensión se genera a medida que nuestro estado fisiológico cambia.

Si nos relacionamos con esa persona en nuestro estado movilizado, podríamos levantar la voz airadamente, o bajo las circunstancias más extremas recurríamos a los puños o salimos de la habitación para huir de la tensión. La movilización no es mala, pero nos puede poner en apuros si mostramos una agresión inapropiada. Cuando se la emplea de forma adecuada, nos ayuda a ser productivo, a jugar, a poner límites y a rechazar hacer algo irrazonable, por ejemplo.

Si la situación se vuelve más tensa, la movilización podría dejar de ser útil. Llegados a este punto, podríamos alcanzar un estado de inmovilización y bloquearnos. Es posible que no seamos capaces de hablar o de movernos. Si el cuerpo está abrumado (nuestra presión sanguínea alcanza un nivel mortal), el sistema nervioso activa la respuesta vagal dorsal, y podríamos desmayarnos. Esta respuesta ocurre únicamente cuando percibimos signos de amenaza extrema. No tenemos ningún control sobre esta respuesta.

Las personas se bloquean por razones muy diversas cuando perciben una amenaza. Sentirse atacado verbalmente o abandonado físicamente tan sólo son un par de ejemplos. Un anestesista que conocemos nos contó que varios pacientes se cierran de esta forma (inmovilizándose) previamente a una cirugía.

EL DESBLOQUEO

Cuando nos bloqueamos, con el tiempo debemos movilizarnos de nuevo. Podemos hacerlo reiniciando la conexión entre el cuerpo y el cerebro mediante la toma de conciencia del cuerpo, asintiendo con la cabeza, moviendo los ojos, prestando atención a los sentidos. Los pájaros pasan por un proceso similar. Tras darse un golpe contra una ventana, se agitan. Experimentar el asombro es otra forma de movilizarse.

El modelo de Porges del sistema nervioso ofrece una clara explicación sobre por qué a veces nos comportamos del modo que lo hacemos. También nos da un marco de trabajo para la forma singular en que el asombro activa el SNA. El asombro nos lleva a un estado de participación social que consiste predominantemente en relajarse con un poco de zumo extra del sistema nervioso simpático.

En un extracto de un mail que le envió a Jake, el doctor Porges lo describe de este modo:

El asombro podría mantener los efectos tranquilizantes de las influencias vagales, al tiempo que proporciona una energización «apropiada» del sistema nervioso simpático, al tiempo que mantiene el sistema simpático «constreñido» fuera del estado de movilización defensiva de la agresividad/la ansiedad/la lucha/la huida. Hipotéticamente, encontrarías más jovialidad y participación social espontánea tras el asombro que tras la meditación.[2]

Otra forma de plantearse las respuestas del sistema nervioso es considerar las citoquinas de la amenaza y de la seguridad (*véase* el capítulo 2). Cuando nuestros cuerpos producen citoquinas de la seguridad, es más probable que seamos participativos socialmente de un modo saludable. Cuando nuestros cuerpos producen citoquinas de la amenaza, es más probable ser agresivo o replegarse o derrumbarse. El asombro es una forma rápida de incrementar las citoquinas de la seguridad, ayudándonos a pasar a un estado más saludable desde donde podemos relacionarnos con los demás con más facilidad.

Sentirse seguro y participativo socialmente también es una forma de estar presente en el instante presente. Cuando alcanzamos la fase *E* del AWE, ya estamos plenamente presentes, sintiéndonos seguros y desestresados. Una profunda exhalación estimula el nervio vago ventral, potenciando el tono vagal (¡lo aprendido en el capítulo 3 es bueno para nuestra salud!) y activando el sistema de la participación social del cuerpo por completo. No sólo sentimos que estamos más seguros y relajados, sino que también somos más proclives a conectar con los demás.

La forma más rápida de sentirse seguro cuando no hay una amenaza inminente es meterse en el instante presente. El asombro es una forma de hacerlo. Al parecer, nuestros ancestros se dieron cuenta de ello.

La neurociencia contemplativa

Investigaciones recientes revelan que nuestros ancestros conocían los beneficios de activar el nervio vago ventral, aunque no le hubieran dado una denominación y no comprendieran plenamente sus funciones. Hay toda una fisiología que avala las antiguas prácticas de salmodiar, meditar y rezar. El estudio del doctor Porges sobre la fisiología de los antiguos rituales y el tono vagal que se da durante esas prácticas ha conducido a una nueva disciplina llamada neurociencia contemplativa.

---

2. Stephen Porges, *e-mail* enviado a Jake Tagle (1 de septiembre, 2021).

Salmodiar, por ejemplo, activa el nervio vago ventral en la garganta, y sostener un canto requiere largas exhalaciones y profundas inhalaciones abdominales. No resulta fortuito que este mismo patrón de respiración forme parte de la mayoría de las prácticas de meditación porque ayuda a crear un tono vagal saludable. ¿Y las plegarias? La postura (estar arrodillado con las manos entrelazadas) influye sobre los *barorreceptores carotídeos* (los sensores de la presión sanguínea del cuerpo), lo cual ayuda al vago a regular la presión sanguínea.

Los beneficios de estimular el nervio vago van más allá de la salud. El doctor Porges defiende que las vías neuronales afectadas por el nervio vago pueden promover la calma y la quietud y «habilita las experiencias subjetivas expansivas relacionadas con la compasión y una conectividad universal».[3] Recuerda un poco al asombro.

Nosotros colocamos el AWE en el saco de la neurociencia contemplativa. En el momento de realizar este escrito, hay planes en camino para ver cómo se puede utilizar como intervención médica para ayudar a los portadores de la COVID-19 de larga duración y a los pacientes que han sufrido insuficiencias cardíacas.

Esos próximos estudios en la Universidad de California en Davis determinarán su eficacia en circunstancias en las que ningún otro tratamiento ha sido efectivo hasta la fecha.

Curiosamente, potenciar el tono vagal tiene un efecto dominó que conduce a lo que llamamos las tres «C».

Las tres «C»: La corregulación, la conexión y la coherencia

Un tono vagal ventral saludable no sólo nos motiva a conectar con los demás, sino que también nos capacita más para conectar debido a una condición que los círculos terapéuticos denominan *corregulación*.

La corregulación se produce cuando el sistema nervioso de una persona queda aliviado por el sistema nervioso de otra persona. Cuando

---

3. Stephen Porges: «Vagal Pathways: Portals to Compassion», en *Oxford Handbook of Compassion Science*, ed. Emma M. Seppälä, *et al.* (Nueva York: Oxford University Press, 2017), p. 192.

alguien «pierde la cabeza» o se siente abrumado o desconcertado, por ejemplo, está en lo que se conoce como un estado desregulado. Estar ante alguien cálido, tranquilo y cariñoso (con un tono de voz específico, expresiones faciales amables y un reconocimiento verbal útil) puede aliviar y mitigar las emociones inquietantes. La persona que tiene el sistema nervioso agitado se «afina» con quien tiene un sistema nervioso bien regulado, y el resultado es la corregulación.

Nos gusta plantearnos la corregulación como el hecho de compartir un tono vagal ventral saludable con alguien que lo necesita. Los terapeutas están formados para corregularse con los clientes. En la psicoterapia, está ampliamente aceptado que la calidad de la relación que un cliente tiene con el terapeuta es uno de los elementos más importantes, si no el más importante, a la hora de influir en la efectividad del tratamiento.

Todos hemos estado con alguien a quien se le da bien la corregulación. Nos mostramos más relajados y a gusto en su presencia. Jake tiene una amplia formación en corregulación y quizá una tendencia natural hacia ella. Un día, por ejemplo, visitó el lugar de trabajo de un cliente para darle un libro. Jake se sentó en la sala de espera hasta que su cliente terminó con una cita. Cuando su cliente salió de su oficina, Jake sonrió, y el cliente dijo: «Verte aquí sentado es tan bueno como tener una sesión de terapia». En este momento, ambos conectaron y se corregularon. La corregulación puede ser tan rápida como eso.

La corregulación puede calmar el sistema nervioso de otra persona. Emocionalmente, a medida que el estrés y la ansiedad se disipan, la persona empieza a sentirse más positiva. Si el cuerpo recupera la homeostasis, la persona puede volver a introducirse en la coherencia, ese estado saludable donde todos los sistemas (los pensamientos, los sentimientos, las energías, las intenciones y los comportamientos) están alineados. Bajo esta luz, es fácil ver de qué forma conduce la corregulación a la conexión, tal como muchos estudios han mostrado. La conexión positiva abre la puerta de la coherencia, lo cual conduce a un mayor bienestar y longevidad.

Como emoción, el asombro es único en su habilidad para alinear las tres «C». Una de las cosas más notables del asombro es que permite que la corregulación, la conexión y la coherencia se produzcan cuando estamos con otras personas y cuando estamos solos. Cuando estamos solos *y* accedemos al asombro, nos corregulamos con algo que está más allá de nuestro yo ordinario (la naturaleza, nuestro yo más elevado, Dios, el universo, o la humanidad) y conectar con esa «fuente» conduce a un estado de coherencia que facilita el bienestar y la curación.

• • •

UN MOMENTO AWE

Intenta ponerte en pie, aflojar los hombros y adoptar una postura relajada. Con los ojos abiertos o cerrados, piensa en alguien de tu vida que sea una fuente de corregulación para ti, alguien que te ayuda a relajarte. Esta persona podría ser incluso alguien ya difunto. Ahora piensa en un momento en que estar en su presencia te ayudó a calmarte. Imagínate el panorama, piensa en la conversación (si hay alguna), y rememora cómo te sentías ante su presencia. ¿Qué temía que hiciera que le tuvieras tanto aprecio? Ahora inhala ese aprecio. Permite que la energía llene tu cuerpo. A medida que exhalas, toma conciencia de tu columna. De la energía que la recorre hacia arriba y sale de ella. Algunas personas sienten un escalofrío o un hormigueo a medida que la energía se expande.

• • •

El método AWE no es la única forma de llegar a este destino fisiológico. Pero sí es la forma más veloz y directa de la que tenemos constancia. El AWE reinicia el sistema nervioso trasladándonos, rápidamente, a un estado vagal ventral. Ahora estamos a punto para expandirnos.

Expandirse

El júbilo real supone tener una expansión inmediata. Si experimentamos un júbilo puro, nuestro corazón se expande inmediatamente. Sentimos que estamos volando por el divino cielo de la libertad. Toda la extensión y anchura del mundo pasan a ser nuestros, no para que rijamos sobre él, sino como una expansión de nuestra conciencia. Nos convertimos en realidad e inmensidad.

Sri Chinmoy: *The Wings of Joy: Finding Your Path to Interior Peace*

Hemos hablado sobre la generación de energía durante la inhalación, algo que ocurre durante la espera. Cuando exhalamos, liberamos la energía, estimulamos el vago ventral y notamos una sensación de calma y de seguridad.

A medida que nos relajamos, las sensaciones materializadas durante la inhalación hacen algo relevante: se expanden.

Algunas personas notan que la energía se mueve columna arriba y sale del cuerpo. Esta descarga, que a veces se experimenta como un escalofrío o que se pone la piel de gallina, no es más que la descarga de energía del sistema nervioso que antes estaba constreñida.

Para algunas personas, la exhalación y liberación pueden ser un momento de desorientación. Es un momento breve y sencillo. A veces el cambio es sutil y podría ser descrito como una «pausa» en nuestra conciencia. Otras veces es más pronunciado y hace que nos digamos: «Caray, ha sucedido algo». En este momento no sólo se da un cambio fisiológico, sino también psicológico. Nuestra energía cambia, nuestro sistema nervioso descansa y volvemos trasformados. Puede ser así de rápido y simple.

Al principio de la pandemia, la práctica del AWE me ayudó muchísimo. No tenía una sensación de control, y mi mundo se había reducido durante el confinamiento. Me sentía aislada. El AWE me ayudó a crear una sensación de paz y, cada vez que lo practicaba, sentía de una forma más relevante el mundo que tenía a mi alrededor. Expande un sentido pleno de mí misma cuando lo practico. Ayuda a crear un sentido más amplio del mundo y me saca de cualquier enfoque estrecho de miras que pueda tener sobre la vida, el mundo, la catástrofe.[4]

Jennifer

Durante el tiempo que estamos desorientados, no tenemos forma alguna de enmarcar o definir qué experimentamos –no tenemos preconcepciones de las que depender– y, así, experimentamos una acomodación cognitiva. Es el momento del que Jason Silva habla cuando afirma, «Una de las formas en las que suscitamos maravillamiento es revol-

---

4. Jennifer (seudónimo): *e-mail* enviado a los autores (23 de octubre, 2021).

viendo el yo temporalmente para que el mundo pueda filtrarse».[5] En este instante, estamos recibiendo nuevos datos, nuevas perspectivas. El mundo, visto a través de los ojos del asombro, se está filtrando.

En una *TED Talk*, el neurocientífico Anil Seth de la Universidad de Sussex ofrece una explicación neurológica de cómo acomodarnos a una nueva perspectiva. Pese a que él no habla del asombro, su experimento con una grabación de audio es un momento de asombro en sí mismo.

Imagina que eres un cerebro. Estás encerrado en un cráneo intentando averiguar qué hay en el mundo, ahí fuera. En el interior del cráneo no hay luz. Tampoco hay sonido alguno. Todo lo que tienes para ir tirando son los impulsos eléctricos, que sólo están relacionados indirectamente con las cosas del mundo, sean las que sean. Así que la percepción, al descifrar qué hay ahí, tiene que ser el proceso de un ejercicio de conjeturas, donde el cerebro combina las señales sensoriales con sus expectativas o creencias previas respecto a cómo el mundo forma su mejor conjetura de lo que causaba esas señales […] Lo que percibimos es la mejor conjetura [de nuestro cerebro] de lo que hay ahí fuera en el mundo.[6]

Para ilustrar los cambios en la percepción, el doctor Seth reprodujo –a una velocidad exagerada– una grabación incomprensible de alguien que hablaba. Luego reprodujo una versión ralentizada para que pudiéramos descifrar fácilmente las palabras. Entonces, volvió a reproducir la grabación a alta velocidad. Por increíble que parezca, la grabación a alta velocidad era ahora del todo discernible. El doctor Seth describe lo que sucedió de esta forma:

La información sensorial que llega al cerebro no ha cambiado en absoluto. Lo único que ha cambiado es la conjetura óptima de tu cerebro de las causas de esa información sensorial y eso cambia lo que oyes consciente-

5. Kelly Bulkeley: *The Wondering Brain* (Oxfordshire, Reino Unido: Routledge, 2004), p. 4.
6. Anil Seth: «Your Brain Hallucinates Your Conscious Reality», TED2017, 16:52 (abril, 2017), www.ted.com/talks/anil_seth_your_brain_hallucinates_your_conscious_reality/up-next?language=en

mente […] En lugar de tratarse de una percepción que depende de las señales que llegan al cerebro procedentes del mundo exterior, depende en igual medida, si no mucho más, de predicciones perceptuales que fluyen en la dirección opuesta. No nos limitamos a percibir el mundo pasivamente, lo generamos activamente. El mundo que experimentamos se origina mucho más en una dinámica de dentro a fuera que no de fuera a dentro.[7]

Cada vez que experimentamos el asombro cuando nos concentramos en algo que valoramos, apreciamos, o nos parece impresionante y que altera nuestra percepción, generamos activamente una percepción del mundo repleta de asombro. En *The Wondering Brain*, Kelly Bulkeley lo describe de esta forma:

Sentirse maravillado es experimentar un *descentramiento* repentino del yo. Al enfrentarse a algo muy nuevo e inesperadamente poderoso, el sentido ordinario de la identidad personal de cada cual queda drásticamente alterado, lo que nos lleva a un nuevo conocimiento y comprensión que, en último término, *recentra* el yo. El profundo impacto de este proceso de descentralización y recentralización es evidente en tanto la intensa memorización de las experiencias, como en las fuertes sensaciones físicas que a menudo las acompañan. Las personas dicen estar sorprendidas, aturdidas, sobrecogidas, abrumadas, consumidas, atónitas –todo ello señala una modalidad de experiencia que sobrepasa el lenguaje y el pensamiento ordinario, y que aun así infunde un anhelo de explorar, comprender y aprender. Aquí es donde el sustantivo «maravilla» se transforma en el verbo «maravillarse», donde la poderosa experiencia emocional estimula una curiosidad vivaz, el comportamiento inquisitivo y un cuestionamiento crítico. Y hace que me pregunte…

La descentralización del yo que se produce a medida que nos maravillamos en el asombro y nos abrimos a nuevas perspectivas conduce a la disolución del ego, o al pequeño yo. Paradójicamente, a medida que nuestro ego se hace más pequeño, nuestra identidad tiene espacio para expandirse.

---

7. Anil Seth: «Your Brain Hallucinates Your Conscious Reality», *op. cit.*

La identidad expandida

Pese a que parezca contradictorio, expandir tu identidad es lo mismo que disolver tu ego. Preferimos describirlo como un proceso de expansión frente a uno de disolución porque la expansión respalda la idea de la integración. No nos estamos deshaciendo de algunas partes de nosotros mismos (del ego), sino que estamos creciendo y expandiéndonos más allá de nuestro sentido previo del yo.

El psicólogo del desarrollo Erik Erikson definió la identidad como un «principio organizativo fundamental que se desarrolla constantemente a lo largo de la vida».[8] La identidad es un constructo ideal, una experiencia interna de «yo soy», aplicado a nuestros roles en la vida, al género, a la raza, a la etnicidad, al estatus, a las incapacidades, a las habilidades, a la religión, a los valores y a los comportamientos. La identidad es autobiográfica.

A la identidad se la construye a base de recuerdos y expectativas (logros, fracasos, dinámicas familiares, relaciones relevantes, esperanzas y aspiraciones) y eso queda expresado como una parte de nuestra narrativa. *Mi madre me abandonó, y ésa es la razón por la que no he sido capaz de tener parejas románticas íntimas en mi vida. Me da miedo que me vuelvan a hacer daño.* No hay ningún término absoluto que diga que, si tu madre te abandonó, serás incapaz de tener una relación íntima romántica con alguien. Tales creencias son interpretaciones (una forma de darle sentido a una dinámica interpersonal entre padres e hijos). Aferrarnos con demasiada fuerza a historias que empleamos para construir nuestra identidad puede ser restrictivo. La mayoría de los aspectos de nuestra identidad son extremadamente flexibles y cambian con el tiempo si les permitimos hacerlo.

Otros aspectos de nuestra identidad son fijos. Podemos ser hispanos, judíos, asiáticos, inmigrantes o discapacitados físicos. Esos descriptores pueden ser precisos e inmutables. Eso es indiscutible, pero

---

8. Tija Ragelienė: «Links of Adolescents Identity Development and Relationship with Peers: A Systematic Literature Review», *Journal of the Canadian Academy of Child and Adolescent Psychiatry*, vol. 25, n.º 2 (primavera 2016), pp. 97-105, www.ncbi.nlm.nih.gov/pmc /articles/PMC4879949/

incluso nuestras ideas e interpretaciones de éstos pueden cambiar y evolucionar y, a medida que lo hacen, nuestra identidad evoluciona.

Nos pasamos las dos primeras décadas de nuestra vida conformando nuestra identidad, determinando nuestros valores, decidiendo qué clase de persona ser y con quién entablar amistad, teniendo en cuenta nuestros talentos y dónde encajamos. Ser un aventurero, un ambientalista, un intelectual, un buscador espiritual, un solitario y alguien que corre riesgos son ejemplos de comportamientos, etiquetas y creencias que pueden formar parte de una identidad.

Una identidad saludable nos brinda una sensación de estabilidad, seguridad y continuidad que resulta útil en un mundo en constante cambio. Cuando nos levantamos cada mañana, si tenemos un sentido claro de quiénes somos y cómo nos comportamos a medida que nos internamos en el mundo, todo ello ayuda a sofocar la ansiedad.

Sin embargo, que cuestionen nuestra identidad puede provocarnos ansiedad porque nuestra identidad es crucial para quien creemos que somos. Es importante para nosotros. Demasiado a menudo, nos sentimos como si alguien estuviera cuestionando nuestra identidad, nos angustiamos y nuestro sistema nervioso simpático se activa. Por ejemplo, si alguien nos dice que estamos equivocados o que ya no le gustamos o si se burla de nosotros, es posible que nos movilicemos y reaccionemos como si nos estuvieran amenazando *físicamente*. Nos defendemos discutiendo (luchando) o marchándonos (huyendo) o inmovilizándonos (bloqueándonos). Pero ninguna de esas reacciones ante la fuente percibida de nuestra ansiedad es útil porque, habitualmente, somos la auténtica fuente y no nos ayuda a luchar contra nosotros mismos, huir de nosotros mismos, o bloquearnos a nosotros mismos.

Hay una diferencia entre temor y ansiedad. El temor es la respuesta a un peligro específico e inmediato. La ansiedad es la respuesta a algo que prevemos que sucederá basándonos en nuestra interpretación de los acontecimientos. Se puede abordar la ansiedad en lo que se conoce como un planteamiento descendente, empleando nuestro córtex prefrontal (la parte del cerebro que da un sentido). Con la práctica, podemos aprender formas de alterar ese significado, como por ejemplo empleando el método AWE o cambiando la forma en que utilizamos el lenguaje, algo que exploraremos en el capítulo 8. La ansiedad también puede ser abordada en un planteamiento ascendente, que implica tomar conciencia de las sensaciones y de los movimientos físicos.

Curiosamente, el método AWE activa beneficios tanto de arriba abajo como de abajo arriba. Puede generar la acomodación cognitiva que nos permite alterar el sentido que le damos a un acontecimiento, y puede llevarnos más allá de las palabras al estimular nuestros sentidos.

En cualquier caso, descendente o ascendente, el asombro es una forma efectiva de reducir la ansiedad surgida cuando nos sentimos como si se estuviera cuestionando nuestra identidad. El primer paso es percatarse de que las amenazas contra nuestra identidad no son amenazas contra nuestra supervivencia.

Al percatarnos de que esa identidad es autodeterminada –elegimos cómo nos definimos a nosotros mismos– podemos volvernos menos reactivos a juicios y críticas. A medida que relajamos nuestro apego e ideas fijas respecto a la identidad, probablemente sentimos más la espaciosidad, como si hubiéramos salido de un atuendo restrictivo o demasiado pequeño. Salir de ahí puede percibirse como un alivio, una apertura a nuevas posibilidades. Nuestra identidad se vuelve porosa (como una malla que permite que el potencial y las posibilidades se infiltren). Repentinamente, podría ocurrir que no encajamos en un estereotipo o que podríamos hacer algo fuera de nuestra zona de confort: escalar el Denali,[9] pintar un retrato, preparar un pastel de crema de plátano o, simplemente, no reaccionar cuando alguien cuestiona nuestra valía.

Una vez, Nietzsche dijo que lo que no nos mata nos hace más fuertes. Nosotros creemos que se estaba refiriendo a la identidad. Si un desafío no nos mata, lo más probable es que nos fortalezca y expanda nuestra identidad.

Esta deliberación está al margen de las que podríamos tener sobre las amenazas contra nuestra identidad que pueden conducir a la violencia física (violencia fundamentada en la raza o en la orientación

---

9. El Denali es la montaña más alta de América del Norte, con una altitud de 6190 metros, situado en la cordillera de Alaska. (*N. de la T.*).

sexual, por ejemplo). Si nos identificamos como gays y nos atacan verbalmente porque somos gays, podríamos estar bajo una amenaza física, y resulta apropiado que se active nuestra respuesta lucha-huida. Que a uno lo acosen por ser tímido o no encajar es otro ejemplo. Tener un antecedente conocido de tales ataques es crucial en nuestra reacción en esos casos.

En lugar de eso, esta disertación respecto a reaccionar de forma exagerada a posibles amenazas contra nuestra identidad se centra en acontecimientos que raramente conducirán a la violencia, pero que, a pesar de todo, generan una férrea defensa en nuestro interior. La mayor parte del tiempo, especialmente cuando interactuamos con personas de círculos íntimos, esto nos ayuda a recordar que las amenazas contra nuestra identidad no son amenazas contra nuestra supervivencia.

Expandir nuestra identidad es valioso y necesario para tener una vida plena: cuanto más se expande, más podemos identificarnos con otras personas y más capacidad tenemos para conectar con ellas. A una edad adulta joven, por ejemplo, quizá no fuéramos capaces de empatizar con alguien enfermo porque no teníamos la más remota idea de qué significaba estar débil; no nos identificábamos con su experiencia. Asimismo, tal vez, no sepamos cómo relacionarnos con personas que experimentan un proceso de pérdida. Pero si pasamos por esas experiencias o sentimos compasión por alguien que esté pasando por ellas, nuestra identidad se expande. Gradualmente, una identidad porosa y expansiva nos convierte en individuos más únicos, complejos y resistentes.

El asombro crea una mayor porosidad en la identidad (el ego). En una entrevista de *Simulation: Global Enlightenment*, el autor Michael Pollan menciona la disolución del ego y la noción de una expansión de la identidad que ocurre cuando la red neuronal por defecto se queda callada, algo que sucede cuando experimentamos el asombro:

Sin una noción del tiempo, no tienes un sentido de la identidad [...] Así que es muy interesante que cuando [la red neuronal por defecto] se calla, o parece estarlo en un fMRI, es cuando la gente comunica haber experimentado una disolución completa del ego [...] Cuando la red neuronal por defecto se cae, todas esas nuevas conexiones forman lo que no había existido antes. El cerebro queda recableado temporalmente y, de pronto, tenemos esta explosión de nuevas vías y no sabemos qué está pasando en ellas.[10]

• • •

Nos planteamos el asombro como un lubricante neuronal que facilita la reescritura, ya que propicia que nos deslicemos hacia diferentes estados de la conciencia. Creemos que la tarea primaria del cerebro moderno es elevar nuestra conciencia y expandir la identidad. La expansión es la trayectoria de nuestra línea temporal evolutiva. La expansión se produce al tiempo que vamos más allá de lo familiar y nos abrimos a nuevas perspectivas y experiencias, y es el resultado de la culminación de cambios fisiológicos y psicológicos desencadenados por tres sencillos pasos: la atención, esperar, exhalar y expandirse. El AWE, entonces, es un portal hacia una profunda presencia, la espaciosidad, el alivio y la paz. Una vía rápida hacia la transcendencia.

10. Michael Pollan: «Dissolving the Default Mode Network» (entrevista con Simulation: Global Enlightenment), vídeo de YouTube (14 de junio, 2018), código de tiempo 6:27, www.youtube.com /watch?v=c71BY2RzZjY

TERCERA PARTE

EL AWE Y EL FUTURO
DEL *MINDFULNESS*

CAPÍTULO 7

EN TODO CASO, ¿QUÉ ES EL MINDFULNESS?

Dacher Keltner de la Universidad de California en Berkeley califica el método AWE como «el futuro del *mindfulness*» porque el hecho de que sea tan breve y efectivo y de que se puede practicar en cualquier parte resulta seductor para la gente que cree que no tiene tiempo que destinar al *mindfulness* formal. El mundo, al fin y al cabo, ha cambiado mucho desde que se empezó a practicar el *mindfulness* hace mucho, muchísimo tiempo. Y las prácticas de *mindfulness* están cambiando junto con él.

Veinte años atrás, cuando Hannah, la esposa de Jake, acudía a retiros de meditación zen (una modalidad de *mindfulness*), se marchaba siete días y se pasaba ocho horas al día sentada meditando. No se le permitía hablar excepto cuando se encontraba con el Rōshi (el maestro Zen) para responder un *koan* (una especie de adivinanza). Esas sesiones extremadamente reglamentadas estaban pensadas para fomentar una disciplina centrada, lo cual acalla la mente. Esas sesiones formales también eran increíbles, a veces eran experiencias que le cambiaban a uno la vida. Pero no todo el mundo podía dedicar tiempo para llevarlas a cabo, y ni mucho menos, dedicar horas cada semana a meditar. En consecuencia, el número de personas que practicaba la meditación era limitado.

Hoy en día, diversas prácticas de *mindfulness* están mucho menos estructuradas. La gente emplea aplicaciones en sus teléfonos o entreteje el *mindfulness* en las actividades del día a día, como por ejemplo aplicando una atención plena al lavar los platos, cuidar del jardín o caminar. Durante las últimas décadas, algunas de las prácticas más antiguas de *mindfulness* han mutado en versiones muy simplificadas de lo que eran antaño y les han dado nombres seculares e incluso clínicos: reducción del estrés basada en la atención plena, la autocompasión bajo una atención plena, la terapia cognitiva basada en la atención plena. Esto forma parte de la evolución del *mindfulness*.

Este paso de lo formal a lo informal es lo que motiva que ahora haya más gente que tenga tiempo para practicarlo. Sólo en Estados Unidos, el porcentaje de gente que al menos ha intentado meditar saltó a un 10 % entre los años 2012 y 2017; cerca de 35 millones de adultos y niños.[1]

Mientras que esos retiros de meditación zen recaen en el extremo formal del espectro, el AWE se coloca en el polo opuesto. La cuestión es ser todo lo informal y accesible que puede resultar el *mindfulness*.

El *mindfulness*: Los inicios en Oriente

El *mindfulness* es un término aglutinador para numerosas prácticas, muchas de ellas originadas en Oriente hace miles de años, en el hinduismo y el budismo. La meditación es una forma de *mindfulness*/atención plena; el yoga, el tai-chi y el qigong son otros muchos ejemplos. Todas ellas requieren un cierto grado de disciplina, un poco de entrenamiento y un tiempo de dedicación. Cosechar los beneficios de estas prácticas formales primero requiere adquirir las habilidades oportunas y luego consagrarse a la disciplina.

Pero una atención plena se puede conseguir, también, mediante actos sencillos como, por ejemplo brindándole toda tu atención a lo que estés haciendo. También puede ser un poco más complicado, algo así como aprender los movimientos de una danza sufí.

---

1. Tainya C. Clarke, *et al.*: «Use of Yoga, Meditation, and Chiropractors Among U.S. Adults Aged 19 and Over», *NCHS Data Brief*, n.º 325 (noviembre, 2018), www.cdc .gov/nchs/products/databriefs/db325.htm

Tipos de prácticas de *mindfulness*

Las prácticas de concentración (la palabra, el pensamiento, la sensación, la imagen): la meditación transcendental, la vipassana (escáner corporal), la plegaria, salmodiar/la repetición de mantras, los mandalas.

Basadas en el movimiento: el yogi, el tai-chi, el qigong, la danza sufí.

Cultivar emociones positivas (la compasión, el perdón, la gratitud, la amorosa-amabilidad): el metta budista, la tonglen,[2] el entrenamiento del HeartMath Institute (gratitud y compasión).

Las prácticas de vaciado: la meditación *big sky*, la plegaria *centering prayer*.

Mindfulness secular: reducción del estrés basado en la atención plena con varios ejercicios incluidos la *breath awareness* (conciencia de la respiración), el *body scan* (escaneo corporal), *object meditation* (meditación objetual), *walking meditation* (meditar caminando), *eating meditation* (meditar comiendo), *mindful stretching* (dilatación de la atención plena).

De qué forma elegimos entrar en un estado más elevado de conciencia es algo personal y a veces cultural. La mayoría de la gente gravita hacia lo que encaja con su personalidad. Tal vez disfrutan de ganar la fortaleza física asociada con el yoga o son adeptos a las prácticas meditativas religiosas o espirituales aprendidas en su infancia, como por ejemplo el tai-chi. Los medios no son lo importante. Un derviche[3] girador con un gran talento sobre el escenario es tan capaz de alcanzar

---

2. Modalidad meditativa originada en el budismo indotibetano que utiliza el estrés, las dificultades y los desafíos de la vida para el propio cultivo mental y para desarrollar la resiliencia. https://cultivarlamente.com/webinar-tonglen/ *(N. de la T.)*.
3. Miembro de una congregación musulmana sufí ascética. Una de sus prácticas religiosas implica ejecutar una danza giratoria en una suerte de estado de trance. *(N. de la T.)*.

la transcendencia como una monja recitando el Ave María en un banco de una iglesia. Pero si tenemos dos pies izquierdos y tan sólo podemos sentarnos quietos confortablemente durante unos pocos minutos cada vez, es probable que ni la danza sufí ni el rosario nos conduzca hacia el «final», o hacia la espaciosidad que deseamos experimentar.

La definición más simple de *mindfulness* es estar plenamente presente y aceptar el momento. Al igual que con la *A* del método AWE, esto lo hacemos prestándole toda nuestra atención a lo que estamos haciendo o a algo de lo que estemos siendo testigos. Con una mente abierta y cargada de curiosidad, podemos transformar una rutina en una experiencia reveladora. Cuando estamos tomando una taza de té, por ejemplo, nos fijamos en la sensación que nos transmite la taza. Mientras tomamos un sorbo, sentimos curiosidad por su temperatura. Si está templada, simplemente lo aceptamos. No arrojamos un juicio. Sumergidos en el momento, somos un testigo de la experiencia. Reemplazar el juicio por la aceptación acalla la mente.

A medida que nos convertimos en observadores de nuestra experiencia, incrementamos la conciencia de qué estamos experimentando. Podríamos, por ejemplo, oír nuestros monólogos silenciosos negativos internos (parte de la actividad de esa red neuronal por defecto) juzgando nuestro té templado. Pero, cuando mantenemos una atención plena, observamos los juicios internos, los dejamos ir y volvemos a centrar nuestra atención.

El *mindfulness* funciona en grados distintos en millones de personas y puede conducir a una mayor conciencia, presencia y a un estado mental más tranquilo. También puede brindarnos poderosas percepciones, ayudándonos a conectar con los conocimientos ocultos de nuestro subconsciente o con algo más grande que nosotros mismos. Con la suficiente práctica, puede conducir a un estado más elevado de conciencia, lo que nos gusta denominar «espaciosidad».

UN DENOMINADOR COMÚN

Al *mindfulness* a menudo se lo conoce como una práctica espiritual a la par con el asombro y la religión. Pese a que la espiritualidad, el asombro y la religión guardan ciertas diferencias, están ligados a un denominador común: son un medio para conectar con algo más grande que el yo y pueden conducir al pequeño yo.

En un análisis de las historias personales del libro *Awakening to Awe*, una recopilación de entrevistas con personas que ha experimentado el asombro, los investigadores extrajeron diez temas de las historias. Uno de ellos era que la gente se sentía como si estuviera en presencia de algo sagrado: «una presencia transcendental de algún tipo».[4]

En una entrevista de Zoom que mantuvo con nosotros, Kirk Schneider (psicólogo y autor de *Awakening to Awe*) explicó lo siguiente en relación con dónde encaja el asombro como práctica espiritual: «Una sensación de asombro captura esa tensión dinámica entre nuestro ser mortal y vulnerable, y nuestra transcendencia más divina. Y a mí me parece que de allí es de donde sale cantidad de sustancia –en lo que respecta a la creatividad [y] a evolucionar y crecer como personas y estar al borde de la indagación».[5]

Un objetivo primordial del *mindfulness* es reducir el sufrimiento, especialmente la angustia mental que podríamos asumir cuando sucede algo que no nos gusta (como por ejemplo un divorcio) o cuando nuestra red neuronal por defecto es hiperactiva o está llena de contenidos negativos. En *Neurodharma*, el neuropsicólogo y experto en *mindfulness* Rick Hanson escribe: «El sentido de ser uno mismo causa una gran cantidad de sufrimiento, incluido el tomarse las cosas personalmente, ponerse a la defensiva y volverse posesivo. Cuando la conciencia de uno mismo disminuye, habitualmente el bienestar se incrementa, con una sensación de alivio y de transparencia. Tal como Anam Thubten lo plantea: Si no hay un yo, no hay problema». Éste es el pequeño yo, o la disolución del ego mencionada anteriormente. Al igual que con la emoción del asombro, las prácticas de *mindfulness* pueden conducirnos al pequeño yo.

---

4. Edward Bonner y Harris Friedman: «A Conceptual Clarification of the Experience of Awe: An Interpretative Phenomenological Analysis», *Humanistic Psychologist*, vol. 39, n.º 3 (julio, 2011), pp. 222-235, https://doi.org/10.1080/08873267.2011.593372

5. Kirk Schneider: Entrevista por Zoom con los autores (24 de diciembre, 2021).

Los retos del mindfullness

Como profesores y practicantes de varias prácticas de *mindfulness* durante toda la vida, estamos bien versados en sus beneficios, los cuales incluyen la disminución del estrés, la ansiedad y la depresión, así como mejorar las afecciones médicas inducidas por el estrés como el síndrome del intestino irritable y el trastorno por estrés postraumático (algunos de los beneficios también asociados con el AWE).

Asimismo, estamos familiarizados con las limitaciones de algunas prácticas de *mindfulness* en el atareado mundo actual: la presión de pasar 20-30 minutos al día meditando, el esfuerzo que requiere que uno vuelva al instante presente, el juicio autoimpuesto que llega al perderse una sesión o que podría surgir cuando se compara la práctica de uno con la de los demás. Para mucha gente, las recompensas del *mindfulness* no se han conseguido plenamente porque éste y la meditación tradicionales resultan difíciles de mantener. Por muy beneficiosos que sean, sólo conducen a la transcendencia a una minoría de los practicantes, habitualmente a quienes no sólo son muy disciplinados, sino que también son capaces de concentrarse durante largos períodos de tiempo. Michael es un buen ejemplo.

Tras sufrir un ataque de pánico mientras realizaba el examen de admisión de la universidad de medicina, Michael se comprometió a aprender y practicar el *mindfulness* para mantener saludable su mente durante el largo camino que tenía por delante para ser médico. Su primer retiro de meditación fue un curso de diez días de Vipassana silente. Michael recuerda lo duro que fue tanto física, como emocionalmente realizar meditaciones de una hora de duración durante quince horas al día. Su cuerpo estaba dolorido por permanecer sentado tantas horas, y durante el silencio, el parloteo de su mente únicamente se amplificó. En cierta forma, el retiro de meditación era más complicado que las exigencias académicas y físicas de la facultad de medicina.

Michael perseveró con mucha fuerza de voluntad y con el tiempo desarrolló una duradera práctica de la meditación que incluía atender a numerosos retiros al año y participaba en un grupo regular de meditación semanal. Poco antes de los cuarenta años, sus mentores del Spirit Rock Meditación Center le propusieron ser profesor, y él empezó un programa de instrucción de dos años. Luego, fundó y dirigió un grupo de meditación interconfesional y, desde entonces, ha enseñado meditación a cientos de sus pacientes en programas de grupos de *mindfulness* para el dolor crónico.

A pesar de estar inmerso en el mundo de la meditación, tuvo que pasarse veinte años de práctica antes de tener, finalmente, su primer momento de profunda transcendencia –la misma sensación de espaciosidad que la gente experimenta rutinariamente en segundos empleando el método AWE.

A muchas personas les puede parecer que cuesta intentar mantener una atención plena, o concentrarse en el momento y practicar la aceptación a lo largo del día. Pueden practicar a ratos, pero cuando reciben un aviso en su teléfono o empiezan a pensar en la lista de tareas pendientes, la práctica queda interrumpida antes de empezar. Se distraen antes de tener la oportunidad de experimentar los beneficios de un nivel de conciencia más elevado.

Para algunas personas, incluidas aquellas extraordinariamente auditivas y las que luchan contra la depresión, la meditación tradicional puede tener consecuencias indeseadas, como por ejemplo conversaciones internas negativas. Los individuos con un historial traumático podrían experimentar visiones retrospectivas, reactividad al estrés y la disociación como resultado de las prácticas de meditación tradicional.[6]

Las prácticas físicas de *mindfulness* (el yoga, el qigong, la danza sufí…) pueden resultar difíciles para la gente enferma o físicamente discapacitada. Meditar sentado puede ser incómodo. Es difícil estar presente si estamos pensando en nuestras articulaciones doloridas y espaldas aquejadas y preguntándonos cuándo sonará la campana.

Puesto que es tan rápido y fácil, el método AWE no tiene esos problemas. Pero cuenta con muchas más cosas que lo diferencian de otras prácticas de *mindfulness*.

Un breve reinicio: Empezar en el final

Cuando le hablamos a Rick Hanson sobre nuestro método AWE y le preguntamos cómo creía que encajaba en el saco del *mindfulness*, tuvo mucho que decir. Resumió el AWE. «como una breve intervención que reinicia a la gente» y lo describió como «profundo»:

En nuestras narices, durante todo este tiempo, ha existido este extraordinario poder que cada uno de nosotros tenemos sobre el curso de un puñado de segundos para reiniciar toda nuestra química del estrés, reiniciar nuestro cerebro y alzarse y salir de una contracción estresante yendo hacia una apreciación auténtica de lo que es verdaderamente real a nuestro alrededor y en la que podemos morar, aunque sólo sea durante unos pocos segundos, y salimos de él renovados, más fuertes, más claros, más abiertos y más eficaces.

Durante miles de años, los seres humanos han estado mirando las estrellas, maravillados por el nacimiento de su hijo. Han apreciado la inmensidad que tienen a su alrededor. Y ahora la ciencia moderna está revelando el poder oculto del asombro en la vida diaria, algo que necesitamos más que nunca, al tiempo que varias fuerzas a nuestro alrededor

---

6. Willoughby B. Britton: «Can Mindfulness Be Too Much of a Good Thing? The Value of a Middle Way», *Current Opinion in Psychology*, vol. 28 (agosto 2019), pp. 159-165, https://doi.org/10.1016/j.copsyc.2018.12.011

captan nuestra atención porque nos sentimos amenazados, presionados y «estresados».

Hanson considera que el AWE tiene algunas bases en común con el *mindfulness* y rompe con él de ciertas formas sutiles.

Una de las cosas maravillosas que hay es que mientras realizas esta práctica tan sencilla del AWE, obtienes beneficios extra, incluido el desarrollo de un *mindfulness* más potente mientras expandes tu aprecio por lo bueno que también es auténtico en ti y a tu alrededor. Ésta es una gran forma de instruirse en el *mindfulness*. A mucha gente le parece que instruirse en las prácticas del *mindfulness* tradicional resulta relativamente poco estimulante y, por lo tanto, difícil de mantener. Lograr una mayor atención plena pasando más tiempo en un estado de agradecido asombro es una encantadora y poderosa forma de fortalecer la estabilidad de la mente.[7]

Y, a diferencia de la modalidad original del *mindfulness*, el AWE no es neutro. Le pedimos a la gente que se centre en algo que ellos valoran, aprecian o les parece impresionante. El AWE nos anima a empezar con un sesgo positivo.

Sin embargo, es posible que una cosa lo diferencie del resto de prácticas. La gente que se encuentra en un camino de crecimiento personal o espiritual habitualmente espera que «algún día» experimentará un mayor alivio y más amor, compasión y aceptación. Ellos esperan que esta transformación llevará meses y años de práctica devota para lograrlo –tal como Michael experimentó–. El AWE acaba con esta idea. Al emplearlo, podemos experimentar esas cualidades ahora mismo, en este momento. Al hacer esto, el viaje ya no consiste en apuntar a alguna futura destinación. La cuestión es el aquí y el ahora en el presente.

En lugar de esperar el final del viaje, algo que para mucha gente implica años de disciplinada meditación, podemos empezar por el final y cosechar los beneficios ahora.

Esto es posible, en parte, porque el AWE no es un cambio de comportamiento. No topa contra lo que tradicionalmente evita que la

---

7. Rick Hanson: Entrevista por Zoom con los autores (1 de febrero, 2022).

gente haga cambios en sus vidas (incluyendo el pánico al fracaso y al éxito, la procrastinación y la falta de tiempo). Y la lista continúa.

En *Atomic Habits*, el autor James Clear argumenta que un hábito requiere un signo (una información que pronostica una recompensa), un antojo (motivación), una respuesta (un hábito) y una recompensa (algo placentero). Él y otros expertos nos ayudan a comprender que centrarnos en un comportamiento basado en la recompensa es notablemente más efectivo que depender de la fuerza de voluntad. Juddson Brewer, Doctor en Medicina y en Filosofía, autor de *The Craving Mind* y *Unwinding Anxiety*, desarrolló diversos programas de *mindfulness* exitosos que se centraban en las intrínsecas recompensas sobre la fuerza de voluntad cuando se tratan las adicciones. El AWE logra lo que Clear y Brewer mencionan, sin embargo, la diferencia con otras prácticas es que aporta una recompensa al instante.

Se puede llevar a cabo en cualquier parte, incluso a la vista de todos o en un tren atestado, en la cola de la caja del supermercado o mientras recoges a los niños en la escuela. Pese a que los demás podrían notar que tu energía ha cambiado e, incluso, capten tus buenas vibraciones, quienes te rodean, por otra parte, no se enteran de nada.

La práctica del AWE. ha mejorado mi vida al ayudarme a bajar el ritmo. Me encanta poder practicarlo cuando los demás ni siquiera se dan cuenta. Llegará el momento en que me sienta como si yo misma o los demás fuéramos a mil por hora… Todo lo que tengo que hacer es llevar mi atención hacia algo, esperar un momento y exhalar profundamente. La práctica del asombro es accesible en todo momento, en cualquier parte. Calma mi sistema nervioso y ofrece un mayor alivio a mi cuerpo y a mi vida.[8]

Jennifer

Las personas a quienes les cuesta meditar o mantener una atención plena, así como quienes van cortos de tiempo, podrían preferir el AWE, que no da margen a las distracciones o a un diálogo interno negativo que interfiera. Al igual que ocurre con el *mindfulness*, una llamada telefónica, por ejemplo, puede interrumpir una sensación de asombro. Pero podemos volver a él tan rápidamente como lo hemos

---

8. Jennifer (seudónimo): *e-mail* enviado a los autores (23 de octubre, 2021).

dejado. Y tiene un efecto acumulativo. Cuanto más lo practicamos, más espontáneos se vuelven nuestros momentos de asombro. Es como si estuviéramos, con poco esfuerzo, creando un nuevo hábito que se gusta a sí mismo. Llegados a cierto punto, no tenemos ninguna necesidad de invitar al asombro. Simplemente aparece, sin previo aviso, como un invitado más que bienvenido.

El AWE no es mejor que cualquier otra avenida hacia la transcendencia, sin embargo, para la mayoría de la gente, ciertamente, es más rápido y más fácil porque se microdosifica. Hemos descubierto que resulta igualmente atractivo para meditadores y no meditadores porque el cambio se produce muy rápidamente.

Pero es más que un mero atajo. Es un proceso clínicamente demostrado. Nosotros, Jake y Michael, hemos estado décadas siguiendo regímenes de meditación, acudiendo a retiros de meditación y dando clases de *mindfulness*. Pese a que fuimos capaces de transcender muchas de nuestras frustraciones diarias a ratos, nunca experimentamos la transcendencia al nivel que lo hacemos ahora y, ciertamente, nunca en el acto.

Nosotros animamos a meditadores y a practicantes de yoga, qigong y otras disciplinas a que continúen haciendo lo que les gusta mientras prueban el AWE por lo menos tres veces al día. Incluso puede ser divertido unirte a un compañero o a una comunidad de practicantes del AWE para compartir momentos de asombro y hacer más profunda la experiencia. Hablaremos más de este tema en el capítulo 11.

Adoptarlo como práctica cambia el contexto de la vida. El mismo efecto tiene lugar a través de otras prácticas de *mindfulness*. Pero con él, los resultados son similares o incluso más grandiosos por estar alentando un estado positivo. En términos billarísticos, el AWE le da un poco de efecto[9] a las prácticas de *mindfulness*, que tienden a ser emocionalmente neutras.

Ahora te debes estar preguntando: Si el asombro está en el día a día y es tan accesible, ¿por qué no lo experimentamos más a menudo de

---

9. Referencia al acto de dar efecto a la bola blanca para lograr unas trayectorias específicas. (*N. de la T.*)

forma natural? Parte de la razón es que el asombro no aparece naturalmente en muchas de las personas cuyo sistema nervioso simpático
funciona a toda marcha con más frecuencia de lo necesario. Muchos
de nosotros no nos sentimos lo suficientemente seguros como para
abrirnos al asombro. Pero tenemos una solución.

CAPÍTULO 8

CÓMO LANZÓ EL SPUTNIK UN NUEVO TRATAMIENTO CONTRA LA ANSIEDAD

El 4 de octubre de 1957, los soviéticos lanzaron el Sputnik (el primer satélite artificial del mundo), y lo pusieron en órbita, marcando así el inicio de la era espacial.

Tecnológicamente, el satélite fue una fuente de asombro en el mejor sentido de la palabra, pues viajó a 28 980 kilómetros por hora y orbitó alrededor de la Tierra una vez cada 96 minutos. Para los americanos, sin embargo, el satélite era una fuente de ansiedad. Los científicos y los líderes militares comprendieron que al Sputnik se lo podía colocar fácilmente en posición para lanzar un ataque nuclear contra Estados unidos.

En la época, la Unión Soviética y Estados Unidos llevaban doce años en plena Guerra Fría, un conflicto que implicó una carrera armamentística, una carrera espacial y creencias políticas e ideológicas polarizadas. Ambas naciones tenían armas nucleares y sabían cómo producir más. Para ambas, de cara a la opinión pública, el coste de perder la Guerra Fría era una aniquilación segura.

Un artículo publicado el 13 de enero de 1958, en la revista *LIFE*, «Citizens Give Ideas in Crisis», informaba de una reunión convocada con el fin de abordar los pasos necesarios para contrarrestar los avances científicos soviéticos. Entre los asistentes se incluían a algunos de los mejores y los más brillantes de sus campos respectivos: Henry Kissinger, quien más tarde se convertiría en secretario de Estado; Paul Nitze, quien sirvió como subsecretario de Defensa de Estados Unidos;

Ernest O. Lawrence, científico nuclear y laureado del Premio Nobel en Física; el Padre Theodore Hesburgh, presidente de la Universidad de Notre Dame; y muchos más. Entre ellos también se encontraba John Weir, un doctor en Psicología menos conocido, pero muy respetado.

¿Qué hacían un sacerdote y un psicólogo en una reunión sobre la carrera armamentística? Estaban allí para explorar formas de reducir los niveles de ansiedad de la nación.

El lanzamiento del Sputnik por parte de los soviéticos elevó los niveles de ansiedad a lo largo y ancho de toda una nación ya cansada de la guerra y temerosa de la expansión del comunismo. Los expertos de esta reunión estaban allí para hablar de soluciones, y se les ocurrieron varias, incluido incrementar la financiación para los científicos, los militares y para programas de matemáticas y ciencias en los institutos. Recomendaron construir misiles, refugios para protegerse del polvo radiactivo y sistemas de comunicación destinados a la defensa civil. Esta clase de acción podía paliar algunas inquietudes al permitir que la nación estuviera mejor preparada en caso que los soviéticos atacaran y prevenir así un ataque en primer lugar. Pero sin llegar a exigirle a todo el mundo que construyera un refugio en casa abastecido de alimentos no perecederos, ¿qué podía hacerse para aliviar la angustia de los estadounidenses?

Por lo que sabemos, la reunión no produjo respuestas psicológicas inmediatas para los americanos carcomidos por la ansiedad, pero espoleó a John Weir, sí como a su esposa (Joyce) a desarrollar un método que los ciudadanos pudieran emplear para disminuir su angustia personal a fin de calmar su sistema nervioso y ayudarlos a sentirse seguros. Este método se centró en algo que es muy personal en cada uno de nosotros: nuestras percepciones.

La percepción: ¿Cómo podemos tener todos razón?

El brillante físico John Wheeler, que acuñó el término «agujero negro» y tuvo un papel vital en el Proyecto Manhattan[1] (nombre en clave de

---

1. El Proyecto Manhattan empezó poco después de que Albert Einstein se enterara de que los nazis habían dividido el átomo de uranio, creando así la energía sufi-

la investigación y el desarrollo de la primera bomba atómica) y más tarde en el diseño y desarrollo de la bomba de hidrógeno, dijo: «No hay un ahí fuera ahí fuera, todos somos observadores en el universo, es un milagro que nos construyamos la misma visión de éste».[2]

Al igual que algunos de los expertos citados en el capítulo 4, Wheeler comprendió que en realidad no sabemos que el mundo existe fuera de nosotros mismos, sino que lo creamos basándolo en *cómo le damos un sentido* a nuestras percepciones. Esto es lo que procesa nuestra realidad. En un artículo sobre Wheeler, un periodista lo sintetizó de esta forma: «Para Wheeler y los demás, no somos simplemente transeúntes de un escenario cósmico, sino modeladores y creadores que viven en un universo participativo».[3]

Ese mismo periodista dijo de Wheeler que «tiene una de las mentes más audaces en la física». Tal como a Wheeler le gustaba decir: «Si no has encontrado algo raro a lo largo del día, no ha sido un gran día».[4]

John Weir, asimismo, tenía una de las mentes más audaces de la psicología. Él y Joyce pensaron que la clave para ayudar a la gente a manejar la ansiedad era darle una mayor sensación de empoderamiento personal, o de autorresponsabilidad. Los Weirs lograron esto mediante un modelo lingüístico que desarrollaron denominado *Perception Language* (Lenguaje Percepción), o *Percept*.

---

ciente para alimentar una bomba atómica, y compartió la noticia con el presidente de Estados Unidos, Franklin Roosevelt, a fin de advertirle. Pese a que mucha gente asocia a Einstein con el desarrollo de la bomba atómica, él no estaba entre los científicos que participaron en el Proyecto Manhattan. Cuando Einstein supo que se había lanzado una bomba nuclear sobre Hiroshima (Japón), en 1945, transcendió que dijo: «Ay de mí» («The Manhattan Project», American Museum of Natural History, www.amnh.org/exhibitions/einstein/peace-and-war/the-manhattan-project).

2. Tim Folger: «Does the Universe Exist If We're Not Looking?», *Discover* (1 de junio, 2002), www.discovermagazine.com/the-sciences/does-the-universe-exist-if-were-not-looking

3. Folger: «Does the Universe Exist If We're Not Looking?».

4. Ibíd.

Percept le da la vuelta a cómo hablamos habitualmente. Su objetivo es transmitir que estamos hablando sobre nuestras percepciones del mundo, no del mundo. Está basado en la idea de que la percepción de una persona de un acontecimiento es distinta de la percepción de otra del mismo acontecimiento. Comunicarse sobre algo como si ambas partes tuvieran la misma percepción a menudo conduce a la confusión, al conflicto y a la ansiedad. Este modelo lingüístico nos empodera al tiempo que disminuye la confusión, el conflicto y la ansiedad.

Los Weirs crearon *Percept* para abordar la verdad ineludible conforme «no hay un ahí fuera ahí fuera». Tal como Wheeler reconoció, es un milagro que todos nos construyamos una versión similar de la realidad –que identificamos un autobús como un autobús, una nube como una nube, el picaporte de una puerta como el picaporte de una puerta–. Cada uno de nosotros interpreta el mundo subjetivamente aunque hablamos sobre la gente y acontecimientos como si nuestras interpretaciones fueran objetivas, como si fueran la única perspectiva. Cuando tenemos interpretaciones subjetivas diferentes (distintas perspectivas), ¿cómo pueden ser las dos correctas?

Al aplicar este modelo, los Weirs rompieron con algunas posiciones de larga data, incluido el modelo estímulo-respuesta, el cual era –y sigue siendo– una piedra angular de la psicología.

El intervalo entre el estímulo y la respuesta

En el año 2004, el autor Stephen Covey escribió una prefacio[5] donde decía:

En 1969, me tomé una temporada sabática de mi docencia universitaria para escribir un libro. Deambulando un día por las estanterías de una biblioteca universitaria, cogí un libro, lo abrí y leí tres líneas que verdaderamente cambiaron mi vida.

Se convirtieron en el fundamento de mi propio trabajo, *The 7 Habits of Highly Effective People*. He aquí las líneas:

Entre el estímulo y la respuesta hay un intervalo.
En ese intervalo reside tu libertad y poder para elegir tu respuesta.
En esas respuestas reside tu crecimiento y felicidad.[6]

La bibliomancia de Covey (y el momento de asombro) lo llevó a escribir un libro superventas y a tener un imperio empresarial. Y todo estaba centrado en un postulado básico de la psicología: el intervalo entre el estímulo y la respuesta.

Hay muchas escuelas de psicología, y casi todas aceptan la idea de que hay un mundo ahí fuera actuando sobre nosotros. Alguien o algo (un estímulo) nos está haciendo algo, lo cual hace que tengamos una respuesta. Alguien nos dice que estamos equivocados, y nos ponemos a la defensiva. Alguien flirtea con nuestra pareja, y nos ponemos celosos. Un coche nos corta el paso, y nos enfadamos. Alguien nos interrumpe, y nos rebotamos.

Los líderes del campo de la psicología han atribuido nuestras respuestas a toda una variedad de fuentes: el inconsciente (Freud), las conductas aprendidas (B. F. Skinner), los niveles de desarrollo (Maslow),

---

5. Pat Croce: *Lead or Get Off the Pot!: The Seven Secrets of a Self-Made Leader* (New York: Fireside, 2004), pp. xiii-xiv.
6. La cita que Covey menciona a menudo se atribuye a Viktor Frankl, pero según el Viktor Frankl Institut, «El auténtico origen de la cita es algo complicado». Cuando se le preguntó, Stephen Covey dijo que no recordaba el título del libro que ese día sacó de la estantería, ni su autor (*Alleged Quote*, Victor Frankl Institut, www.univie.ac.at/logotherapy/quote_estímulo.html).

o el pensamiento distorsionado (Beck). Un objetivo compartido por la mayoría de modelos psicológicos es ayudar la gente a desarrollar mejores respuestas a los acontecimientos (estímulos). Se nos anima a explorar el inconsciente y nuestra infancia, procesar nuestros sentimientos, reexaminar nuestras creencias, aprender nuevos comportamientos, aprender a autoaliviarnos, observar los patrones de nuestras relaciones, empoderarnos incrementando la fuerza del ego y el nivel de desarrollo, y modificar el pensamiento distorsionado.

Tal como hemos analizado en el capítulo 2, incluso nuestra fisiología aprendió a trabajar de acuerdo con el estímulo y la respuesta. Los cuerpos quedan expuestos a algún tipo de cuerpo extraño, y nuestro sistema inmunitario reacciona. Como organismos que somos, estamos en medio y bajo un estímulo constante, y respondemos a ello durante todo el tiempo. A veces conscientemente, pero la mayor parte de las ocasiones lo estamos haciendo inconscientemente.

Los Weirs reconocieron las limitaciones del modelo estímulo-respuesta. Primero, el modelo lleva a algunas personas a entrar innecesariamente en un estado mental donde creen que son una víctima, se sienten como si el estímulo les estuviera haciendo algo, lo cual puede resultar desalentador. Segundo, la mayoría de las terapias abordan el comportamiento de la gente y sus creencias después del acto –mientras están sentados en una sesión de terapia y recordando lo sucedido–. Tercero, la terapia basada en este modelo podría prolongarse indefinidamente. La sarta de estímulos entrantes diarios nunca se detiene, de modo que la gente se siente abrumada o desgastada intentando encontrar mejores formas de combatirlos y reaccionar ante el mundo. Participar en este tipo de terapia puede ser agotador.

Los Weirs pasaron de tener su enfoque puesto en encontrar mejores formas de reaccionar a los estímulos a plantearse cómo la gente puede darle un sentido al estímulo a tiempo real, durante el intervalo. El objetivo era ayudar la gente a percatarse de dos puntos:

1. Están dándole un sentido al estímulo basándose en su estado mental, sus sesgos inconscientes y recuerdos de previas experiencias para formar una interpretación o percepción subjetivas.

2. Pueden cambiar el sentido de su interpretación o percepción cambiando la forma de hablar de ello.

La forma primordial en que podemos darle un sentido es mediante el lenguaje, y los Weirs comprendieron que si cambiamos el modo de hablar de algo –si lo expresamos de forma que comprendamos y reconozcamos plenamente que tan sólo estamos expresando *nuestra percepción* de un estímulo–, nos volvemos más flexibles, curiosos y menos apegados a tener razón y a evidenciar que los demás están equivocados.

Como implica algunos conceptos novedosos e, inicialmente, cierta sintaxis incómoda, *Percept* requiere que el hablante baje el ritmo, algo que lo lleva al presente y crea curiosidad en lugar de conflicto cuando la gente tiene creencias, necesidades, deseos, valores y experiencias distintas. Por defecto, el Lenguaje Percepción nos exige hacernos responsables de cómo pensamos, sentimos y actuamos, lo cual nos empodera y nos crea una sensación de seguridad. Pero *Percept* hace algo más.

Manteniéndonos en el presente y autorreflexionando durante tan sólo un poco más de tiempo de lo habitual, *Percept* incrementa el intervalo entre el estímulo y la respuesta. Nos brinda más de lo que a Covey le pareció tan inspirador: elección. Nuestra respuesta a los estímulos es más mesurada y meditada que reactiva, así tendemos a tomar mejores decisiones.

Perception Language (Lenguaje Percepción)

El Lenguaje Percepción, al igual que el asombro, es una novedad y requiere una acomodación cognitiva: una forma distinta de ver y de darnos un sentido a nosotros mismos y al mundo. A continuación, tienes algunos aspectos destacados del Lenguaje Percepción, todo ello es muy fácil de dominar:

- Hablar sobre lo que está sucediendo en el instante presente todo cuanto sea posible.
- Eliminar la culpa y la alabanza de cada conversación.
- Comprender que somos la fuente de nuestros sentimientos.

Parece ligeramente fuera de lo normal, y lo es. Pero quienes aprenden y emplean el Lenguaje Percepción a menudo marcan una diferencia entre sus vidas «antes de *Percept* y después de *Percept*». Este modelo crea un punto de inflexión en sus relaciones y en cómo ven el mundo; en parte porque mitiga copiosas cantidades de ansiedad. En último término, *Percept* ayuda a la gente (metafóricamente) a separar su sistema nervioso de otro –para desenredarlos–, lo cual es útil cuando estamos cerca de alguien angustiado o juzgándolo.

Mantén la conversación en el presente. Muchos profesores espirituales hablan de estar en el presente y, aun así, no ofrecen formas pragmáticas de cómo hacerlo. Los Weirs dijeron que si quieres permanecer en el presente cuando estás interactuando con los demás, habla de qué está sucediendo ahora mismo, de qué necesitas ahora mismo, de qué quieres ahora mismo, o de qué puedes hacer por alguien en ese preciso momento. Dicho de otra forma, no tiene sentido discutir sobre si dijiste que volverías a casa a las seis en punto (lo que tú recuerdas) cuando la otra persona recuerda algo muy distinto. Esas conversaciones son improductivas.

La cuestión es ¿qué puedo hacer ahora –en este momento– dado que no nos ponemos de acuerdo en cuándo tenía que volver a casa? Esto lleva la conversación a un lugar productivo y rompe el ciclo en que la gente se pelea por tener la razón. El instante presente es el momento en que podemos hacer cambios, independientemente de qué dijo quién y cuándo.

Eliminar la culpa y la alabanza. Si quitas del medio la culpa, reducirás tus niveles de ansiedad drásticamente. Mucha de nuestra ansiedad radica en proyectar la idea de que otras personas son críticas o nos critican. Tan pronto como amenace, probablemente te sentirás amenazado. Cuando te culpe, te hablo de ti. No te estoy hablando de mi experiencia. Pero cuando se emplea el Lenguaje Percepción, el hablante te habla de su experiencia, lo cual disminuye la tendencia del interlocutor a ponerse a la defensiva. Por ejemplo, en lugar de decirle a una persona «me has estropeado el día porque no me has dado un regalo de cumpleaños», empleando *Percept*, el hablante podría decir, «Estoy decepcionado conmigo mismo porque no he traído un regalo de cumpleaños para ti».

El Lenguaje Percepción también elimina la alabanza, porque cuando te alabo, es como si controlara tu sistema nervioso: si mi alabanza se convierte en una fuente que te hace sentir bien contigo mismo, puedo parar de alabarte y arrebatarte esa sensación agradable.

En lugar de la alabanza «eres tan maravilloso. Eres un escritor brillante», *Percept* emplea el término valorar. «Valoro tenerte en mi vida». «Valoro lo emocionado que me he sentido cuando he leído tus poemas». «Valoro que tengas tus deberes hechos antes de jugar con tus amigos».

Comprende que somos la fuente de nuestros sentimientos. Esta sección del Lenguaje Percepción está basada en la idea de que nuestros sentimientos provienen de nosotros mismos, no de otras personas. Somos responsables de nuestra vida emocional. Pero, en nuestra cultura, tendemos a decir cosas como «Me pones furioso». Culpamos a los demás de nuestros sentimientos, lo que significa que, si queremos apaciguarnos, nos hace falta que la otra parte deje de enfurecernos. Esto también ocurre en entornos terapéuticos. La pregunta más común de los terapeutas a sus clientes es, por ejemplo: «¿Cómo te ha hecho sentir *eso/él/ella*?». Esto refuerza la idea de que un acontecimiento externo, u otra persona, está provocando que nos sintamos como lo hacemos.

Al cambiar nuestro lenguaje, desafiamos al modelo agresor–víctima. Ya no se da el caso donde me haces sentir de la forma que me siento. Salir de ese modelo me brinda mucho más control –y responsabilidad– sobre cómo me siento. Por ejemplo: «Me frustro cuando llegas tarde a casa después del trabajo», se convierte en: «Me frustro a mí mismo cuando llegas tarde a casa después del trabajo». «Haces que me sienta insignificante cuando no me llamas», se convierte en: «Me hago sentir insignificante a mí mismo cuando no me llamas». «Tu tono de voz me intimida», se convierte en: «Me intimido a mí mismo ante tu tono de voz». Para más ejemplos de *Percept*, visita ThePowerOfAwe.com.

• • •

UN MOMENTO AWE

Piensa en una situación que te esté atormentando, quizá una fuente constante de frustración entre ti y una persona querida o algo sobre lo que tiendes a sentirte inseguro. Ahora intenta hablar sobre ello empleando *Percept* y fíjate en cómo te sientes de una forma muy distinta. Puedes decirle esas palabras en voz alta a alguien o decírtelas a ti mismo. ¿Te sientes más empoderado? ¿*Percept* cambia cómo podrías manejar una situación?

• • •

Ginger estudió y aprendió *Percept* de Jake y Hannah. He aquí cómo describe su valor:

Uno de los cambios más relevantes y permanentes en mi vida llegó cuando «dominé» el Lenguaje Percepción. En mis primeras sesiones con Jake, me introdujo al concepto del Lenguaje Percepción, y empecé a incorporarlo durante mis sesiones con él. Mientras trabajábamos juntos, me quedó claro que las percepciones de mi vida y los papeles que he jugado en mis relaciones eran desequilibrados, dolorosos y unilaterales. Me veía a mí misma como una víctima y culpaba a los demás de mi angustia y de mi profunda soledad.

Por propia elección, estaba distanciada, de dos miembros de mi familia y no tenía otra solución que transigir volviendo a formas nada saludables de relacionarme. Y la culpa que sentí en relación con mi hijo y mi incapacidad de ser una buena madre pareció ser no sólo imperdonable, sino también imposible de enmendar. El naufragio de mi dolor y el dolor que había causado me parecían infranqueables.

En el pasado intenté «arreglar» varias veces mis relaciones, pero mis soluciones requerían que los tres estuvieran de acuerdo conmigo en que yo era una víctima de maltrato y, en consecuencia, no era enteramente responsable de mi comportamiento (como hermana, como prima y como madre). No fue hasta que empecé a emplear el Lenguaje Percepción, que empecé a asumir la responsabilidad por todas mis acciones, independientemente de mi historia.

Cambiar mi forma de hablar cambió cómo pensaba. Eso combinado con el principio de «sin alabanzas y sin culpa» me ayudó a ver que yo era la autora de mi historia y que no sólo podría cambiar mis actitudes y comportamientos en el presente, sino que también podría cambiar qué pensaba en relación con el pasado. Me he empoderado a mí misma con el nuevo lenguaje. Y eso me ha permitido responsabilizarme de mis propios errores y relacionarme con la gente, en especial, esas tres personas, partiendo de una posición honesta e íntegra.

La forma en que los trataba como una adulta no tenía nada que ver con esa infancia en que padecí malos tratos. Lo que ocurrió cuando era una cría no era una excusa válida para estar celosa, ser sumisa, o estar ausente.

Cuando reconecté con mi hermano, yo era su hermana de sesenta y dos años, una adulta madura, amable y cariñosa. Disfrutamos de estar juntos en ese momento y toda la hostilidad y los celos se esfumaron en lo felices que éramos por habernos reunido.

Fui capaz de decirle a mi primo lo dolida y confundida que estaba cuando era una mujer joven al comportarse él de un modo inapropiado, y dejé bien claro que no seguiría tolerando su comportamiento abusivo y que quería poner fin a nuestra relación.

Y cuando le pedí disculpas a mi hijo sinceramente y acepté mi responsabilidad por mi comportamiento negligente e hiriente, él me perdonó y me invitó a formar parte de su familia y a ser una abuela para sus hijos.

En cada una de esas conversaciones con los miembros de mi familia cambié mi forma de relacionarme con ellos. Ahora me relaciono con mi hermano y mi hijo como una mujer honesta, íntegra, amorosa, alegre. Ya no me aproximo a ellos como una persona cargada de culpabilidad o resentida. Tengo claro quién soy y vivo de acuerdo con mis valores, y ellos lo ven y me respetan. En el pasado mis palabras y acciones no concordaban, decía que lo sentía y luego seguía teniendo un comportamiento lamentable.

También cambié la forma de relacionarme con mí misma. Las conversaciones en mi cabeza y con los demás ya no se centran en problemas y carencias. El Lenguaje Percepción y la práctica del AWE han cambiado qué veo en la vida. Donde antes veía dolor, lucha y conflicto, ahora veo júbilo, posibilidades y conexión.

La práctica de microdosificar el asombro es algo que sigo haciendo a diario, y las recompensas son inmediatas, efectivas, y han cambiado mi aproximación a la vida. El Lenguaje Percepción ha cambiado cómo pienso y cómo me comunico, y la libertad y el júbilo que experimento al ser una adulta honesta y madura no tienen precio.[7]

---

7. Ginger (seudónimo): *e-mail* enviado a Jake Tagle (22 de marzo, 2022).

A menudo, actuamos como si otra persona estuviera dirigiendo nuestro sistema nervioso. Cortar esas ataduras elimina una parte importante de la amenaza procedente de las dinámicas interpersonales. Cuando estamos en el lado receptor de *Percept*, probablemente, nos sentimos menos amenazados o no nos sentimos como si nos estuvieran acusando de algo, y nuestro sistema nervioso autónomo no se moviliza antes de que ni siquiera tengamos tiempo de pensar qué nos está sucediendo. En lugar de eso, experimentamos los efectos tranquilizadores producidos por el nervio vago ventral. Desde aquí, estamos mejor capacitados para reaccionar serenamente, pensar con claridad y hacer una pausa para considerar cómo darle un sentido al estímulo y, quizá, incluso se nos ocurre una solución para el problema que estemos teniendo. La idea conforme una disputa con un compañero o pareja que venga de lejos pueda resolverse en pocos minutos reconciliando percepciones es poderosa.

Cuando estamos en el lado transmisor de *Percept* —cuando somos el hablante— bajamos el ritmo, estamos más presentes y nos comunicamos deliberadamente. Dejamos de culpar a los demás y de victimizarnos a nosotros mismos. Nos preocupa menos lo que otras personas puedan pensar de nosotros, y estamos mejor capacitados para representarnos a nosotros mismos. A medida que nos responsabilizamos plenamente de cómo darle sentido a la experiencia que tengamos, nos empoderamos. La culpa y el arrepentimiento disminuyen al tiempo que la aceptación y la autoestima se incrementan.

Cuando ambas partes emplean ese modelo, resulta más fácil escuchar y comprenderse unos a otros. Pero hasta cuando una persona emplea *Percept*, la vida le resulta más fácil.

UN INSTRUMENTO RADICAL
AL QUE LE HA LLEGADO SU GRAN MOMENTO

El Lenguaje Percepción nunca despegó como un modelo de comunicación ampliamente adoptado, pero continúa ofreciendo una gran promesa. Un artículo escrito en el año 2006 describe el trabajo de los Weirs como algo revolucionario: «Ningún teórico-practicante del desarrollo humano, desde la década de 1960 hasta el presente, ha creado un ins-

trumento tan radical y poderoso de autenticidad personal, responsabilidad y autoempoderamiento como el lenguaje *percept* de los Weirs. Es
más, ningún teórico-practicante ha situado la responsabilidad personal
para el desarrollo de uno con tanta firmeza en el núcleo de su trabajo para el crecimiento personal como lo hicieron los Weirs».[8]

De *Percept* al asombro

Al quitar la amenaza de las interacciones, *Percept* nos ayuda a sentirnos
seguros y participativos socialmente. Para poner en práctica el AWE, necesitamos sentir cierto grado de seguridad. Sería imposible, por ejemplo,
ponerlo en práctica mientras nos está persiguiendo un tigre. El cerebro
no lo permitirá porque está demasiado ocupado intentando mantenernos
vivos. Y por cierto, «tigre» es una metáfora para las situaciones extremadamente aterradoras, sean cuales sean para una persona.

Eliminar el tono amenazador de la conversación es crucial para
mantener el sistema lucha-huida a raya y permitirnos sentirnos lo suficientemente seguros para experimentar el asombro. A su vez, al volvernos participativos socialmente, curiosos y más dispuestos a aceptar
una perspectiva diferente, el asombro nos ayuda a resolver incluso
conflictos de largo recorrido.

Walt, uno de los clientes de Jake, emplea *Percept* para aproximarse
a los acontecimientos con curiosidad y sumergirse más profundamente en el asombro.

Incrementar el asombro en mi vida no consiste tanto en buscarlo, sino
más bien en reorientar mi actitud, las interacciones e historias para
profundizar en la conciencia que tengo de mi entorno y conexiones.
Cuando ocurre algo profundo, experimento aún más el asombro. Invir-
tiendo el modelo de estímulo-respuesta, *Percept* fomenta la responsabilidad. Tener más capacidad de decisión (en situaciones, en relaciones, con

---

8. Philip J. Mix: «A Monumental Legacy: The Unique and Unheralded Contribu-
    tions of John and Joyce Weir to the Human Development Field», *Journal of
    Applied Behavioral Science,* vol. 42, n.º 3 (septiembre 2006), pp. 276-299.

uno mismo) ayuda a crear espacio para obtener una apreciación más rica de cualquier cosa: horizontes expansivos, la calidez percibida al cogerse de la mano, oír las alas de un colibrí, o no oír nada. Con todo ello, me he asombrado a mí mismo.[9]

John y Joyce Weir refinaron su modelo durante un período de cuarenta años, enseñándolo como parte del currículo de los retiros de terapia de grupo que ofrecían. La mayor parte de su trabajo se realizó en el National Training Labs de Bethel (Maine). Profesionales de recursos humanos y ejecutivos de corporaciones asistieron a esos «laboratorios», o lugares para experimentar, desarrollar un mejor liderazgo y las habilidades comunicativas. Pero los Weirs también viajaron por el país -en su autocaravana de siete metros–, llevando a cabo retiros más reducidos para gente interesada en experimentar un grupo de terapia. Sus grupos de terapia y de encuentro fueron los pioneros del movimiento de la psicología humanista.

Carl Rogers, otro psicólogo eminente, ha encomiado ese tipo de grupos de encuentro tempranos calificándolos como «el invento social del siglo que más rápidamente se ha extendido, y probablemente el más potente». Rogers siguió explicando:

Creo que la cuestión es una hambre de algo que la persona no encuentra en su entorno laboral, en su iglesia, ciertamente no en su escuela o universidad, y lamentablemente, ni siquiera en la vida de la familia moderna. Es un hambre de tener unas relaciones íntimas y reales; donde sentimientos y emociones pueden ser expresados espontáneamente sin censurarlos o reprimirlos; donde las experiencias profundas –las decepciones y el gozo– pueden ser compartidas; donde se podía correr riesgos y probar nuevas formas de comportamiento; donde, en síntesis, la persona se aproxima al estado donde todo es conocido y aceptado y, por lo tanto, posibilita un mayor crecimiento personal.[10]

---

9. Walt (seudónimo): *e-mail* enviado a Jake Eagle (22 de marzo, 2022).
10. Carl Rogers: *Carl Rogers on Encounter Groups* (Nueva York: Harper & Row, 1970), p. 11.

EL PALI: UN LENGUAJE VERBALIZANTE

Pese a que *Percept* era algo único en la época en que los Weirs lo introdujeron, tiene un precedente. El pali (la lengua que Buda hablaba cuando vivió) era un lenguaje «verbalizante». Le permitía a uno permanecer en un proceso, no fijarse ni aferrarse a un estado estático o permanente; más bien estar en movimiento. Esto crea un despliegue constante de nuestra conciencia del yo. Todo está en movimiento evolucionando y desplegándose todo el tiempo.

El hecho de que nada es estático es una premisa fundamental del budismo. Por ejemplo, el nirvana, el objetivo de la práctica del budismo, no sería un sustantivo, sino un verbo («nirvanearse») a uno mismo: dedicarse (activamente) más a apagar los fuegos de la codicia, del odio y del delirio, que a alcanzar el estado del nirvana. En lugar de consistir en que Buda encontrara el camino hacia la iluminación (un estado estático), él diría que estaba encontrando un camino para iluminarnos a nosotros mismos, un proceso activo y continuo.

Quizá, debido a que el lenguaje «verbalizante» era tan radicalmente diferente, un relevante número de seguidores de Buda se estaban despertando a la idea de que «el yo» era un proceso que dependía de las interpretaciones y respuestas que daba uno a los padecimientos que surgían y desaparecían.

Romper el techo de cristal

En el año 1998 los Weirs y Jake y Hannah Eagle se encontraron por primera vez. Los Eagles estudiaron con los Weirs durante seis años y, finalmente, se convirtieron en los guardianes del cuerpo de trabajo de los Weirs. Esto cambió la forma en la que Jake se aproximaba a los clientes en su consulta privada, y precisamente de la misma forma que John y Joyce habían hecho, Jake y Hannah empezaron a ofrecer *weeklong labs* o laboratorios semanales (retiros) para gente interesada en el crecimiento personal. Ellos vieron resultados similares a los encontrados por los Weirs: los participantes se sentían empoderados y menos angustiados. Y sus relaciones mejoraron.

Después de cerca de una década, Jake y Hannah se percataron de un patrón: El Lenguaje Percepción funciona cuando lo estamos empleando, no obstante la tendencia que adopta mucha gente es volver a su fisiología defensiva. A fin de ayudar a la gente a romper con este patrón, los Eagles crearon un nuevo modelo llamado los tres niveles de conciencia.

Los Weirs ayudaron a la gente a modificar su atención en una fase temprana del modelo estímulo-respuesta. La gente aprendió a observar cómo le daban sentido al estímulo a tiempo real y comprendió que tenían una elección en relación con cómo interpretar lo que acababa de suceder. Con los tres niveles de conciencia, los Eagles llevaron esto un paso más allá. Sugirieron que, si la gente elegía y practicaba estar en un estado mental más ingenioso incluso *antes* de que surja un estímulo, reaccionarán de forma apropiada en lugar de ser reactivos.

Así pues, ¿qué son los tres niveles de conciencia, y de qué forma elegimos el nivel más apropiado?

CAPÍTULO 9

LOS TRES NIVELES DE CONCIENCIA

¿Te has preguntado alguna vez por qué un día te da por soltarle cuatro lindezas a una persona que te corta el paso en medio del tráfico mientras que otro día, simplemente, pisas el freno y sigues tu camino como si no hubiera pasado nada? El mismo acontecimiento suscita respuestas distintas en momentos distintos porque estás en distintos niveles de conciencia en momentos distintos.

A lo largo este libro, hemos mencionado que el AWE nos lleva a un nivel más elevado de conciencia. ¿Pero qué significa eso exactamente? La conciencia no es un concepto abstracto cualquiera. Es nuestro estado mental, nuestros pensamientos y sentimientos en un momento dado. Vamos a introducirte a un modelo que se centra en tres niveles, a los que llamamos Seguridad, Corazón y Espacioso (los tres niveles de conciencia o el 3LC).

El modelo 3LC sugiere que el estado de *conciencia* en que estemos siempre influirá en la forma de percibir una situación, las elecciones que tomamos por nuestra cuenta y nuestras acciones. Dicho de otra forma, influye en todo.

Jake y Hannah desarrollaron el modelo 3LC hace más de una década para ayudar a los clientes a mejorar su respuesta a las circunstancias o a los estímulos externos. En lugar de trabajar con la gente en el nivel de conciencia en que estaban cuando presentaban sus problemas o preocupaciones, Jake les ayudaba a cambiar su nivel, lo cual tenía como resultado nuevas perspectivas y elecciones de forma sistemática. Tener la capacidad de cambiar su nivel de conciencia, a voluntad, empoderó a los clientes. La aproximación de Jake era una apuesta novedosa a un problema que venía de lejos: cómo hacer que la gente modificara reacciones inútiles y hacerlo sin una autorreflexión e introspección interminables.

El 3LC ha demostrado que ha cambiado el juego. Su aproximación elimina la necesidad de resolver varios problemas que existen en un nivel de conciencia porque los disuelve cuando pasamos a otro nivel. Un proyecto que hemos aplazado durante semanas pasa a ser sorprendentemente fácil de iniciar. El tono de una vieja discusión que hemos tenido con nuestra pareja cambia para que la conversación y el resultado sean alentadoramente diferentes de como habían sido en el pasado. Dejamos de preocuparnos tanto por qué pensarán los demás de nosotros. Moverse hacia otro nivel de conciencia no elimina todos los problemas, pero puede darnos una nueva perspectiva. Los problemas de la vida se nos hacen menos arduos y más distantes, y podríamos sentir que tenemos más elecciones.

CAMBIOS SUTILES HACIA EL EMPODERAMIENTO

La pobreza, el maltrato, el abandono, la injusticia social, ciertos retos físicos y emocionales, esos problemas serios pueden parecernos irresolubles. Un cambio en la conciencia quizá no solucione tales problemas, pero cambiar de conciencia es un acto de empoderamiento personal que crea movimiento y, cuando la gente se queda atascada, el movimiento es útil. El método AWE es una forma sencilla de crear movimiento.

La mayoría de nosotros desconoce en qué nivel de conciencia estamos en un momento dado, ¿y por qué deberíamos saberlo? La gente nos pregunta cómo estamos, no en qué nivel de conciencia estamos. Pero el modelo 3LC nos facilita identificar nuestro el nivel de conciencia. Es una especie de mapa de carreteras de *mindfulness*, con una gran flecha roja etiquetada con un «estás aquí» que señala dónde estamos y otra flecha que nos muestra la dirección que deberíamos desear tomar dadas las circunstancias.

Aprender a tener en consideración los niveles de conciencia puede, incluso, complementar o acelerar la terapia tradicional para afecciones como la depresión y la ansiedad. Y esto altera del todo el proceso de la terapia de parejas. Contrariamente, estar en el nivel «equivocado» en el momento equivocado durante demasiado tiempo puede ser agotador y conducir a la ansiedad crónica, la fatiga, la depresión, y para las parejas, la falta de intimidad.

En este capítulo, explicamos cómo identificar fácilmente tu nivel de conciencia y ofrecerte herramientas (incluido el AWE) para pasar de un nivel a otro. Te mostramos cómo romper el techo de cristal que nos impide a muchos acceder al júbilo, la conexión y la calma interior en nuestra plena capacidad.

En primer lugar, vamos a describir cada nivel de conciencia (Seguridad, Corazón y Espacioso) a fin de que puedas responder con confianza lo que podría parecer una pregunta esotérica: ¿cuál es tu nivel de conciencia? Empezaremos por la Seguridad, que es donde pasamos la mayor parte de nuestro tiempo.

LOS TRES NIVELES DE CONCIENCIA

La Conciencia de la Seguridad

La Conciencia de la Seguridad es el estado en que la mayoría de nosotros se despierta cada mañana, quizá recitando la lista de cosas a realizar o a lo que tenemos que enfrentarnos durante el día. También accedemos a la Conciencia de la Seguridad cuando sentimos temor, ansiedad o estrés (afecciones que indican que necesitamos entrar en acción, algo no va bien, o estamos bajo algún tipo de amenaza). Recibimos varias invitaciones para entrar en la Conciencia de la Seguridad a diario: una llamada telefónica molesta, llega un aviso de descubierto del banco al correo, o tenemos que cumplir con una fecha límite.

Algunas veces, no sentimos tener el control sobre si estamos en la Seguridad porque está determinada por la amígdala, la parte más primitiva del cerebro capaz de secuestrar nuestra conciencia cuando nos sentimos amenazados. Aun así, la mayor parte del tiempo, tenemos más control de lo que pensamos.

Se puede dividir la Conciencia de la Seguridad en tres grados: la Recompensa, el Estancamiento y la Amenaza (*véase* la imagen de la página 171). Algunos de nosotros conocemos la Seguridad-Recompensa como «estrés positivo». Estamos cargados de energía por la necesidad de hacernos cargo de un negocio, aprender un oficio o socializar. Así pues, la Seguridad puede ser un estado altamente productivo. Esto es lo que la teoría polivagal (*véase* el capítulo 6) denominaría un estado movilizado, prosocial e incluso lúdico. A lo mejor estamos aprendiéndonos un libreto para una representación teatral, preparándonos para una primera cita o audición, o estemos deseosos de conocer a gente que no habíamos visto antes.

La Seguridad-Estancamiento es un estado menos bienvenido, aunque típico para mucha gente. Aquí, nuestra vida no corre un peligro mortal, pero al enfrentarse a un divorcio, tener un problema en el trabajo o de salud –cualquier cosa que podamos interpretar como un problema–, podríamos sentirnos estancados. Esto puede manifestarse como ambivalencia, incerteza, confusión, diversos grados de depresión o ansiedad.

Y luego está la Seguridad-Amenaza, lo que la mayoría de nosotros conocemos como respuesta lucha-huida-bloqueo. Percibimos estar en una situación potencialmente mortal físicamente hablando. Para salvarnos, luchamos instintivamente, huimos o nos bloqueamos.

El propósito de la Conciencia de la Seguridad, con independencia de en qué grado estemos, en último término, es mantenernos a salvo. Ser productivo (Recompensa) garantiza que nos hacemos cargo de un negocio, que cuidamos de nuestras posesiones y de nuestra salud. Sentirse confuso o indeciso (Estancamiento) puede darnos tiempo a integrar pensamientos y emociones, lo que con suerte nos conducirá a la acción. Bloquearse, luchar o huir (amenaza) cuando nos topamos con una situación potencialmente mortal puede salvarnos la vida.

Por ejemplo, Jake recuerda su trabajo con un matrimonio que se veía obligado a cerrar su pequeña librería porque no podían competir con las grandes cadenas y Amazon. Lianne y Paul tenían ambos unos sesenta y tantos y planeaban seguir trabajando durante diez años más, y desde una perspectiva financiera, necesitaban hacerlo. En cuanto Lianne percibió que su sustento estaba amenazado, empezó a buscar otro trabajo. Estaba motivada, era proactiva y productiva. Se puso en contacto con su red de contactos, creó un currículum y presentó solicitudes de trabajo. Ser proactiva la ayudó a minimizar la ansiedad que sentía porque la idea de estar desempleada le causaba inseguridad: ¿cómo pagarían la hipoteca?

La respuesta de Paul fue del todo distinta. Lo que percibía como una amenaza a ser su propio jefe le resultaba abrumador. No podía resistir la idea de trabajar para alguien, que le dijeran qué debía hacer y que pusieran en tela de juicio su desempeño. Se veía a sí mismo como una víctima. Lo que estaba ocurriendo no se lo había buscado y le parecía injusto. ¿Quién podría haber predecido la desaparición de las librerías independientes del vecindario? Al no encontrar buenas alternativas, Paul sintió que estaba estancado. Siempre se había ganado bien la vida. ¿Quién iba a igualar su salario? ¿Quién iba a contratar a un hombre mayor de sesenta y cinco años que había trabajado para sí mismo durante lo que parecía una eternidad? Paul se deprimió y se angustió. Finalmente, su ansiedad se convirtió en angustia.

Mientras que Lianne estaba haciendo uso de todas sus habilidades para garantizar su seguridad, Paul tuvo que gestionar algunas emociones antes de sentirse cómodo siguiendo adelante. Se pasó otros seis meses estancado antes de reconocer que tenía que aceptar un trabajo con una remuneración más baja durante algún tiempo. A cada uno de ellos lo motivaba la necesidad de sentirse seguro. Paul se ponía trabas a sí mismo con su ansiedad, mientras que Lianne le dio un buen uso a la suya.

Vivimos en un mundo de estimulaciones interminables, y reaccionamos a la mayoría de ellas desde la Conciencia de la Seguridad, que activa nuestro sistema nervioso simpático. Lo que puede ser útil, como lo fue para Lianne, puede conducir a la ansiedad crónica, la fatiga y la depresión, como le sucedió a Paul.

Navegar entre los niveles de la Recompensa y el Estancamiento de la Conciencia de la Seguridad requiere ciertas habilidades: escuchar, planear, preparar, pensamiento crítico, paciencia, objetividad, ser abierto de mente y la curiosidad. Pero hasta la gente que posee esas habilidades puede quedarse estancado.

No importa lo bien que nos gestionemos a nosotros mismos en la Conciencia de la Seguridad, todos tenemos que expandir nuestra conciencia de vez en cuando. La forma más fácil de empezar es entrar en la Conciencia del Corazón.

EXPANDIÉNDOSE DESDE LA SEGURIDAD-ESTANCAMIENTO AL CORAZÓN

¿Puedes mover los dedos? ¿Puedes mover los dedos de los pies? ¿Mover la lengua? ¿Te das cuenta de que puedes hacerlo? No todo el mundo puede. ¿Cómo te sientes cuando te percatas de que tienes la capacidad de mover y de emplear los dedos de los pies y de las manos y la lengua? Ese descubrimiento abre una ventana hacia la Conciencia del Corazón y puede liberarte de sentirte estancado. El corazón es una forma maravillosa de abrirte a ti mismo.

La Conciencia del Corazón

Míralo todo como si lo estuvieras viendo por primera o última vez.
Entonces, tu tiempo en la Tierra estará repleto de gloria.
BETTY SMITH

La Conciencia del Corazón le resulta familiar a casi todo el mundo. Piensa en momentos de deleite, ocasiones en que un amigo estaba ahí para ti, o un tiempo en que estabas allí para alguien. Todas esas situaciones dan lugar a la apreciación, ubicada en el corazón del Corazón de la Conciencia. El aprecio discurre en los placeres sencillos o en los momentos de profundo alivio. El HeartMath Institute y otros han recopilado por lo menos veinte años de investigación que avalan los beneficios en la salud de la apreciación y la gratitud, incluyendo una disminución del grado de depresión, una mejor respuesta inmune, mejorías en el sueño, e incluso reducir la inflamación. Todo atribuido al estado fisiológico de la coherencia (*véase* «Coherencia: La supervivencia de los más felices» en el capítulo 4).

Independientemente de las circunstancias, cuando accedemos a la Conciencia del Corazón experimentamos un cambio fisiológico y psicológico que altera la forma en que vemos el mundo y cómo nos ven los demás. Los demás pueden confirmar que estamos en la Conciencia del Corazón porque la comunicación se nos hace ligera y natural. Nos mostramos relajados, generosos y amorosos. Nos percatamos de lo mucho que tenemos que agradecer, incluso suponiendo que las cosas no sean exactamente como nos gustaría que fueran. A menudo, la gratitud nos lleva más allá de nosotros mismos, especialmente cuando le estamos agradecidos a alguien o a otra cosa que no somos nosotros mismos, que podría ser la naturaleza, otra persona o comunidad, o Dios.

La Conciencia del Corazón no es tan sólo un estado de positividad. No es algo resultante de un buen día o de una buena situación. Podemos sentir aprecio incluso cuando sufrimos. Cuando Jake tuvo un accidente y se hizo una brecha en la frente, Hannah le llevó al hospital para que le pusieran puntos. Durante el calvario, él experimentó la Conciencia del Corazón mientras estaba apreciando a Hannah, al personal hospitalario que le ayudó y a la tecnología que lo hizo todo posible.

La gratitud requiere apreciar al menos algunos aspectos de una situación. En una interacción difícil con otra persona, a lo mejor podamos apreciar las intenciones de otra persona o simplemente su compañía. Las oportunidades para la apreciación son continuas. Buscarlas es el camino hacia la Conciencia del Corazón.

Para la mayoría de la gente, la Conciencia del Corazón es de fácil acceso. Lo hicimos de niños sin pensar en ello. Ver las cosas a través del cristal del sentir del corazón es una elección, y una forma de acceder a ella es servirse de una expresión verbal (simplemente diciendo «estoy agradecido», «oh, eso es magnífico», «te aprecio», o «me siento tan afortunado»). Cuando apreciamos a algo o a alguien, tiene lugar un cambio palpable, y el sentimiento se amplifica cuando expresamos nuestro aprecio. Mucha gente siente un movimiento energético en el pecho, en el área del corazón.

La Conciencia del Corazón es esencial para nuestra naturaleza. Su propósito es doble: ayudarnos a autoaliviarnos y a conectar con los demás. Desplazarnos a este nivel de conciencia equilibra el sistema nervioso y disminuye la ansiedad. Los pensamientos preocupantes se disipan, siendo reemplazados por la gratitud y el aprecio.

Notar que estás criticón es una oportunidad para practicar el paso a la Conciencia del Corazón. Cuando juzgues a alguien, intenta imaginar la perspectiva de esa persona y supón que tiene buenas intenciones. Hacer este ejercicio es más difícil en la Seguridad, momento en que nos sentimos protegidos y cautelosos. Pero en el Corazón, podemos sentirnos iluminados.

Michael, por ejemplo, estaba metido en el proceso de compra de una nueva casa en una zona donde siempre había querido vivir, pero una vez aceptada su oferta, las cosas no fueron bien. En lo que concernía al coste de comprar algunos de los muebles, los vendedores no estaban de acuerdo, los agentes no quisieron colaborar, y Michael estuvo tentado de comportarse tan mal como ellos, o según sus propias palabras, «como un capullo».

Michael estaba estancado en la Conciencia de la Seguridad. Su primer pensamiento fue deshacer el trato. En lugar de eso, decidió entrar en la Conciencia del Corazón. Pensó en lo agradecido que se sentía por haber conseguido la casa en ese mercado. Los vendedores recibieron cierto número de ofertas y podrían haber elegido a cualquier otra persona. Pasar al Corazón cambió la imagen que había en la mente de Michael. Se sintió afortunado por poderse permitir pagar ese dinero extra. Y él no quería mudarse a una nueva casa sintiéndose como si los propietarios anteriores se hubieran aprovechado de él y estando furioso con ellos. Partiendo de la Conciencia del Corazón, podía entrar en su nueva casa y disfrutar de lo espectacular que es. En el caso de Michael, entrar en la Conciencia del Corazón cambió su experiencia.

Quizá nos sintamos vulnerables en la Conciencia del Corazón, pero experimentamos la vulnerabilidad como una apertura. Profundiza en nuestra conexión con los demás. Es algo a lo que abrazarse. Algunas personas creen que la vulnerabilidad es un riesgo o que da miedo porque están pensando en hacerse vulnerables cuando están en la Conciencia de la Seguridad. Es diferente en el Corazón.

En el Corazón, en función de la tarea que nos ocupa, aún podemos ser tan productivos como cuando estamos en la Seguridad-Recompensa, pero tendemos a ir más despacio, a estar menos en modo multitarea y a hacer menos cosas. Irónicamente, sacamos más cosas adelante, disfrutamos más de nosotros mismos y creamos unas conexiones más fuertes con los demás.

No estamos sugiriendo que la Conciencia del Corazón siempre sea apropiada o accesible. Algunas veces necesitamos quedarnos en la Conciencia de la Seguridad, concentrarnos en una tarea difícil, establecer límites para protegernos a nosotros mismos o a nuestros seres amados, o expresar emociones como la ira o la decepción que emerge de la Conciencia de la Seguridad. Pero, cuando estamos listos para seguir adelante, apreciando la vida que tenemos, nuestras capacidades, amigos, sueños y la belleza que nos rodea, tendremos a la Conciencia del Corazón ahí esperándonos.

Pero incluso la Conciencia del Corazón tiene sus límites. Si queremos movernos más allá de los estados de conciencia que implican pensar, el diálogo interno y la evaluación, podemos pasar a la Conciencia Espaciosa.

La Conciencia Espaciosa

En la Conciencia Espaciosa, transcendemos nuestra típica experiencia de estar en el mundo. La percepción del tiempo queda alterada, y experimentamos la intemporalidad: abandonamos la angustia y la urgencia asociadas al tiempo. No tenemos la carga de nuestro pasado y no estamos preocupados por nuestro futuro. En lugar de presionar, para llegar a una conclusión y forzar que las cosas sucedan, experimentamos un estado de la presencia único. Sin una agenda, sin esfuerzo, sin cálculos.

La espaciosidad es un estado que se siente más que un estado que se piensa. Es muy parco en palabras. El tiempo y las palabras son sustituidos por el espacio y la conciencia. Los colores parecen más brillantes y los aromas y los sonidos, más distintivos a medida que la conciencia de nosotros mismos se vuelve ilimitada. Sentimos que formamos parte de algo mucho más grande y que no tenemos ninguna preocupación.

Cuando practicamos el método AWE, estamos accediendo deliberadamente a la Conciencia Espaciosa porque el asombro forma parte de la espaciosidad. Pero ésta es más grande que el asombro.

La espaciosidad tiene un rango. En último término estamos en un estado de pura presencia, profundamente relajado en un estado predominantemente parasimpático sin parloteo mental. Otras experiencias de la espaciosidad, como por ejemplo salmodiar, la plegaria y el asombro, tienen cierto grado de excitación del sistema simpático.

De la misma forma que no vivimos en el asombro todo el tiempo, tampoco moramos en la espaciosidad; visitamos la espaciosidad, abriéndonos a la abundancia de la belleza y a la sabiduría innata que la vida (el universo) nos ofrece. Entonces, volvemos a traer una cualidad expansiva a nuestras existencias. Esta expansividad –el alivio, la flexibilización, la relajación– nos permite cambiar nuestras vidas de formas que previamente sólo podíamos imaginar.

Hacer frente a una situación difícil, como por ejemplo perder el trabajo, se convierte en un pequeño acontecimiento en el curso de toda una vida y un acontecimiento aún más pequeño en el curso de todas las vidas. Es como si relajáramos nuestro control sobre cómo deberían ser las cosas y nos abriéramos a a las posibilidades. En este momento es cuando puede producirse un crecimiento y cambio profundos. ¿Cómo? La espaciosidad interrumpe nuestra conexión con nuestra identidad –cómo nos percibimos a nosotros mismos– para que nos sintamos menos apegados a nuestra historia y poder cambiarla.

¿La espaciosidad soluciona todos nuestros problemas? No, porque no podemos vivir en ese estado todo el tiempo. Pero cada vez que la visitamos, reiniciamos nuestro sistema nervioso para ser más resistentes, curiosos, abiertos y menos reactivos y apegados a viejos patrones disfuncionales nacidos en la Conciencia de la Seguridad. A lo mejor, aún sentiremos una sensación de paz independientemente de lo que suceda en nuestra vida. Éste es el efecto acumulativo de los efectos fisiológicos, psicológicos y espirituales del asombro.

Una advertencia sobre la Conciencia Espaciosa sería que te tienta a ir allí a menudo, a veces para escapar o denegar nuestras responsabilidades, hacer lo que se conoce como un rodeo espiritual. Emplear la Conciencia Espaciosa para sortear los problemas que requieren nuestra atención no funciona a la larga.

Si queremos vivir en el mundo, mantener un trabajo, llevarnos bien con nuestra pareja y nuestros hijos, así como con nuestros padres de edad avanzada y nuestro propio proceso de envejecimiento, debemos aprender a movernos con fluidez por todos los estados de la conciencia: el de la Seguridad, el del Corazón y el de la Espaciosa. Si bien, la mayoría de nosotros pasa una cantidad de tiempo desproporcionada en el de la Seguridad.

Los altibajos de la vida nos pueden devolver a la Conciencia de la Seguridad cuando preferiríamos estar en la del Corazón o en la Espaciosa. Para permanecer en la del Corazón y en la Espaciosa durante períodos de tiempo más largos, necesitamos dominar cómo movernos entre niveles a voluntad.

Dominar los 3LC (los tres niveles de conciencia) con el AWE

Decidir cambiar deliberadamente los niveles de conciencia requiere cierta práctica. Ésta empieza haciéndote tres preguntas: «¿En qué estado de conciencia estoy?». «¿Es aquí donde quiero estar?». Si la respues-

ta es que no, pregúntate: «¿En qué estado de conciencia quiero estar?».
Tu respuesta dependerá del contexto.

Cuando estás en Seguridad-Amenaza y se trata de una amenaza
grave (digamos que te está persiguiendo un oso), no serás capaz de
cambiar a cualquier otro nivel. El mecanismo lucha-huida-bloqueo
del cuerpo es demasiado poderoso. La amígdala funciona a toda pasti-
lla, aprovechando cada instinto de supervivencia que tengas. El resto
de tu cerebro no se pondrá a sopesar niveles de conciencia. Si estás en
Seguridad-Amenaza porque te hallas verdaderamente en peligro, necesitas estar en Seguridad-Amenaza.

Pero, si puedes tener tu neocórtex lo suficientemente involucrado
como para hacer la primera pregunta, eso sugiere que el nivel de amenaza es manejable, y quizá seas capaz de cambiar tu estado de conciencia. Hacerte las tres preguntas te brinda suficiente autoconciencia para
obtener cierta perspectiva, y ése es el lugar desde donde puedes tomar
decisiones.

Erin era una participante de uno de nuestros estudios que rápidamente adoptó el modelo 3LC y lo empleó para transformar su relación
con su trabajo.

Me voy a trabajar dos noches a la semana a las 9:50 de la noche. Me lleva
cuarenta minutos llegar al trabajo. Trabajo durante una hora o una hora y
media y, entonces, hago mi cama en la habitación de invitados de la casa
de mi cliente y me voy a dormir. Tardo mucho tiempo en dormirme. No
me gusta la cama. Es demasiado blanda para mí, ya que mi viejo cuerpo
de sesenta y cinco años prefiere contar con más apoyo. Mi promedio es de
cinco horas de sueño. Por la mañana paso las dos o tres horas siguientes
trabajando y entonces me marcho.

Cuando pienso en esas noches en que me voy a trabajar al centro
(recorrer las largas manzanas cuando voy y vuelvo del metro en el frío
invierno o en las calurosas y atareadas noches de verano), me da pavor ir
a trabajar. Detesto la idea. Estoy en modo resistencia absoluta. Cuando
paro y me pregunto en qué estado de conciencia estoy, sé que estoy en la
Conciencia de la Seguridad, y me doy cuenta de que eso no tiene sentido.

Mi trabajo consiste en ayudar a uno de mis amigos más queridos a
meterse en la cama y, luego por la mañana, le ayudo a levantarse y a pre-

parase para el día. Mi amigo se partió el cuello hace diecinueve años. Él y yo hemos estado trabajando juntos durante trece años.

Mi amigo ha necesitado ayuda para irse a dormir y levantarse cada día por la mañana durante diecinueve años. En todos esos años, nunca se ha duchado solo. Cuando me tomo un instante y me imagino estar en su cuerpo, inmediatamente paso a la Conciencia del Corazón. Entonces, aunque sea tarde, haga frío, llueva y esté oscuro cuando me marcho de mi apartamento, sonrío y estoy agradecida por el paseo hasta el metro. Cada vez que voy a trabajar, mi objetivo es ser la persona que querría que me ayudara si nuestros roles se invirtieran.[1]

No hay recetas ni reglas concretas y rápidas para cuándo cambiar tu nivel de conciencia. Francamente es algo muy personal. ¿Nuestra regla de oro? Si no te gusta cómo te sientes, si estás incómodo, preocupado o enfadado y generando tensiones, cambia de marcha.

Acceder a la Conciencia del Corazón es natural y sólo requiere que nos centremos en qué apreciamos o en qué agradecemos. Pasar a la Conciencia Espaciosa, pese a ser también muy natural, tradicionalmente se considera algo que requiere dedicar tiempo, esfuerzo y consagrarse a la práctica del *mindfulness*. El método AWE, sin embargo, es un atajo hacia la espaciosidad y el asombro; nos lleva rápidamente hacia una perspectiva que altera drásticamente la forma en la que nos sentimos, vemos el mundo, nos relacionamos con la gente e interpretamos los acontecimientos.

Al usar del método AWE. para hallar el asombro, podemos pasar directamente de la Conciencia de la Seguridad, donde la energía se ve constreñida y limitada, a la Conciencia Espaciosa, donde abunda.

La Conciencia Espaciosa nos ayuda a liberar el estrés y la tensión. En un estado más relajado, tenemos una mayor flexibilidad y podemos crear elecciones conscientes sobre si volver a la Seguridad o al Corazón. Como hemos mudado nuestra energía, estamos mejor posicionados para tomar esas decisiones.

Uno de los clientes de Jake, Trevor, se etiqueta a sí mismo como insomne. Tras aprender a emplear el AWE, sucedieron dos cosas. Pri-

---

1. Erin (seudónimo): *e-mail* enviado a Jake Eagle (10 de noviembre, 2021).

mero, Trevor dejó de referirse a sí mismo como un insomne. Cuando Jake le preguntó por qué, le dijo: «Me he dado cuenta de que soy cantidad de cosas. Mi insomnio es una parte muy pequeña de un panorama mucho más grande». Esto era una señal conforme la identidad de Trevor se estaba expandiendo como resultado de la práctica del AWE. ¿Lo segundo que sucedió? Trevor empezó a dormir bien. Lo explicó de esta forma:

> Salgo por la noche antes de irme a la cama. Practico el AWE mientras miro las estrellas, imaginando que la luz que veo ha estado viajando largo tiempo antes de llegar hasta mis ojos. Por ejemplo, a la luz de la estrella más cercana, que es Alpha Centauri, le lleva 4,22 años luz llegar hasta nosotros. Así que, pese a estar viendo esa estrella, es posible que ya no exista. Tan sólo estoy viendo la luz que estaba ahí hace cuatro años. Esto hace que me pregunte sobre todo lo que veo y cómo de real es. En cierta forma, eso me relaja. No puedo explicarlo, pero es como si desconectara de mis preocupaciones.[2]

La seguridad es un estado de la conciencia valioso y necesario. Paradójicamente, dominar la Seguridad nos garantiza poder pasar más tiempo en el Corazón y en el Espacioso. Mientras que este último nos brinda nuevas perspectivas, la Seguridad es donde asumimos la responsabilidad de establecer un fundamento sólido para nuestras vidas con el fin de sentirnos empoderados en general. Ahí es donde solucionamos los problemas al entrar en acción y establecer límites en nuestras relaciones.

En función de acontecimientos tanto históricos, como actuales, a algunas personas les parecerá más complicado que a otras crearse una sensación de seguridad. La gente con un historial traumático y aquellos que estén obligados a introducirse en espacios que perciben como inseguros (la escuela, el trabajo, el hogar…) se enfrentarán a un desafío aún mayor. En esas u otras situaciones, debemos elegir el nivel de conciencia que nos ofrezca una mayor ayuda.

---

2. Trevor (seudónimo): *e-mail* enviado a Jake Tagle (31 de octubre, 2021).

Meditación para cambiar tu nivel de conciencia

Si te parece complicado acceder a diferentes niveles de conciencia en tu vida, te animamos a empezar por acceder a niveles de conciencia distintos en la privacidad de tu mente. Jake ofrece esta meditación a sus clientes como herramienta que emplear para acceder a los 3LC. Dado que esto implica cerrar los ojos, eres libre de crear una nota de voz o si no grábate leyendo la meditación para poder reproducirla. Para escuchar una grabación de la meditación, también puedes visitar nuestra página web: ThePowerOfAwe.com.

Para empezar, siéntate en un cojín o en una silla, en una posición cómoda con la columna lo más recta posible. Si estás a gusto, cruza los tobillos y deja que las manos reposen sobre tu regazo con la yemas de los dedos índices tocando las de los pulgares.

Respira con normalidad, relájate cada vez más con cada respiración. Mientras sigues respirando, cierra los ojos. Tómate un instante para imaginar una pequeña luz en el centro de la cabeza. Con cada respiración, permite que la luz se haga más grande y más fuerte. A medida que la luz crece, llena la cabeza, expandiéndose con cada respiración, extendiéndose más allá de ella, creciendo en cada dirección. Imagina que la luz se expande frente a ti, detrás de ti, hacia ambos lados, así como por encima y por debajo de ti. Esta luz representa un campo energético que puede extenderse algún que otro metro más allá de tu cuerpo en cada dirección.

Permítete tomar conciencia de este campo de energía, esta enorme esfera de luz que te rodea. Éste es un lugar para estar presente y descansar durante unos pocos minutos. Puedes decirte en tu mente, «le retiro la invitación a cualquier pensamiento o intromisión a este espacio durante los próximos minutos».

Mientras sigues respirando, deposita tu atención en la base de la columna. Fíjate en la calidad de la energía de la base de la columna. Imagina que éste es el hogar de la Conciencia de la Seguridad, un estado de conciencia extremadamente valioso que tenemos junto a nosotros desde que nacemos. A medida que te concentras en la Conciencia de la Seguridad, si estás cómodo, empieza a inspirar por la nariz y a espirar por la boca. Mientras haces eso, voy a expresar algunas de las cosas que podrías sentir cuando estés en la Conciencia de la Seguridad. Simplemente sigue inspirando por la nariz, espirando por la boca y observando cualquier sensación en tu cuerpo. Muy bien, vamos allá:

A veces siento el impulso de hacer cosas.
A veces me siento perdido.
A veces me siento inteligente.
A veces siento que no sé qué hacer.
A veces siento que tengo determinación.
A veces siento que necesito ayuda.
A veces siento que quiero ayudar a los demás.

Sigue inspirando por la nariz, y exhalando por la boca.

Todas estas sensaciones surgen en el interior de la Conciencia de la Seguridad. Cada una de ellas es posible porque estás vivo. La Conciencia de la Seguridad es un estado de nuestra existencia en la que experimentamos las necesidades y vulnerabilidades, y hacemos planes, emprendemos acciones y ponemos límites que nos ayudan a navegar por la vida. La Conciencia de la Seguridad nos espolea a fin de encontrar soluciones que nos ayuden a crecer y a sentirnos más seguros.

Tómate un instante para apreciar la Conciencia de la Seguridad, confiando en tus instintos, habilidades y conocimientos para guiarte, proporcionándote un sólido fundamento sobre el que construir tu vida. Mucho de lo que tienes y valoras es el resultado de manejar tu vida en la Conciencia de la Seguridad.

A medida que te tomas unos instantes para apreciar todo lo que esa Conciencia de la Seguridad te ofrece, puedes empezar a sentir que la energía en la base de la columna empieza a ascender. Limítate a observar. El acto de apreciar algo puede ayudar a cambiar el estado de nuestra existencia. Si notas que la energía va en aumento, permítele que siga así. Si no lo hace, imagina que aumenta. Anímala a que ascienda fluyendo hacia el centro del corazón.

Sigue respirando, pero inspira y espira por la nariz si te resulta confortable. A medida que accedes a la Conciencia del Corazón, tómate unos instantes para apreciar a las personas de tu vida a quienes quieres y a quienes te quieren. Aprecia las mascotas que tengas en tu vida y los lugares que te encanta visitar. Los dones que tienes y las cualidades que valoras de ti mismo. Aprecia la belleza. Reposa en la belleza.

Haz una pausa durante unos instantes. Fíjate en las sensaciones de tu cuerpo y la cualidad que presenta estar en la Conciencia del Corazón.

Podrías empezar a observar que la energía de la columna vuelve a elevarse. Si es el caso, permite que ascienda. O imagínate que ésta fluye ascendiendo por la columna, hacia la cabeza. La energía podría incluso seguir elevándose a través de la cabeza y más allá de ella.

A medida que la energía se eleva, es posible que tomes conciencia de la Conciencia Espaciosa, un estado en que no hay palabras. Éste es un estado de expansión de la conciencia y de intemporalidad. No hay ninguna necesidad de rastrear o describir, limítate a permanecer en este estado expansivo durante unos breves instantes. Respirar, relajarse, expandirse. Sin límite. En una presencia espaciosa.

Fíjate en la sensación que en general te da estar en ese estado. Fíjate en si te resulta familiar o no. Experimenta esta forma de estar que no implica ningún esfuerzo.

Haz una pausa.

Cuando estés preparado para concluir esta meditación, permite que la energía baje desde la cabeza hasta el corazón. Haz una pausa durante un instante para volver a experimentar la Conciencia del Corazón en un estado de profunda apreciación. Toma conciencia de cualquier cambio en tu cuerpo a medida que haces esto.

Y entonces, cuando estés listo, permite que la energía se derive volviendo desde el corazón hasta la base de la columna, a la Conciencia de la Seguridad —el fundamento sobre el que vivirás tu vida—. Haz una pausa durante un instante y fíjate en cualquier sensación que notes en tu cuerpo.

Cuando estés listo, abre los ojos.

Cuanto más practiques el moverte de un estado de conciencia a otro, más fácil te resultará. A menudo descansamos en la Conciencia de Seguridad por hábito, y aun así podemos cambiar el estado de conciencia modificando la atención.

En la parte siguiente, te mostramos qué significa vivir sin el techo de cristal formado por el temor y la ansiedad, incluso durante los peores momentos.

CUARTA PARTE

EL AWE ALLÍ DONDE ESTÁS

CAPÍTULO 10

HALLAR EL ASOMBRO EN ÉPOCAS DE CRISIS

El AWE nos pide que nos centremos en algo que valoramos, apreciamos o que nos parezca impresionante. Pero ¿cómo encontramos el asombro cuando hay disturbios, delincuencia, pandemias, cambio climático, injusticia social y conflictos políticos y económicos? ¿Cómo hacemos acopio de motivación para practicarlo mientras estamos pasando por un divorcio, tras tener un diagnóstico de cáncer o cuando acabamos de perder a un ser querido?

El poder de una emoción dolorosa puede apartar nuestra atención de lo que nutre muestras almas, de lo que es más preciado para nosotros. Pero a nuestro alrededor y en nuestro interior aún existen cosas asombrosas, hermosas, surrealistas y profundas incluso cuando la vida resulta difícil. El asombro es una emoción especial en la que podemos reconectarnos con lo que más precioso nos resulta, también durante los peores momentos.

La capacidad única del asombro

Viktor Frankl (superviviente del holocausto y autor de *Man's Search for Meaning*) describe un momento de asombro que tuvo durante el tiempo en que estuvo prisionero en un campo de concentración nazi durante la Segunda Guerra Mundial:

> Si durante el viaje desde Auschwitz hacia un campo bávaro, alguien hubiera visto nuestras caras cuando contemplábamos las montañas de Salzburgo con sus cumbres brillando en el ocaso a través de las pequeñas ventanas enrejadas del vagón de prisioneros, jamás habría creído que ésas

eran las caras de hombres que habían perdido toda esperanza de la vida y la libertad.[1]

El asombro puede devolvernos a lo que resulta precioso, en parte porque tiene la capacidad única de estar presente junto a otras emociones, incluidas –como Frankl y sus compañeros aprisionados experimentaron– la desesperación. Cuando somos infelices, por ejemplo, es posible que no seamos capaces de acceder a la felicidad al mismo tiempo. Y cuando estamos angustiados, es posible que no seamos capaces de relajarnos al mismo tiempo. Pero tanto si nos sentimos infelices como felices, si estamos angustiados o relajados, también podemos sentir asombro. Que tengamos la capacidad de estar asombrados cuando experimentamos emociones difíciles nos brinda una influencia muy significativa sobre nuestro sufrimiento.

Durante los momentos dolorosos y difíciles, es demasiado fácil centrarse exclusivamente en la causa de nuestro dolor como si fuera el centro de una diana. Esto podría ser útil a medida que intentamos darle un sentido a qué está sucediendo y, a lo mejor, incluso solucionar el problema. Sin embargo, la energía sigue a la atención, así que aquello en lo que nos centramos puede aumentar su magnitud, hasta tal punto que la pérdida o la preocupación puede eclipsar lo que es bueno en nuestro mundo, al menos en nuestras mentes. Es fácil perder de vista el panorama general, los círculos exteriores de la diana, incluyendo eso, tal vez, la gente que nos quiere, la gente que amamos, y que nuestra vida tiene un sentido, propósito y potencial. Esos círculos exteriores son importantes porque abarcan las cosas que valoramos, apreciamos o nos parecen impresionantes. Con ellos, experimentamos la vida desde una perspectiva más holística.

Winston Churchill dijo una vez: «Si estás pasando por un infierno, sigue adelante». El asombro nos ayuda a hacer esto precisamente. Es un vehículo que nos lleva al otro lado del dolor y nos devuelve a lo que es precioso.

---

1. Viktor E. Frankl: *Man's Search for Meaning* (Boston: Beacon Press, 2014), p. 37. [Trad. cast.: *El hombre en busca de sentido*, Editorial Herder, Barcelona, 2021].

• • •

Un momento AWE

Puedes entrenarte para centrarte menos en la diana (la causa de tu sufrimiento) y más en los círculos externos (el panorama general) haciendo este ejercicio para Elevar Tu Mirada en una visión periférica:

Date un paseo por el bosque o por un parque. Elige un lugar tranquilo con un camino llano y libre de obstáculos. Empieza caminando
despacio, arraigándote en el suelo a cada paso que des. Ahora levanta
la mirada de forma que estés mirando al frente en línea recta en lugar
de mirar a tus pies. Si surgen algunos pensamientos, probablemente verás que tu mirada habrá gravitado hacia el suelo. Si eso sucede,
date cuenta de lo sucedido y levanta la vista de nuevo.

Ahora, mientras continúas andando, inspira profundamente, relájate, y sin llevar la vista hacia los laterales, expande tu campo periférico
de visión, asimilando todo lo que puedes ver a lado y lado. Empezarás
a ver que tienes una visión más amplia del mundo, no sólo el área que
enfocas frente a ti. Una vez que esto suceda, puedes empezar a percibir
el mundo como algo que va sobrepasándote, y no como si te movieras
por ti mismo por el mundo.

Toma nota: Cuando estés haciendo esto, mira el camino que tienes
delante para evaluar el terreno con toda la frecuencia que sea necesaria.

• • •

Encontrar la belleza colateral

La tristeza, el temor, la ansiedad, la soledad y la pérdida nacen de algo
precioso. La desgarradora soledad que acompaña a la pérdida de un ser
querido, por ejemplo, está arraigada en el amor. Sanar el dolor de una
pérdida es difícil para la mayoría de nosotros porque, para sanarnos, se
nos exige pasar por el dolor. Pero tendemos a resistirnos a este lado
oscuro de la experiencia —la perspectiva de estar solos y de sentirnos
solos, por ejemplo— porque cuando conectamos con este lado oscuro,
sucede algo: nos desconectamos de lo que es precioso para nosotros, en

este caso, el amor. Esta desconexión amplifica el dolor. Pero, cuando finalmente vamos más allá de esta tristeza y soledad, podemos reconectar con eso que nos consideramos precioso y aliviar el dolor. Así pues, hay una belleza colateral ante el dolor emocional. Nos guía de vuelta hacia lo que es precioso.

Por ejemplo, después de perder un perro que ha sido nuestro compañero durante quince años, en primer lugar, nos centramos en lo vacía y lo silenciosa que ha quedado la casa, en el cesto de juguetes sin usar y en la solitaria correa colgando en el cuarto del lavadero. Al mirar fotos, nuestros ojos se llenan de lágrimas a medida que recordamos la compañía que nuestro perro nos hacía en las caminatas y lo amable que era con los niños. Conectamos con nuestra tristeza.

Pero también podemos recordar y volver a experimentar el júbilo, la ternura, el confort de haber tenido una relación con nuestra mascota: la belleza colateral. Eso es lo que se denomina una experiencia holística. Hay algo extremadamente instructivo y arraigante en sentir la totalidad de la experiencia –el dolor y el amor–. Sentimos la plenitud de la vida.

En *The Order of Time*, el físico y autor Carlo Rovelli resume esta dinámica con gran belleza: «No es la ausencia la que nos causa pesar. Es el afecto y el amor. Sin afecto, sin amor, tales ausencias no nos causarían dolor. Por esta razón, incluso el dolor causado por la ausencia es, al final, algo bueno e incluso bonito, porque se alimenta de lo que le da sentido a la vida».[2]

Llegar a ese punto es, para mucha gente, un proceso largo y arduo. Todas las emociones son temporales, aunque moverse por las emociones negativas puede ser cíclico. Un día podemos sentir la belleza colateral y la semana siguiente ha desaparecido. Podemos tener días, semanas, meses y años buenos, y entonces, retrotraernos a nuestro pesar. El tiempo, acompañado por el apoyo y la aceptación, es el camino tradicional hacia la curación. Pero ahora comprendemos que el asombro es otra opción. Nos ayuda a navegar por las emociones difíciles creando un foco distinto para nuestra atención y cambiando nuestro nivel de conciencia.

---

2. Carlo Rovelli: *The Order of Time* (Nueva York: Riverhead Books, 2018), p. 121.

En el asombro, en lugar de perdernos en el pequeño panorama del dolor, conectamos con el panorama general, lo cual incluye lo profundo, lo intemporal, la belleza. Es la puesta de Sol que el prisionero ve encerrado en las montañas de Salzburgo. El asombro no se lleva nuestro dolor. Espolea la adaptación cognitiva que nos ofrece una nueva perspectiva a fin de que podamos apreciar la totalidad de lo que estamos sintiendo, sea lo que sea.

El método AWE, entonces, puede ayudar a acabar con la naturaleza cíclica de algunas experiencias dolorosas trayéndonos rápida y reiteradamente lo que es precioso. Podemos emplearlo para experimentar la belleza colateral a nuestro antojo.

En un ensayo, el psicólogo clínico David Elkins (quien, por cierto, estudió bajo la tutela de Frankl) realza el elemento transformador del asombro. Describe los momentos de asombro como «las experiencias más importantes y transformadoras de la vida [...] El asombro es un rayo que marca en la memoria esos momentos en los que las puertas de la percepción están limpias y vemos con una extraordinaria claridad lo que es verdaderamente importante en la vida».[3]

La práctica del AWE es útil por ayudarnos a conectar con el asombro y reconectar con lo que es precioso y verdaderamente importante, incluso durante 5-15 segundos. Sentir el asombro confusamente increíble que supone estar vivos nos desorienta no para hacernos sentir la inmediatez de nuestro sufrimiento, sino más bien la inmensidad de la vida. El centro de la diana ya no existe, al menos por el momento. Aunque probablemente volveremos a nuestra tristeza o sufrimiento, también podemos volver al asombro. Como conducto para volver a lo que es precioso, el AWE, entonces, nos ayuda a curarnos.

Este método no solucionará todos nuestros problemas, y mucho menos los problemas del mundo, en cinco segundos. No es tanto una técnica para solucionar problemas, sino más bien una práctica que nos lleva a un estado diferente de conciencia (la Conciencia Espaciosa), lo

---

3. Summer Allen: «The Science of Awe» (libro blanco para la John Templeton Foundation, Greater Good Science Center, UC Berkeley, septiembre 2018), pp. 35-36, https://ggsc.berkeley.edu/images/uploads/GGSC-JTF_White_Paper-Awe_FINAL. pdf

cual significa que habrá menos probabilidades de tener pensamientos y creencias que nos tienen encallados en la Conciencia de la Seguridad cuando ésta no resulta una ayuda. Visitar el asombro a menudo es, en cierto sentido, una medida preventiva porque puede establecer nuevas vías neurológicas que nos reconectan con lo que es precioso para nosotros. Hablamos más sobre esta cuestión en el capítulo 11.

El asombro es útil en los buenos y los malos momentos. Pero nos puede parecer especialmente relevante durante los tiempos difíciles. Psicológicamente, genera coherencia, acalla la red neuronal por defecto e incrementa el tono vagal ventral. Todo ello contribuye a calmar el sistema nervioso para que nos sintamos lo suficientemente seguros para curarnos.

Sin embargo, cuando estamos en plena angustia emocional, hallar el asombro habitualmente no es coser y cantar. Cuando la gente pasa por momentos difíciles, pueden surgir cinco patrones. La mayoría de nosotros estamos familiarizados con uno o todos, incluso suponiendo que nunca los hayamos articulado. Comprender esas dinámicas desde el punto de vista intelectual no será necesariamente suficiente para ayudar a reconectar con lo que es precioso. Pero reconocerlas puede ser una señal para practicar el AWE.

La vida puede ser un reto y tener herramientas para recordarme a mí mismo quién soy y dónde estoy en este mundo y qué es lo más importante tiene un valor incalculable [...] El AWE es una herramienta sencilla que me saca del caos de nuestro mundo y me recuerda que experimentar el hecho de estar vivo es lo verdaderamente valioso.[4]

Tom

Los cinco patrones de conflicto

El sufrimiento emocional puede provocar la pérdida de perspectiva y uno puede quedar enredado en cualquiera de esas cinco dinámicas: el apego, la resistencia, la victimización, la catastrofización y el repliegue. Cada uno de esos cinco patrones tiene un opuesto –un estado

---

4. Tom (seudónimo): *e-mail* enviado a los autores (3 de febrero, 2022).

mental que se nos antoja inalcanzable, incluso insondable, cuando estamos tan desasosegados con nosotros mismos que no podemos encontrar una forma de salir de nuestras preocupaciones o pesares–. Pero un creciente cuerpo de investigación respalda que, independientemente de qué patrón de conflicto se manifieste, el asombro es útil para interrumpirlo. Proporciona la acomodación cognitiva de la que hablan los investigadores del asombro.

El asombro puede despertarnos y trasladarnos a través de nuestros patrones de pensamiento hacia unas perspectivas novedosas y, a menudo, opuestas. Es posible, por ejemplo, pasar de la escasez a la abundancia, de la aversión a la aceptación, de la impotencia al empoderamiento y de la desconexión a la conexión. Nos ayuda a reescribir las historias que nos contamos a nosotros mismos, historias que a menudo están arraigadas en la ansiedad y en la Conciencia de la Seguridad que nos pueden tener estancados.

Algunos de nosotros tendemos a caer en patrones específicos repetitivos que entonces se convierten en nuestro *modus operandi*. Incluso, suponiendo que los patrones sean incómodos, al menos nos resultan familiares. Tu práctica regular del AWE puede desalojar esos patrones para que cuando se den tiempos de conflicto, seas más capaz de manejar las oleadas de emociones. O nos podríamos desplazar espontáneamente hacia el asombro, donde podemos contemplar el panorama general, escribir una historia mejor, elegir el empoderamiento y apoyarnos en nuestras relaciones en lugar de replegarnos. Resulta innovador pensar que se puede aliviar la ansiedad, la angustia y la impotencia. Realizado en circunstancias adecuadas, este proceso es transformador.

Asimismo, si reconocemos esos patrones en los demás, podemos ser más útiles –posiblemente señalando el patrón, o al menos, no los compadeceremos–. Y quizá tengamos una mayor comprensión y compasión porque estaremos más capacitados para mantener una visión de conjunto.

A continuación, exponemos las descripciones de cada uno de los patrones. Comprueba si alguno de ellos te resulta familiar.

EL APEGO

El apego es aferrarse a algo, la mayoría de las veces a un ideal, hasta tal punto que nos volvemos rígidos en relación con cómo deberían ser las cosas. Cuando se abre un intervalo entre nuestras expectativas y nuestra realidad —cuando la vida no va según nuestro ideal—, el apego a nuestro ideal puede provocar que nos sintamos insatisfechos y que la tensión se acumule.

El apego tiene una cualidad, el hecho de aferrarse, que queda bien ilustrada con la historia de Judy. Judy, quien participaba en nuestro proyecto piloto, hablaba a menudo de su hijo de dieciocho años, Kyle. Gran atleta y una persona muy agradable, Kyle había abandonado recientemente la universidad. Judy estaba fuera de sí. Estaba convencida de que Kyle podía convertirse en el médico de medicina deportiva perfecto, pero él tenía otros planes. Aceptó un trabajo que ofrecía el salario mínimo, bajo en estrés. Judy estaba tan apegada a sus planes para Kyle que, cuando él no los llevó a su consecución, sufrió. Y su sufrimiento generó una gran cantidad de tensión en su relación y más allá de ésta. Eso afectó a la totalidad de su vida. Según sus propias palabras, por lo menos hacía seis meses que estaba «desesperada, deprimida y abatida».

La solución al apego es hacer lo opuesto: en este caso, desprenderse de ello, algo que habitualmente requiere cierta humildad así como tener otras perspectivas en cuenta. Para Judy, eso significaba ser capaz de ver a su hijo por lo que él era en lugar de quién quería ella que fuera. Liberarnos del apego nos vuelve a poner en onda, avanzando así con lo que es y estando presentes.

Llegar hasta el punto que estemos preparados para dejar atrás las cosas puede ser todo un proceso. Pero el asombro nos puede ayudar interrumpiendo el intenso apego que tengamos, junto con las creencias que hemos adoptado sin darnos cuenta incluso de que las habíamos adoptado. El asombro crea la sensación de que hay mucho más en la vida que nuestros propios intereses, y esta nueva perspectiva es más amplia, yendo más allá de la mera perspectiva del «yo».

El asombro mitiga los miedos en relación con dejar las cosas atrás y liberarse de una mentalidad de escasez. En el asombro, somos capaces de dejar las cosas atrás más fácilmente y adaptarnos a nuestro nuevo juego de circunstancias porque la acomodación cognitiva nos ofrece una perspectiva diferente, una nueva forma de ver la situación. En este punto, ya no nos importa porque el asombro nos lleva a un lugar más grande que al que estábamos apegados. Nos abre a un mundo de posibilidades ilimitadas.

Emplear el AWE –experimentar esta interrupción de forma discontinua a lo largo del día y en lo ordinario– tiene un efecto dominante. Como estamos más relajados en general, no intentaremos agarrarnos a las cosas con tanta intensidad.

LA RESISTENCIA

La resistencia y el apego son dos caras de la misma moneda. La mayoría de nosotros conocemos la sensación de estar apegados a lo que queremos al tiempo que nos resistimos a lo que no queremos. Podemos estar apegados a nuestra juventud y resistirnos a envejecer, por ejemplo. La resistencia, sin embargo, tiene una cualidad enérgica distinta de la del apego. Resistirse implica apartar lo que no queremos reprimiéndolo, denegándolo o distrayéndonos a nosotros mismos. Es bastante común resistirse a las cosas que percibimos como negativas. También es realmente agotador. Denegar nuestra percepción de la realidad consume una gran cantidad de energía.

Reconocer cuándo nos estamos resistiendo puede ayudarnos a fijarnos en patrones recurrentes presentes en nuestra vida. Si atraemos a la pareja equivocada o saboteamos nuestro éxito repetidamente, podría ser signo de que nos estamos resistiendo a alguna «verdad». Si seguimos haciendo lo mismo una vez tras otra al mismo tiempo que esperamos obtener resultados distintos, estamos demostrando la definición informal de la locura.

Para distanciarnos de lo que no queremos experimentar, podríamos distraernos –de formas positivas o negativas– sumergiéndonos en una afición o un proyecto creativo, por ejemplo; o alternativamente, trabajar más de la cuenta o beber demasiado. Por no querer abordar un mal matrimonio, por ejemplo, podemos resistirnos a mantener una conversación difícil. Resistirnos nos puede salvar de sentir emociones negativas, pero también nos desconecta de lo positivo, de aquello que es precioso para nosotros.

Podemos elegir resistirnos a toda una serie de cosas. Envejecer es un gran problema para mucha gente porque percibe la mayor parte de lo que acarrea como algo negativo: la decadencia de los cuerpos, el desvanecimiento de la belleza, una disminución de la sensación de poder sobre su autonomía. Podrían negarse a que los cuiden, resistirse a entregar las llaves de su coche, insistir en subir a una escalera para limpiar los canelones de la casa.

El asombro ayuda con la resistencia poniéndonos en un marco mental distinto: la aceptación.

Phyllis, de noventa y dos años, estaba casada con uno de los mayores expertos en delfines del mundo. Junto a su marido, hijo y tres hijas, había viajado por el planeta y había viajado la mayor parte de su tiempo viviendo en sus hermosos mares. Había tenido una vida plena, por no decir envidiable.

Al envejecer, perdió la capacidad de caminar y ahora empleaba una silla de ruedas. Perder esta capacidad puede ser traumático. Para Phyllis, eso se convirtió en una fuente de curiosidad. «Nunca había estado en una silla de ruedas», le dijo a Michael, quien la conocía hace treinta años:

Podría lamentar la pérdida de mis piernas, pero puedo elegir cómo reaccionar ante lo que me sucede. Moverse en una silla de ruedas es una experiencia vital impresionante. Simplemente me fascina esta nueva experiencia en que me llevan de un lado a otro sobre ruedas y estoy muy agradecida de estar viva, con el apoyo de mi familia y la abundancia de maravillamiento que hay en mi vida.

El mundo desborda amor. Está repleto de emoción. Está repleto de curiosidad y asombro. La vida es maravillosa. Me están pasando cantidad de cosas que me divierten muchísimo.

Sé que estoy envejeciendo. [Pero] tengo muchísima curiosidad y estoy en el asombro por todo lo que hay en mi vida. Hoy estaba en el asombro mientras jugaba con los perros. Miro por la ventana y cantidad de cosas maravillosas suceden todo el tiempo. Puedo ver los pájaros, las ardillas, los árboles y las nubes en el cielo. Me fascina el mundo de la naturaleza. Acabo de aprender que el hueso de la horquilla del pecho de los pavos salvajes que pasean por mi jardín data de la era de los dinosaurios. ¡Eso es impresionante! Cada día me levanto expectante por todas las cosas hermosas y excitantes que puedo experimentar. ¿Para qué resistirse cuando hay tanto que recibir cada día con los brazos abiertos?

En respuesta a la pandemia de la COVID-19 y otras noticias desconcertantes del mundo, con una aceptación plena, Phyllis dijo que «No hay nada normal. Lo único constante es que se producen cambios cada día. Cada día es muy excitante. Sigue sonriendo. Soy muy afortunada por contar con mi familia; mis tres hijas están a un tiro de piedra».[5]

Otro ejemplo monumental de aceptación proviene de John Weir, el codesarrollador del Lenguaje Percepción. Mientras dirigía uno de sus últimos talleres de desarrollo personal, John abordó el envejecimiento de una manera similar a como lo hace Phyllis. Un día, durante un ejercicio, se quedó intrigado cuando se percató de que ya no podía rodar sobre su vientre partiendo de una posición en la que tuviera la espalda en el suelo. Estaba maravillado por cómo, a la edad de ochenta y cinco años, había vuelto a quedarse tan desvalido como un bebé de dos meses. Más que denegar o entristecerse o enfurecerse a causa de su pérdida de funcionalidad, tenía curiosidad por qué significa vivir en un cuerpo humano. En el asombro, estaba fascinado por esta nueva sensación, por este nuevo descubrimiento sobre su cuerpo.

Phyllis y John son excepciones en lo tocante a la forma de manejar los retos que debemos enfrentar con el envejecimiento. Ahora bien, podemos aprender de ellos tomándolos como ejemplos de personas que emplean el AWE. Cuando estamos en el asombro, paramos de etiquetar las cosas como negativas y tenemos un mayor grado de aceptación. En un estudio, los participantes a quienes se le indujo un sentimiento de asombro «presentaban una visión más equilibrada de sus fortalezas y sus debilidades ante los demás y aceptaban, en mayor grado, la contribución de las fuerzas externas en sus propios logros

---

5. Phyllis Norris, entrevista telefónica con Michael Amster (6 de noviembre, 2021).

personales».[6] El asombro estimula la humildad y, cuando somos humildes, somos más tolerantes y menos críticos. Podemos ver las cosas sin ser tan reactivos. El asombro nos permite descansar de procesar y juzgar acontecimientos no deseados y nos da la capacidad de ver a través de ellos: ver un panorama general, ver los anillos externos de la diana. Entonces, podemos abordar el acontecimiento con curiosidad y receptividad.

LA CATASTROFIZACIÓN

La catastrofización es sacar las cosas de quicio. Primordialmente, tan sólo estamos pensando en qué podría salir mal : «¿Y si fracaso?». «¿Y si mi plan no funciona?». «¿Y si la economía se hunde?». Este diálogo interno de las previsiones más desfavorables crea una historia convincente que nos hace perder la esperanza en el futuro, lo cual puede conducir a la depresión, la desesperanza o la ira.

Algunos de nosotros catastrofizamos más que los demás, pero hasta los más estables son propensos a sufrirla en algunas circunstancias. Cuando Bob, uno de los clientes de Jake y un ejecutivo empresarial muy competente, se enteró de cierta información inquietante sobre su compañía, tenía tanta confianza en sí mismo y era tan capaz y podía contar con unos recursos tan buenos, que él y su equipo pasaron de largo la catastrofización y se pusieron directamente en el modo de resolución de problemas. Pero en lo que concierne a la salud, Bob no tenía tanta confianza. Cuando su doctor le dio un diagnóstico médico grave, sus primeros pensamientos albergaban las peores hipótesis. Lo único que se le pasó por la cabeza fue que su padre había tenido un diagnóstico similar que desembocó en una muerte prematura.

Cynthia, otro de los clientes de Jake, fue presa de la catastrofización durante la pandemia, que coincidió con la agitación social y la incerteza política y económica. «Si contraigo la COVID-19, ¿podré conseguir una cama en un hospital?», «¿Me moriré?», «¿Infectaré a mi familia?»,

---

6. J. E. Stellar, *et al.*: «Awe and Humility», *Journal of Personality and Social Psychology*, vol. 114, n.º 2 (2017), pp. 258-269, https://doi.org/10.1037/pspi0000109

«¿Voy a perder mi negocio?», «¿Alguna vez seré capaz de volver a mi trabajo?», «El caos está estallando a nuestro alrededor», «El mundo nunca será el mismo». Cynthia no estaba sola. Durante el cenit de la pandemia, mucha gente vivió en la Conciencia de la Seguridad.

El asombro no puede hacer desaparecer una pandemia o cambiar un diagnóstico médico o la incerteza económica, pero sí aborda la catastrofización de diversas maneras. En un estudio sobre el malestar que algunos de nosotros sentimos mientras esperamos el resultado de un examen o un diagnóstico, por ejemplo, los investigadores aprendieron que el asombro disminuía la ansiedad y aumentaba el bienestar y las emociones positivas.[7] Nos coloca en la Conciencia Espaciosa y, por lo tanto, se lleva esa pieza que tiene que ver con el tiempo, en este caso, el futuro. Y puesto que el asombro es un estado no verbal, dejamos de contarnos narrativas amenazadoras. Cuando volvemos a la Conciencia de la Seguridad, nuestras historias pasan por un cambió a fin de que el diálogo interno sea más ligero.

Cuando catastrofizamos, algunos de nosotros nos lo tomamos como si todo el problema girara a nuestro alrededor. Cuando eso sucede, caemos en la victimización.

LA VICTIMIZACIÓN

La victimización a menudo contiene el pensamiento: «¿Por qué a mí?» o «No es justo». Y puede poseer una cualidad autoindulgente: tomamos los estragos de otra persona y los hacemos nuestros. Por ejemplo, el marido que habla de la enfermedad de su esposa, no en relación con lo mucho que está sufriendo ella, sino en lo referente a la carga que supone para él cuidarla, se está victimizando a sí mismo.

En algunas circunstancias las personas están expuestas a la violencia y son víctimas o supervivientes, y no es inapropiado que se identifi-

---

7. Kyla Rankin, Sara E. Andrews y Kate Sweeny: «Awe-full Uncertainty: Easing Discomfort During Waiting Periods», *Journal of Positive Psychology*, vol.15, n.º 3 (18 de septiembre, 2018), pp. 338-347, https://doi.org/10.1080/17439760.201 9.1615106

quen como víctimas. Esperamos que ésa sea una identidad temporal. La victimización, tal como la empleamos aquí, se refiere a las situaciones del día a día en que las personas se sienten víctimas porque perciben que alguien o algo las ha perjudicado.

Todos nos hemos sentido víctimas y hemos experimentado esa sensación de dolor, incredulidad e indignación. Por lo general, la ofensa ya es suficientemente mala, pero la agravamos cuando nos consideramos víctimas. Nos victimizamos cuando creemos que nos han perjudicado y, entonces, actuamos como si quien nos ha lastimado fuera el responsable de cómo nos sentimos en relación con lo sucedido.

Los budistas hablan de la victimización en la parábola de las dos flechas. La primera flecha (un acontecimiento desafortunado que cae sobre nosotros) es doloroso, pero no siempre podemos controlar si estamos en la línea de fuego. La segunda es nuestra reacción a la primera flecha y, cuando hablamos de victimización, esto provoca un mayor sufrimiento. Sin embargo, esta segunda flecha es opcional.

Por definición, las víctimas se sienten impotentes. Cuando nos consideramos una víctima, nos desempoderamos y somos incapaces de actuar por nuestra propia cuenta. En lugar de eso, esperamos que otra persona (la que nos ha perjudicado) alivie nuestro sufrimiento. Visto así, otorgar tanto poder al culpable (una persona, una organización, la sociedad, el gobierno…) puede resultar absurdo, aunque lo hacemos a menudo cuando culpamos a los demás de cómo nos sentimos.

Puede sonar duro, pero la victimización es una forma de eludir la responsabilidad de nuestras emociones y, a veces, de nuestras acciones. La mayor parte del tiempo no nos damos cuenta de que lo estamos haciendo. A menos que seamos más conscientes de la victimización, resulta difícil verla, especialmente siendo algo tan generalizado en nuestra sociedad.

Ésta es una historia que ilustra cómo una mujer empleó los tres niveles de conciencia y el AWE para sortear la victimización.

Jade era una practicante del modelo de los tres niveles de conciencia y estaba bien versada en el AWE antes de que un camión la arrollara cuando cruzaba la calle un caluroso día de verano. Mientras yacía en el suelo sufriendo un dolor agudo, mantenía notablemente su compostura. Su primer pensamiento fue: «Tengo elección en cómo reaccionar ante este acontecimiento que le cambia a una la vida y que acababa de sucederme». A continuación, pensó en el bienestar de la persona que estaba cruzando junto a ella. «¿Él también está herido?». Y entonces, empezó a pensar en cómo se las tendría que apañar para sobreponerse a lo que sabía que sería una experiencia que le cambiaría la vida.

Rodeada por el caos de las primeras personas que llegaron al lugar de los hechos y los mirones, Jade procuró estar muy presente. Reconocía el dolor agonizante en la pierna derecha pero sabía cómo ampliar su atención, algo que hizo inhalando el olor de la calzada y sintiendo el calor del Sol. Inspiró profundamente por la nariz y exhaló lenta y completamente por la boca. Se dijo a sí misma que en ese momento estaba bien. Y le habló dulce y tranquilamente a su cuerpo y a su sistema nervioso.

Durante la hospitalización de un mes de duración, Jade se aseguró de atender a sus necesidades. Si estaba cansada, descansaba. Si necesitaba ayuda, la pedía. Pero, durante buena parte de su estancia, eligió ayudar a los demás. En lugar de estar furiosa o resentida con el conductor del camión, se concentró en la gente que estaba intentando ayudarla, mirando a los ojos al personal hospitalario y expresándoles gratitud por su atención. En silla de ruedas, Jade visitó a otros pacientes de su planta y habló con ellos sobre sus familias y la razón de su hospitalización. Ella incluso le trajo a su compañera de habitación con menos movilidad delicias y toallas calientes para lavarse la cara y las manos. Ayudando a los demás, verdaderamente estaba disfrutando del tiempo que pasaba en el hospital, a pesar de enfrentarse a la perspectiva de no ser capaz de caminar nunca más.

Jade, al rehusar victimizarse a sí misma, finalmente recobró parte de su destreza, pero continúa teniendo limitaciones en comparación con cómo estaba antes del accidente, cuando llevaba una vida activa.

Por lo general, el asombro no es útil en situaciones extremadamente traumáticas como la que Jade experimentó. Como hemos comentado, cuando estamos bajo una amenaza grave, la amígdala secuestra el cerebro y nos ponemos en una reacción de lucha-huida-bloqueo.

Sin embargo, la historia de Jade ilustra que un practicante experimentado puede emplear el asombro para atemperar la respuesta del sistema nervioso autónomo incluso en situaciones extremadamente graves.

El asombro puede ayudar a evitar la victimización y, en lugar de eso, sentirnos empoderados; no haciéndonos sentir más grandes, sino paradójicamente más pequeños. Cuando los investigadores holandeses mostraron a tres grupos de participantes diapositivas de escenas espectaculares, mundanas o neutras en la naturaleza, quienes estaban en el grupo testigo de lo espectacular no sólo describieron sentir el asombro, sino también lo que los investigadores del asombro denominaron «el pequeño yo» o «el yo disminuido». En relación con su entorno —esas extraordinarias fotografías de la naturaleza—, ellos parecían insignificantes.[8] El asombro pasa eficazmente nuestro enfoque de la diana a los anillos externos del objetivo. Al no estar tan enfocados en nuestro propio yo, nuestras preocupaciones son menos relevantes, así que es menos probable que seamos autoindulgentes.

REPLEGARSE

Cuando se pasa por momentos conflictivos, algunas personas se alejan de los demás. Existe una amplia variedad de razones por las que la gente hace esto. Hay quien no quiere parecer alguien necesitado o vulnerable. Otros podrían necesitar tiempo para procesar sus sentimientos y acontecimientos. Así pues, aunque replegarse sirva a un propósito a corto plazo, aferrarse a este patrón más allá de su fecha de caducidad conduce a la desconexión y la soledad. No devolver una llamada o permanecer medio ausente durante una conversación, por ejemplo, envía el mensaje de que no queremos hablar con nuestra red de apoyo y, finalmente, nuestros aliados de confianza dejan de intentar comunicarse con nosotros.

Replegarse conduce al aislamiento, que a su vez conduce a soledad, algo de lo que hemos hablado en el capítulo 1. Los seres humanos es-

---

8. Y. Joye y J. W. Bolderdijk: «An Exploratory Study into the Effects of Extraordinary Nature on Emotions, Mood, and Prosociality», *Frontiers in Psychology*, vol.5 (octubre 2015), https://doi.org/10.3389/fpsyg.2014.01577

tamos cableados para conectar. Replegarse, especialmente cuando necesitamos apoyo, agudiza el sufrimiento emocional. Sentirnos conectados y obtener apoyo emocional nos ayuda a salir de nuestro dolor por nuestra cuenta.

En lo que concierne a la soledad, el asombro hace dos cosas. Primero, nos ayuda a conectar con algo más grande que nosotros mismos (un poder más elevado, una tradición espiritual, la naturaleza, ser de utilidad). Segundo, el asombro calma el sistema nervioso y promueve comportamientos prosociales, dándonos una mayor disponibilidad a la hora de conectar con los demás. Uno de los aspectos más impresionantes del asombro es que podemos generar sensaciones de conexión independientes de otras personas. Podemos estar solos en una cabaña remota ubicada en el círculo polar ártico y notar una sensación de conexión que minimiza la soledad.

Don, un participante de uno de nuestros estudios, solía emplear el asombro para participar de la vida incluso cuando estaba aislado literalmente. Tras ser diagnosticado de leucemia, se pasó cuatro semanas seguidas en aislamiento sometiéndose a un trasplante de médula y otros tratamientos. En lugar de replegarse, se zambulló en la práctica del AWE y pasaba gran parte del día en el asombro. Él cubrió una pared de su habitación de fotografías de la gente y de las cosas que le inspiraban asombro (su familia, sus mascotas, los lugares que le encantó visitar). Empleaba esas imágenes y recuerdos para trasportarse a sí mismo al estado del asombro, sintiendo lo que denominaba una «vasta conexión». Buscaba momentos de asombro en los que interactuaba con sus doctores y enfermeras, valorando su mimo y su determinación. En el dolor y la soledad, Don cultivó una enorme gratitud empleando el AWE.

• • •

UN MOMENTO AWE

Cuando estamos estancados en uno de los cinco patrones de conflicto, también nos hallamos en un estado de conciencia en particular (la Seguridad). Si verdaderamente no nos sentimos seguros, quizá queramos empezar empleando el Lenguaje Percepción, que crea una mayor sensación de seguridad porque nos empoderamos. Cuando nos sentimos seguros, el asombro es más accesible.

Cuando se combina el Lenguaje Percepción con el AWE, ambos trabajan juntos para impulsar la transformación. Te invitamos a intentarlo. La próxima vez que pases por una época difícil, emplea el Lenguaje Percepción para percatarte y recordar que las sensaciones que tengas –ya estés apegándote, resistiéndote, victimizándote, catastrofizando o replegándote– son cosas que te estás haciendo a ti mismo basándote en cómo le estás dando sentido a la situación.

Si te estás haciendo esto a ti mismo, entonces, tienes el poder de hacer algo diferente. Al reconocer que tienes elección, te sientes más seguro. Una vez que te sientes más seguro, puedes emplear el método AWE para depositar tu atención en otra cosa que no sea el centro de la diana. Puedes expandir tu perspectiva.

• • •

Cabalgando las olas

Cheryl, una de las pacientes crónicas de Michael, ofrece un ejemplo de cómo pueden interactuar diferentes patrones de conflicto. Cheryl padecía dolor crónico lumbar y de cuello tras sufrir una lesión y había pasado previamente por una cirugía de la columna cervical a causa de unos discos herniados que tenía en el cuello. La cirugía ayudó a aliviar parte del dolor que se irradiaba a los brazos, pero provocó la generación de un tejido cicatrizal en el cuello y, posteriormente, desarrolló unos dolores de cabeza cervicogénicos. Ella necesitaba acudir a urgencias puntualmente para que le inyectaran analgésicos a fin de interrumpir sus dolores de cabeza.

Cuando participó en la clase de Michael del AWE, Cheryl estaba a punto de ser abuela por primera vez, y le preocupada mucho no poder sostener a su nieto en brazos sin agravar su dolor. En la segunda sesión de grupo, dijo que por primera vez, había sido capaz de interrumpir sus dolores de cabeza sin tener que acudir a urgencias para que le inyectaran analgésicos. Seis meses más tarde, Cheryl le dijo a Michael que el método AWE le brindó un control casi total sobre los dolores de cabeza y la tensión muscular, y ella se sentía feliz de nuevo. «Lo mejor de todo es –dijo Cheryl– que puedo coger en brazos a mi nieto».[9]

Antes de las clase de Michael, Cheryl estaba **apegada** a cómo eran las cosas antes. Se aferraba a sus ideas en relación con cómo eran antes de su cirugía. Y se **resistía** a la idea de tener limitaciones físicas y a la necesidad de modificar sus rutinas y estilo de vida. En un punto del proceso, estaba **catastrofizando**: «Si esto va a peor, ¿nunca podré sostener a mi nieto en brazos?». Eso condujo a cierta **autovictimización**: «¿Por qué yo? No es justo». Y el proceso emocional descendente –añadido al dolor físico– provocó que se **replegara** ante otras personas, lo cual únicamente incrementó su frustración y desconsuelo.

Hemos demostrado que el asombro es una modalidad de terapia que nos ayuda a salir de cualquiera de esos patrones disfuncionales. Kirk Schneider (psicólogo y autor de *Awakening to Awe*) también considera que el asombro es una modalidad de terapia. En un artículo, escribe: «Formalmente, defino el asombro como entremezclar la humildad, la reverencia y el maravillamiento ante la creación; informalmente, lo interpreto como el entusiasmo por vivir. Al asombro no se lo destaca muy a menudo como un "requisito" terapéutico, pero en mi trabajo y en el de muchos de mis colegas es el *sine qua non* de la curación».[10]

El asombro es curación. Puede mejorar las relaciones, solucionar problemas y reducir la ansiedad al brindarnos una perspectiva nueva, más ligera, más prometedora.

Aunque el AWE pueda ayudarnos por medio de cualquier de esos patrones, a veces, no podemos acabar de señalar qué nos preocupa. Esta experiencia habitualmente implica una ansiedad existencial apabullante y, en ocasiones, esquiva.

---

9. Cheryl (seudónimo): *e-mail* enviado a Michael Amster (12 de noviembre, 2021).
10. Kirk J. Schneider: «Standing in Awe: The Cosmic Dimensions of Effective Psychotherapy», *The Psychotherapy Patient,* vol. 11, n.º 3-4 (2001), pp. 123-127.

Un remedio para la ansiedad existencial

A diferencia de otros tipos de ansiedad que podrían surgir cuando estamos bajo la presión de desempeñarnos bien, como por ejemplo cuando nos examinamos o hacemos frente a un obstáculo formidable, la ansiedad existencial es distinta. Primero, no es procesable, no podemos hacer gran cosa para librarnos de ese tipo de angustia. Segundo, es relativamente invisible. Pese a que la ansiedad existencial es omnipresente, muchos de nosotros no somos conscientes de ella, pero todos la experimentamos en cierta medida. Posiblemente no sepamos que está ahí hasta que algo sucede que la agita y la coloca en un primer plano (verse a un paso de la muerte, una pérdida, una pandemia, un desastre), aunque es una experiencia universal.

La ansiedad existencial no es procesable porque sus causas no son solventables:

- Saber que nosotros y que todas las personas que queremos morirán algún día.
- Incertidumbre ante el futuro.
- No estar completamente presente.

La mortalidad o la incerteza no tienen solución. Y, pese a que podemos hacer esfuerzos para estar más presentes, éstos habitualmente son efímeros. Resulta casi imposible escapar de la ansiedad existencial porque forma parte de la existencia humana. Pero eso no nos impide intentarlo.

Los profesionales de la salud mental, incluido Jake, han intentado dar con estrategias efectivas para gestionar la ansiedad existencial durante años. Hasta hace poco, los únicos remedios conocidos eran la religión, la medicación, la negación y la distracción.

Que haya gente recurriendo a la religión para abordar la ansiedad existencial no tiene nada de nuevo. Durante milenios, la religión ha sido una fuente de confort para las masas. Atribuir los acontecimientos que no están bajo nuestro control a Dios y encontrar una conexión con una comunidad afín sirviéndose de un lugar de culto y acontecimientos religiosos o espirituales es reconfortante. Al igual que lo es aceptar vivir en base a una serie de virtudes con la promesa de la vida eterna como recompensa. Todo esto tiene una forma de aliviar la ansiedad existencial brindándonos algo esperanzador a lo que agarrarnos. En *Awakening to Awe*, Kirk Schneider habla sobre cómo la religión nos puede avivar: «El asombro, inspirado a través de la participación en prácticas sagradas de un sistema de creencias religiosas o espirituales, alienta la llama del espíritu, esa vital y misteriosa fuerza estimulante que hay dentro de cada uno de nosotros que une mente, cuerpo y alma».[11]

Los ansiolíticos, los antidepresivos, las benzodiazepinas, y más recientemente psicodélicos como por ejemplo los hongos alucinógenos y la MDMA[12] han sido empleados para reducir los síntomas de todos los tipos de ansiedad, incluida la existencial. Las meditaciones son necesarias, apropiadas y útiles en ciertas circunstancias. En algunos casos, no siempre son la auténtica solución, sino más bien una especie de rodeo médico, que es semejante al rodeo espiritual que la gente emplea a veces para evitar asumir la responsabilidad por problemas de la vida.

Pese a que muchas personas persiguen activamente el confort al verse frente a la ansiedad existencial sirviéndose de la medicación o la religión, un gran número de nosotros niega su existencia por completo. La reciente pandemia de la COVID-19 se convirtió en un terreno de experimentación para comprender qué hará la gente en respuesta a la ansiedad existencial. Los investigadores aprendieron que las pandemias «activan la conciencia de la mortalidad» y que la gente básicamente reacciona de una (o más) de tres formas: se vuelven proactivos y toman medidas para mejorar la salud y reducir el riesgo de exposición; emplean conductas de inadaptación, que podrían incluir beber en exceso o sumergirse en las redes sociales para mantenerla a raya; o negar esas sensaciones de ansiedad a fin de alejarse de la amenaza, o dicho de otro modo, creer que la pandemia no les afectará personalmente.[13]

---

11. Kirk Schneider: «Awakening to Awe: Personal Stories of Profound Transformation» (Lanham, MD: Jason Aronson, 2009), p. 79.

12 Droga conocida como metilendioximetanfetamina o éxtasis. *(N. de la T.)*.

13. E. P. Courtney, J. L. Goldenberg y P. Boyd: «The Contagion of Mortality: A Terror Management Health Model for Pandemics», *British Journal of Social Psychology*, vol. 59, n.º 3 (2020), pp. 607-617, https://doi.org/10.1111/bjso.12392

Hemos descubierto que el asombro funciona notablemente a la hora de mitigar la ansiedad existencial porque nos lleva de la Conciencia de la Seguridad (donde surge la ansiedad existencial) a la Conciencia Espaciosa. Cuando accedemos a ésta no existe el tiempo, las palabras, las medidas y las comparaciones; y, por lo tanto, la ansiedad existencial ya no tiene relevancia.

El asombro es un remedio parcial en el sentido que nos trae al presente, y una de las razones por las que no estamos presentes es que nos distraemos a causa de la ansiedad existencial. El asombro interrumpe la distracción. Cuando accedemos al asombro, experimentamos menos ansiedad en nuestras vidas globalmente. Nos sentimos menos angustiados, tenemos una menor necesidad de distraernos. Se convierte en un bucle de retroalimentación positiva.

Por ejemplo, al acceder al asombro conectado con aquello que tememos perder —como una persona que amamos—, conectamos con algo más grande que nuestra ansiedad. En parte, esta aproximación consiste en trasladar el foco de una cara de la moneda (el temor a perder a alguien a quien amamos) al otro lado de la misma moneda (la profundidad de nuestro amor por esta persona). Parece contradictorio porque podríamos pensar que, si sentimos nuestro amor con más fuerza, también podríamos sentir más ansiedad por perder la fuente de ese amor. Pero eso no es lo que sucede cuando nos volcamos plenamente en el asombro.

• • •

UN MOMENTO AWE

Piensa en una persona a la que temas perder. Tómate un minuto para entablar contacto con lo que llega a significar para ti. Préstale tu entera e indivisible atención a lo preciosa que es esa persona para ti. Permanece con esos sentimientos y pensamientos. Deja que te llenen. A continuación, espera durante el tiempo que te tome hacer una inspiración, quedándote con esos sentimientos y pensamientos. Cuando exhales, permite que tu espiración sea más larga de lo normal y fíjate en cómo tus sensaciones positivas se expanden.

• • •

A medida que accedemos al asombro, nuestras preocupaciones en relación con el tiempo y la pérdida quedan reemplazadas por las sensaciones del instante presente que interrumpen nuestros pensamientos angustiados. La pérdida que tememos queda envuelta en nuestro amor y nuestro aprecio por eso a lo que tememos perder (una persona, lugar, cosa o idea).

Iva, una profesora y madre de treinta y pocos años, empleó el AWE para abordar la incómoda ansiedad existencial en relación con su hijo:

> Me asusto a mí misma pensando en la muerte de mi hijo. Es un crío muy saludable de cinco años, y ninguna prueba sustenta este temor. Es más, en esta ansiedad no hay nada que pueda controlar. Así pues, permanecí en el presente con el hecho de que soy su madre. Y sentí un asombro enorme cuando me di cuenta del vuelco tan increíble que ha dado mi vida por ser madre. ¡Qué regalo tan asombroso! Mi corazón, mi rostro y mi alma sonreían, y siento ondas expansivas por mi cuerpo. Es un momento de asombro de larga duración.[14]

Encontrar nuestro camino hacia el otro lado de la ansiedad nos conecta con nuestro amor y aprecio por estar vivos. La clave es moverse a través de la ansiedad (no negarla) y, cuando hacemos eso, nuestra relación con la ansiedad cambia. El asombro es un vehículo que nos lleva más allá del dolor. Puede aliviar la ansiedad para poder amar más plenamente.

Nos viene a la memoria una cita de la película *Shadowlands* donde el autor C. S. Lewis, interpretado por Anthony Hopkins, describe cómo es perder el amor de su vida: «En esa vida se me ha dado esa elección en dos ocasiones: como un muchacho y como un hombre. El muchacho eligió la seguridad, el hombre elige el sufrimiento. El dolor ahora forma parte de la felicidad de aquel entonces. Esa es la cuestión».

Si amamos (la vida, a una mascota, a una persona, un logro...), experimentaremos la pérdida. Preocuparnos por esa pérdida consciente o inconscientemente genera ansiedad. Ésta inhibe nuestro bienestar y nuestras relaciones. Emplear el método AWE para experimentar el

---

14. Iva: *e-mail* enviado a Jake Tagle (21 de febrero, 2021).

asombro baja el volumen de la ansiedad existencial al ayudarnos a morar plenamente en nuestro amor por la vida.

EL ASOMBRO POR DIOS

Cuando la gente religiosa experimenta el asombro por Dios, la vida mejora notoriamente. En un estudio singular que evaluaba el asombro por Dios de los participantes y lo comparaba con la satisfacción vital, los investigadores de la Universidad de Michigan descubrieron que acudir a la iglesia conducía a una mayor sabiduría práctica obtenida mediante las lecciones enseñadas. A su vez, la gente con una sabiduría práctica tiende a aceptar mejor la incertidumbre y, en el estudio, se mostraban más abiertos a experimentar el asombro por Dios. Asimismo, esos individuos se sintieron más conectados con los demás y, en consecuencia, estaban más satisfechos con la vida.

Aunque los investigadores centrados en el asombro por Dios reconocieron la imposibilidad de distinguir entre el asombro por Dios y el experimentado fuera de un contexto religioso.[15] Dicho de otra forma, el asombro es el asombro, independientemente de cómo accedamos a él.

Joyce, una mujer mayor con quien Jake trabajó durante sus últimos meses de vida, era de baja estatura (pesaba unos cuarenta y cinco kilos y medía poco más de metro y medio), pero tenía un espíritu monumental. Había llevado una vida notablemente gozosa, siempre activa y aventurera, de modo que las limitaciones de la enfermedad despertaron su ira. Ésta fue la causa por la que se puso en contacto con Jake; no quería morir enfadada. Jake describe cómo Joyce empleaba el AWE para reconectar con el asombro que sentía en su juventud:

El tiempo que pasamos juntos fue relativamente breve; los últimos tres meses de su vida. Ella adoptó rápidamente la práctica del AWE, en parte, porque no sabía qué hacer si no. Y para ella era fácil. Tenía encan-

---

15. Neal Krause and R. David Hayward: «Assessing Whether Practical Wisdom and Awe of God Are Associated with Life Satisfaction», *Psychology of Religion and Spirituality*, vol. 7, n.º 1 (2015), pp. 51-59, http://dx.doi.org/10.1037/a0037694

tadores recuerdos esparcidos a lo largo de su casa y una amplia belleza natural que podía observar desde la ventana. Pero los momentos de asombro más intensos de Joyce eran los encontrados en sus recuerdos.

Un día le pedí que pensara en aquellos tiempos en que se sentía fuerte y ágil en su cuerpo. Cerró los ojos y dijo: «Estoy pensando en los días en que era un jinete acrobático, y podía estar en la silla de un caballo al galope». La alenté a brindarle toda su atención a ese momento, en la silla de un caballo al galope. Por mucho que ella estuviera estirada en la cama, podía ver su cambio de postura, que su columna se arqueaba y que su cuerpo se expandía a medida que yo la guiaba delicadamente por el proceso del AWE.

Al cabo de quince segundos dije: «Permite que tu próxima respiración tenga una exhalación completa, más profunda de lo normal». Fui testigo de cómo ella encarnaba la experiencia. Ya no era un recuerdo; era un momento en el presente que ofrecía un respiro a su dolor y a su sensación de impotencia.

Le pedí que practicara el asombro tres veces al día. Me llamó un par de días más tarde para darme las gracias diciéndome: «Había olvidado lo bonita que ha sido mi vida y lo mucho que la amo».

Cuando la visité una semana más tarde, ella me dijo: «He sido una chica traviesa». En su rostro tenía una sonrisa pícara. «¿Cómo que traviesa?», le pregunté. Ella sonrió de nuevo y dijo: «Practico el AWE todo el tiempo. ¿Por qué querría alguien hacerlo sólo tres veces al día?».

Hablé con Joyce dos días antes de su fallecimiento. Su hija sostenía el teléfono a fin de que ella pudiera oírme y darme su último adiós. Todo lo que dijo fue: «Asommmm».

Los acontecimientos conflictivos y dolorosos forman parte de la vida. Nuestras reacciones (incluidas la ansiedad y el dolor o el pesar) ante las situaciones indeseables nos pueden alejar de lo que es precioso. El asombro nos puede llevar a través de nuestro malestar purificándolo y ampliando nuestras percepciones, cambiando nuestro estado de conciencia. También nos puede ayudar a reconocer patrones poco saludables que empleamos cuando reaccionamos ante un conflicto. Aunque el asombro no siempre puede cambiar nuestras circunstancias, la práctica regular del AWE nos ayuda a navegar por los «puntos bajos» de la vida para recordar qué apreciamos.

CAPÍTULO 11

21 DÍAS DE AWE

El mundo está lleno de cosas mágicas, esperando
pacientemente a que nuestros sentidos se agudicen.
WILLIAM BUTLER YEATS

El árbol que emociona a unos hasta hacerlos llorar de dicha,
para otros es una cosa verde que se interpone en su camino.
WILLIAM BLAKE

Hemos hablado de cómo el asombro es un estado que visitamos, no vivimos en el asombro, sino que viajamos hacia él, a veces conscientemente y otras, espontáneamente. Una vez dicho eso, reconocemos que el asombro puede convertirse en lo que tú considerarías una parte normal de la vida. Reiniciando repetidamente nuestro sistema nervioso, el asombro nos ayuda a mudar ese estrés del sistema simpático indeseable.

La ciencia muestra que, cuanto más disfrutamos de las maravillas del asombro, más probable es que el cerebro cree conexiones y caminos por los que viaje nuestra euforia, desencadenando el asombro en respuesta a un número incalculable de eventos ordinarios.

Antes de introducirnos en cómo el asombro se convierte en una forma de vida, queremos estar seguros de que estás íntimamente familiarizado con sentir el asombro. Si has empezado a jugar con el método AWE, te habrás dado cuenta de que algunas experiencias del asombro te resultan más milagrosas que otras. O te habrás preguntado si estás en el asombro o sintiendo otra emoción positiva, como el júbilo. Algunos de vosotros incluso os debéis estar preguntando si esta práctica realmente funciona.

Es cierto que algunos somos más propensos a experimentar el asombro o a sentirlo más intensamente que los demás. Queremos compartir por qué y explicar que no creemos que eso importe.

¿Cómo sabrás si estás en el asombro?

Preguntarle a alguien que describa el asombro es un poco como preguntarle qué sensaciones le transmite el aire y la luz del Sol. Si te pedimos que describas el aire o la luz del Sol, tu respuesta dependerá de en qué medida –o incluso si– le prestas atención a esos elementos. Algunas personas ni siquiera tienen en consideración esas cosas. Las demás las observan y las aprecian, pero sólo superficialmente. Pueden comentar que es un día bonito y soleado, por ejemplo. Y aun así, otras personas aprecian profundamente cómo calienta el Sol su piel, y se tomarán un instante o dos para sumergirse en el frescor de una brisa que acarrea aromas primaverales.

Esas sensaciones podrían repetirse incluso cuando la persona rememora la experiencia. Sí, puedes estar asombrado mientras estás experimentando la luz del Sol y el aire, así como todo el tiempo que pases recordándolos.

Uno siente el asombro en un espectro que va de lo sutil hasta lo vigorizante y lo que llamamos «asombrogásmico». Cuando prácticas el AWE y notas un cambio, aunque sea muy ligero, hacia un estado más despierto, estás sintiendo el asombro.

EL ESPECTRO DEL ASOMBRO

A continuación, enumeramos algunas palabras que podrían describir varios «niveles» de asombro. Probablemente, se te ocurrirán tus propios términos descriptivos. Pero ten en cuenta que el asombro puede ser difícil de definir porque la intemporalidad de la Conciencia Espaciosa no depende de las palabras.

SUTIL

agradable, apreciativo, júbilo, tierno, saciado-satisfecho, contento, abierto-apertura, conectado, dulce, humildad, bienestar

EXPANSIVO

conmovido, cautivado, conectado, dulce, maravillado-maravilloso, inmensidad, estado fluido, vigorizante, atónito, ligeramente desorientado

ASOMBROGÁSMICO

liberación de energía (piel de gallina, temblores, escalofríos), hormigueo, boquiabierto, extasiado, conectado con algo más grande que uno mismo, reorientado, autotranscendencia, éxtasis, sorpresa estupefacta, arrebato, iluminación, rapsódico, embelesado

El «despertar» del asombro puede ser relajante o estimulante. Puedes sentir un incremento de energía en tu cuerpo o una liberación de energía. Es una experiencia individual que puede variar en función del objeto del asombro y de tu contexto –¿estás solo o con otras personas, aplicándote en una tarea o relajado, y estás empezando desde la Conciencia de la Seguridad o la del Corazón?

Pero ¿por qué sienten algunas personas el asombro más a menudo o más intensamente que otras? ¿Podemos incrementar nuestra tendencia a sentir el asombro? Existen multitud de razones que explican por qué algunas personas sienten el asombro al extremo más elevado del espectro. Parte de ello tiene que ver con la personalidad.

Han pasado casi dos años desde que aprendí el AWE y la Conciencia del Corazón, que se solapa un poco con mi práctica. Antes de asistir al curso de AWE, ciertamente, experimentaba momentos de asombro y de profunda apreciación, aunque carecía de un lenguaje y de un marco de trabajo que lo aprovechara y expandiera en mi beneficio. Cuando practico el asombro ahora, la mejor descripción que tengo de cómo me cambio a mí mismo es una que vino de Jake (desenrollarse). Cuando estoy desenrollado, tiendo a experimentar un ego más suave, no siento tanto la necesidad de corregir a los demás, interrumpir o llamar la atención sobre mi persona. También cuento con una recepción del presente acrecentada, lo que significa que estoy menos preocupado por planificar o comprobar qué hora es y acepto mejor los eventos a medida que se desarrollan. Y en último lugar, experimento lo diminuto que soy mundanalmente. Es posible que mi elemento favorito del asombro sean los instantes en que veo que soy una mota de polvo tan pequeña en este mundo, así como lo precioso que es ese pedacito de polvo.[1]

Tennison

Estar abierto al asombro

Ebenezer Scrooge y el Grinch tienen tres cosas en común como mínimo: son personajes de ficción de libros superventas que han resistido el paso del tiempo; se los ha presentado ante los lectores como infelices, ingratos y malvados de mentalidad cerrada; y pensaron en lo que nosotros y otra gente describiríamos como «el despertar basado en el asombro» –para ellos, un cambio de perspectiva histórico– ellos florecen convirtiéndose en seres agradecidos y compasivos.

No estamos sugiriendo que, si nunca te sientes asombrogásmico, seas un *scrooge* o un *grinch*. Empleamos esos ejemplos para exagerar una cuestión: ciertos rasgos de la personalidad han demostrado o disminuir o potenciar la experiencia del asombro. Si bien, queremos recalcar –y más tarde lo ilustraremos en este capítulo– que, al igual que nuestros dos personajes ficticios, independientemente de cómo sea tu personalidad (parte de ello es hereditario, por cierto), microdosificar repetidamente el asombro mediante el AWE expande tu tendencia a experimentar el asombro, incluso transformándolo de un estado a un rasgo. El asombro es una emoción igualitaria en sus oportunidades.

También es una emoción cautivadora que abarca todos los aspectos. En cierto sentido, nos invade. Permitir que una emoción tan poderosa «entre» requiere que estemos abiertos a la experiencia, lo cual hace que algunos de nosotros nos sintamos demasiado vulnerables, así que nos cerramos parcialmente.

La *apertura* a la experiencia es uno de los denominados cinco grandes rasgos de la personalidad. Aunque haya cientos de rasgos de personalidad, muchos psicólogos creen que esos cinco rasgos principales impulsan la personalidad. Además de esa apertura, los cinco

---

1. Tennison (seudónimo): *e-mail* enviado a los autores (5 de diciembre, 2021).

grandes son la responsabilidad, la extraversión, la amabilidad y el neuroticismo.[2] Ninguno de ellos son rasgos que tengamos que elegir. Se los mide en un continuo. Y la gente a quien consideras amplia de miras o afable, por ejemplo, puede ser difícil y obstinada en ciertas circunstancias.

De todas los cinco grandes, la apertura es uno de los más asociados con una mayor capacidad de experimentar el asombro. La gente que tiende a estar más abierta a las nuevas experiencias podría sentir el asombro con más intensidad —los escalofríos (la piel de gallina), boquieabierto a más no poder, los ojos como platos— que quienes son menos abiertos a nuevas experiencias.[3]

Además del rasgo de la apertura, los investigadores han descubierto que los individuos sabios y agradecidos y que apenas tienen la necesidad de tener un «cierre cognitivo», o de una respuesta correcta o errónea, se sienten más fácilmente atraídos por el asombro.[4] Cuánto dinero tienes en el banco también puede jugar un papel sorprendente. En un estudio sobre las clases sociales y el asombro, los investigadores concluyeron que la gente de una clase social más elevada tendía a experimentar emociones positivas «personalistas» como por ejemplo el orgullo y la satisfacción, habitualmente mediante logros personales. En cambio, los individuos con los ingresos más bajos tenían más probabilidades de experimentar emociones «externalistas», como por ejemplo el amor, la compasión y el asombro en torno a sus relaciones. ¿Qué tienen que ver los ingresos y la clase social con el asombro? Los investigadores especularon que, cuanto más elevado es nuestro estatus social, mayor es nuestro ego y menos abiertos somos a los efectos autodisminuyentes del asombro.[5]

---

2. La personalidad se desarrolla mediante la naturaleza y la crianza, pero los investigadores calculan que casi la mitad de nuestra personalidad es hereditaria. Lo que ocurre *a posteriori* depende de nuestro entorno, en qué medida nos sentimos seguros y amados, por ejemplo.

3. Summer Allen: «The Science of Awe» (libro blanco para la John Templeton Foundation, Greater Good Science Center, UC Berkeley, septiembre, 2018), pp. 21-22, https://ggsc.berkeley.edu/images/uploads/GGSC-JTF_White_Paper-Awe_FINAL.pdf

4. Ibíd.

5. Paul K. Piff y Jake P. Moskowitz: «Wealth, Poverty, and Happiness: Social Class

De forma similar, un artículo que comparaba las experiencias del asombro entre gente de treinta y seis países ha descubierto que cuanto más rica sea la nación, más individualistas son sus ciudadanos, y más probable resulta que quieran llevarse el crédito –en lugar de dárselo otras personas o situaciones– por su experiencia del asombro. Hacer un hoyo de un solo golpe (Estados Unidos; autónomo), por ejemplo, comparado con oír a un muchacho cantar el *Ave Maria* a la perfección (Argentina; por otra entidad) frente a presenciar el amanecer desde la cumbre del Monte Fuji (Japón; situacional).[6]

Por nuestra parte, consideramos que el asombro no conoce barreras o límites. Independientemente de cuál sea tu personalidad, emplear el método AWE repetidamente expande tu tendencia a elevar tu experiencia del asombro. Lo denominamos trabajar el músculo del AWE, y explicaremos cómo hacerlo más adelante en este capítulo. Pero reconocemos cuatro aspectos que verdaderamente inhiben el asombro, o lo hacen menos accesible: la rigidez, el dogmatismo, el narcisismo excesivo y la polarización. Sin embargo, cuando la gente que sufre a causa de su propia rigidez, dogmatismo, narcisismo y polarización experimenta el asombro, la experiencia puede ser incluso más poderosa que en el caso de quienes tienen una mentalidad abierta.

Kirk Schneider, autor de *Awakening to Awe*, señala que acceder al asombro se nos puede hacer más complicado si nos volvemos insensibles a nuestros sentimientos: «Me he dado cuenta de que el día que sea inmune al dolor y esté completamente "curado" será el día que me haya vuelto insensible a la vida. Por el contrario, creo que uno no puede sentir el asombro si no ha visto sus propias heridas y ha aceptado que las cicatrices son inevitables. Para mí, la curación implica estar en el asombro por la totalidad de mi ser, lo cual requiere una gran atención y aprecio por quien soy; mi lado oculto no es una excepción».[7]

Is Differentially Associated with Positive Emotions», *Emotion*, vol. 18, n.º 6 (2018), pp. 902-905, https://doi.org/10.1037/emo0000387

6. Enna Yuxuan Chen: «Cultural Variations in the Appraisals of Awe» (tesis de grado, UC Berkeley, abril de 2020), https://escholarship.org/content/qt0dh4s9j3/qt0dh4s9j3_no Splash_96ce18233db1b4eed319ae43f3bf341a.pdf?t=qdxe5m

7. Kirk Schneider: «Awakening to Awe: Personal Stories of Profound Transformation» (Lanham, MD: Jason Aronson, 2009), p. 86.

La referencia de Schneider a la totalidad del ser (cuerpo, mente y espíritu) es importante. Sentir todo nuestro ser significa que estamos en el instante presente, bien abierto a lo que sea. Nuestra red neuronal por defecto ha quedado sofocada. Estamos preparados para encarnar plenamente el asombro, para permitir que nuestras células se marinen en él.

Si nos damos a nosotros mismos el obsequio del asombro –experiencia que implica la totalidad del cuerpo– durante por lo menos 5-15 segundos varias veces al día, con el tiempo, sucede algo notable: el cerebro empieza a crear nuevas vías neuronales para acomodar esta sensación, colocando el cableado para futuras experiencias positivas del asombro.

Del estado al rasgo: Los efectos acumulativos del AWE

Los rasgos de la personalidad no son inmutables desde que nacemos, sino maleables. Podemos volvernos más afables o extrovertidos a medida que maduramos en función de nuestras experiencias. Al igual que nuestra identidad, nuestra personalidad puede expandirse. Esto, en parte, se debe a la neuroplasticidad del cerebro o a su capacidad de aprender y de cambiar a través de nuestras experiencias, algo que permite que los estados puedan convertirse en rasgos.

Los estados son, por definición, temporales y a menudo, al igual que las experiencias iniciales del asombro, pasajeros. Pero ¿qué pasaría si pudiéramos escoger un estado (una pista; estamos pensando en el asombro) y hacer de él parte de nuestra personalidad? Los científicos que estudian qué ocurre en el cerebro durante la meditación están mostrando que podemos hacerlo.

Cuando revisaban cinco estudios que analizaban los efectos de la meditación sobre el cerebro, los investigadores descubrieron que su práctica regular modificaba los circuitos neuronales subyacentes en algunas partes del cerebro y engrosaba la materia gris en áreas responsables de las funciones interoceptivas, o nuestra capacidad de describir cómo nos sentimos.[8] Más adelante, investigadores de la Universidad de

---

8. Ulrich Ott, Britta Hölzel y Dieter Vaitl: «Brain Structure and Meditation: How Spiritual Practice Shapes the Brain», *Neuroscience, Consciousness and Spirituality.*

Carolina del Norte mostraron que alcanzar repetidamente un estado de atención plena durante un período de ocho semanas ayuda a transformar un estado de atención plena en un rasgo disposicional —a formar parte de la personalidad de los meditadores.[9]

Uno podría argumentar que esta razón motiva que las prácticas de *mindfulness* hayan existido durante tanto tiempo: cuando se practican con regularidad, pueden programarnos para ser mejores personas.

En *Neurodharma*, Rick Hanson describe específicamente cómo podemos programar un estado en el cerebro de forma que pueda convertirse en un rasgo. La clave de este milagro es activar el estado que deseamos desarrollar, en nuestro caso, sentir la emoción del asombro. Pero, según Hanson, tan sólo queda un paso más:

Llamo a la primera fase *activación* y a la segunda, *instalación*. Ésta es la *neuroplasticidad positiva*: transformar estados pasajeros en *rasgos* duraderos. La segunda fase es absolutamente necesaria. *Experimentar no es equiparable a aprender*. Sin modificar la estructura y la función neurológica, no se da un cambio mental que traiga una mejora.

Las experiencias más beneficiosas pasan por el cerebro como agua por un tamiz, no dejan nada a su paso. Puedes tener una buena charla con un amigo o sentirte más tranquilo en una meditación, y luego, una hora más tarde, podría ser como si nunca hubiera sucedido. Si despertar es como una montaña, en algunos momentos a lo mejor te encuentras a ti mismo en sus pendientes, Pero ¿puedes permanecer ahí, en una posición estable? ¿O sigues resbalando cuesta abajo de nuevo?[10]

El AWE, por suerte, nos conduce a través de ambos pasos. La fase de activación requiere tener una experiencia beneficiosa, lo cual ocurre en

Studies in Neuroscience, Consciousness and Spirituality, vol. 1, ed. H. Walach, S. Schmidt y W. Jonas (Dordrecht: Springer, 2011), https://doi.org/10.1007/978-94-007-2079-4_9

9. Laura G. Kiken, *et al.*: «From a State to a Trait: Trajectories of State Mindfulness in Meditation During Intervention Predict Changes in Trait Mindfulness», *Personality and Individual Differences*, vol. 81 (julio, 2015), pp. 41-46, https://doi.org/10.1016/j.paid.2014.12.044

10. Rick Hanson: *Neurodharma* (Nueva York: Harmony Books, Random House, 2020), p.126. [Trad. cast.: *Neurodharma,* Ediciones Obelisco, Barcelona, 2022].

la primera parte del AWE. La fase de instalación requiere absorber la experiencia (reflexionar sobre ella brevemente) y eso ocurre en la última parte del AWE.

Tal como Rick Hanson afirma: «Los rasgos son más fiables que los estados. Te los llevas contigo allá donde vas. El problema es que la mayoría de la gente tiene diversos estados positivos que nunca se convierten en rasgos positivos [...] Mientras tanto, a las experiencias estresantes, dolorosas, perjudiciales, se las convierte rápidamente en un cambio duradero en la estructura o función neurológica».[11] El método AWE es una forma de adoptar un buen estado y reforzarlo.

La emoción del asombro activa el proceso de aprendizaje mediante la acomodación cognitiva y modifica la estructura neurológica del cerebro. Con las vías neuronales establecidas como corresponde, el cerebro recuerda esa sensación. El AWE tiene unos efectos acumulativos. La sensación del asombro se desarrolla sobre sí mismo con el tiempo, de forma que la sensación (el estado) se transforma en un rasgo y se convierte en parte de quien somos. A medida que el asombro se convierte en parte de nuestra disposición, nos volvemos proclives a experimentar un asombro espontáneo.

Practicar el AWE por lo menos tres veces al día refuerza esta actividad cerebral y bastante rápidamente. En nuestros estudios de la Universidad de California en Berkeley, algunas personas comunicaron sentir el asombro espontáneamente al cabo de tan sólo tres semanas. Merece la pena señalar que la mayoría de los participantes o no habían meditado nunca o se habían rendido pese a haberlo intentado.

Para nosotros, Jake y Michael, los momentos de asombro espontáneos se han convertido en algo natural. Después de realizar prácticas diarias de asombro durante un par de años, Jake está convencido de que se le ha recableado el cerebro. Reconoce que suena raro decir eso, pero, sin duda, es una persona más feliz, más resiliente de lo que era antes de esta práctica.

---

11. Rick Hanson: «Growing Inner Resources for a Challenging World» (presentación de diapositivas, reunión del ITRC Building Human Resilience for Climate Changen (3 de noviembre, 2016), diapositivas 20-24, https://tinyurl.com/2p8wnrjj

Y después de décadas de práctica formal de meditación, ahora Michael practica primordialmente el AWE. A los pocos meses de emplearlo, empezó a experimentar momentos de asombro espontáneos y ya no tenía que practicar el método deliberadamente. Cada aspecto de su vida está impregnado de oportunidades para experimentar espontáneamente el asombro (mientras espera en un semáforo, al lavarse antes de realizar una cirugía o disfrutando de su taza de té matinal). Los cambios han sido tan sutiles, como profundos, y les ha permitido tener el mayor alivio posible en todas sus facetas vitales, desde sus relaciones íntimas, hasta su carrera.

Así que en cualquier momento que sientas el asombro, asimílalo durante varias respiraciones y fíjate en cómo te sientes. Haz esto a menudo y empezarás a experimentar la belleza de recablear tu cerebro para el asombro.

¿CÓMO LES ESTÁ YENDO A TUS VÍAS NEURONALES?

¿El músculo de tu AWE se ha fortalecido? ¿Recuerdas el cuestionario que te pedíamos cumplimentar en el primer capítulo? Si has estado practicando el AWE, la frecuencia y la intensidad con que experimentas el asombro probablemente habrá aumentado. Aquí tienes el cuestionario de nuevo. Responde las preguntas para comprobar si tu propensión a deleitarte en el asombro se ha incrementado.

ESCALA DE EMOCIONES POSITIVAS DISPOSICIONALES. LA SUBESCALA DEL ASOMBRO

Califica qué te parecen las afirmaciones siguientes en una escala del 1 al 7, siendo el 7 el valor más alto:

Siento el asombro a menudo.
Veo belleza a mi alrededor.
Estoy maravillado casi cada día.

A menudo busco patrones en los objetos que hay a mi alrededor.

Cuento con varias oportunidades para ver la belleza de la naturaleza.

Busco experiencias que desafían mi comprensión del mundo.

Suma los puntos, que tendrían que estar en un abanico de 6 a 42 puntos.

Cuanto mayor sea tu puntuación, con más naturalidad experimentarás el asombro.

Trabaja tu musculatura del AWE

Ahora que sabes cómo realizar el AWE y experimentar el asombro como un estado del que entras o sales, queremos ayudarte a desarrollar el asombro convirtiéndolo en un rasgo, en parte de tu carácter. Formar tu músculo del AWE conduce al asombro espontáneo, a fenómenos asombrosos que requieren menos esfuerzo aún que el método AWE.

Pese a que este libro ha presentado un proceso de 5-15 segundos de duración para entrar en la dicha del asombro y en la Conciencia Espaciosa, comprendemos que algunas personas se benefician de un enfoque más estructurado para acceder al asombro. Quienquiera que esté teniendo dificultades para ir más allá de la Conciencia de la Seguridad o de la del Corazón podría considerar dedicar 21 días a trabajar el músculo del AWE. Veintiún días podría parecer una cifra arbitraria, pero según algunos investigadores, es la cantidad de tiempo que generalmente requiere crear un nuevo hábito. ¿Cómo deberían ser tus primeros 21 días de asombro? Pueden ser *lo que tú quieras*, aunque hemos incluido unas cuantas formas de experimentar con el AWE bajo diferentes parámetros y situaciones, junto con algunos consejos que pueden ayudarte a consagrarte a tu objetivo de experimentar el asombro cada día.

21 días de AWE

A continuación tienes algunas formas divertidas de empezar a emplear el AWE. Te animamos a realizar un diario con tu experiencia; puedes hacerte con un diario donde hacer anotaciones o utilizar tu móvil o una aplicación de diario. Intenta limitar tu experiencia a una sola frase. Por ejemplo, aquí tienes una frase que podría capturar tu momento de asombro con un barista: «Cuando voy a por mi café veo al mismo barista cada día, pero hoy me he fijado en su bonita sonrisa».

Primera semana: Días 1-7
La naturaleza

Al parecer, la gente encuentra el asombro más rápida y fácilmente en la naturaleza. Incluso si vives en una metrópoli atestada, habitualmente puedes encontrar un pedazo de naturaleza (un árbol, un seto, un pájaro, una ardilla). Durante esta semana, cada día, te invitamos a elegir un elemento que explorar profundamente en la naturaleza. Por ejemplo, si eliges un árbol, podrías tener en consideración lo siguiente:

Su forma y su existencia
El hecho de que un árbol tiene raíces
Las ramas del árbol
Una hoja
Una bellota o una piña
El polen que desprende el árbol en primavera
Una plántula que resiste el fuerte viento

Segunda semana: Días 8 a 15
En tu entorno

El asombro está en lo ordinario y, por lo tanto, se lo puede encontrar dondequiera que estés. Esta semana, encuentra el asombro en el entorno en el que vives…

Un libro
Un cuadro
Música
Una reliquia familiar

El silencio
Un reloj
Una comida

Tercera semana: Días 16 a 21
En la gente

Las relaciones pueden estar entre nuestros mayores gozos, así como entre nuestros mayores retos. Intenta emplear el AWE cuando estés con o pensando en gente –aquellos a quien conozcas bien y a quien nunca hayas conocido–. ¿Cómo afecta el asombro en lo que sientes por ellos? Halla el asombro en…

Alguien a quien no conozcas bien, pero que aprecies. Podría ser el dependiente que te vende los comestibles, un vecino amigable, o un cliente agradecido.

Alguien a quien conozcas bien y quieras. Un miembro de tu familia o un amigo, por ejemplo. Esta persona podría estar actualmente en tu vida en cierta medida o no estarlo ya.

Alguien con quien sientas que tienes un conflicto, quizá un miembro de la familia a quien tengas reticencia a llamar por temor a instigar una discusión. Al final de la semana, después de experimentar momentos de asombro mientras piensas en esa persona, fíjate en si tu actitud ha cambiado. Quizá quieras intentar esto con gente en la que piensas a menudo:

Un niño que se porta mal.
Un compañero de trabajo descontento.
Una figura pública con quien tiendes a estar en desacuerdo.

Hasta puedes intentar este ejercicio empleándote a ti mismo como sujeto para crear más autoamor y compasión.

Consejos para desarrollar la práctica del AWE

Comprometerse: Comprometerse a practicarlo 3-5 veces al día durante 21 días. Al principio, podrías ponerte una alarma a manera de recordatorio. Al cabo de poco tiempo, lo estarás haciendo espontáneamente y a menudo.

Empezar: Empieza con las experiencias de los 21 días de AWE. Luego practica durante una semana recurriendo a uno de los experimentos del capítulo 12 («El asombro sensorial»). Ésos son los experimentos hacia los que gravita la mayoría de la gente. Durante las semanas 2 y 3, podrías intentar los experimentos de los capítulos 13 y 14. Cíñete a los experimentos que más disfrutes. Y, naturalmente, eres libre de buscar tus propios momentos de asombro.

Sumérgete en ti mismo: Asegúrate de saborear tu asombro, mantén esa sensación durante todo el tiempo que puedas. Siéntelo verdaderamente durante un par de respiraciones por lo menos. Siéntelo intensamente para asegurarte de que se convierte en un rasgo mentalmente programado y positivo.

Compartir: Una maravillosa práctica del asombro es compartir tus momentos de asombro y leer textos sobre momentos de asombro de otras personas, lo cual puede inducir al asombro en y por sí mismo. Te animamos a colgar algunas de tus experiencias del asombro en nuestra página web de momentos de asombro (ThePowerOfAwe.com). Puedes emplear palabras o imágenes para expresar tus momentos de asombro. La página web contiene momentos de asombro posteados por los miembros de nuestra Power of Awe Community (Comunidad del Poder del Asombro) global. Una vez añadido cierto número de nuevos momentos, los previos se desvanecen, representando así la naturaleza efímera de todos los momentos. Mucha gente comunica haber experimentado momentos de asombro surgidos de ver *posts* del asombro de otras personas. Te animamos a visitar la página web y a que te inspires, incluso aunque no tengas un momento de asombro que compartir.

Elaborar un diario: Elaborar un diario de tus momentos de asombro es útil de varias formas. Te ayuda a integrar tus momentos más profundamente en tu psique y ver tus progresos. Te animamos a mantener un diario del asombro y anotar entradas siempre que puedas. Escribir una línea o dos será suficiente.

Busca compañeros: Recluta un compañero del AWE para compartir tus momentos de asombro con él. Hablar de tus experiencias –tanto si son momentos de asombro que te producen un hormigueo en la espalda, como las dificultades para alcanzarlos– puede ser revelador. Nos parece que los practicantes del AWE potencian su experiencia compartiendo sus momentos de asombro, y lo que descubras de ti mismo podría darte una sorpresa. Esas participaciones pueden llevarse a cabo vía *e-mail*, un mensaje, en persona, o por teléfono, o en una reunión *online*. Tu compañero no tiene por qué practicar el AWE. Basta con que sepa escuchar.

El propósito de este empeño de 21 días no es criticarte a ti mismo o preocuparte por si estás realizando el método correctamente. Como sociedad, estamos habituados a intentar hacer algo «bien». Pero el asombro no requiere fuerza. Sólo presencia.

Si visitaras el Gran Cañón, por ejemplo, probablemente no te dirás a ti mismo por adelantado que tienes que estar asombrado. Asimilar el paisaje ya haría ese trabajo. La belleza del AWE reside en que no necesitamos pensar en qué estamos haciendo; sólo hace falta observar y dejar que la presencia emerja. La presencia surge en la práctica del AWE cuando le estamos dando nuestra atención completa e indivisible a cosas que valoramos y apreciamos. Todo ello es una experiencia envolvente que no deja espacio para una agenda o juicio. La presencia crea un espacio para que la emoción del asombro –y los momentos «ajá» que lo acompañan– entren.

Aún llevo el brazalete «AWE» que recibí a mi paso por el curso de «El Poder del Asombro», todo el tiempo, cada día. Llevo el brazalete porque me recuerda varias veces al día, aunque no lo haga deliberadamente, que me detenga durante unos pocos segundos y me recuerde a mí mismo que la vida aún es buena. A pesar de las incesantes malas noticias que inundan nuestro atribulado mundo, mi vida personal mantiene un orden razonable.[12]

Hari

EL ASOMBRO

El asombro está en todas partes. No necesitamos viajar para encontrarlo. No hay un destino. No necesitamos pensar en ello. No hay un análisis. No necesitamos compararlo. Cada experiencia del asombro es única. Encontrar el asombro no es una meta. Las metas son para el futuro. El asombro ya ha llegado; una sensación de maravillamiento que proviene de las primeras veces, de las últimas veces y de las experiencias que siguen asombrándonos.

Las primeras veces: El primer beso. El primer amor. La primera vez que viste a tu cachorro. La primera vez que te aceptaron en un programa al que querías unirte. La primera vez que fuiste en bicicleta, nadaste en el mar, llegaste a la cima.

Las últimas veces: La última montaña que escalaste. Tu último beso. El último «te quiero». La última caricia. El último sorbo de agua que te tomas. Las últimas palabras que oirás.

Experiencias que siguen asombrando: El amanecer. Las estrellas fugaces. Las secuoyas. El Gran Cañón. *El David* de Miguel Ángel. La aurora boreal. Una sensación de unidad. La voz de Andrea Bocelli.

La profundidad del amor que podemos sentir.

El método AWE es un conducto para el obsequio vital del asombro, la más poderosa de las emociones que tiene el potencial de pulir cada aspecto de nuestra vida emocional y espiritual. Con el asombro, lo que se promete no es que la vida se vea libre de retos o adversidades.

---

12. Hari (seudónimo): *e-mail* enviado a los autores (22 de marzo, 2022).

228

Más bien, el asombro reviste cada momento de apreciación, gratitud y presencia, prestándole una riqueza, profundidad y perspectiva iluminada a todos los altibajos de la vida.

Cuando incorporamos a nuestros días aquello que nos lleva a la Conciencia Espaciosa, despertamos de un letargo. Ya no estamos abrumados por el pasado o preocupados por el futuro. Ya no somos buscadores espirituales. Ya no tenemos que pensar en el proceso del AWE. Sencillamente ocurre. Nos deleitamos con espontáneas y frecuentes experiencias del asombro. Nos regocijamos en esos momentos. Su efecto es una profunda paz y una fuerza en nuestra presencia que nos deja profundamente satisfechos e, incluso, entusiasmados por estar vivos.

La parte siguiente ofrece más de treinta experimentos para ayudarte a iniciarte en tu práctica del AWE o para potenciarla. De la misma forma que el asombro de cada persona será único para ella (como los copos de nieve o las huellas dactilares), cada uno de nosotros descubre el asombro de una forma distinta.

QUINTA PARTE

DESCUBRIENDO EL ASOMBRO

CREADO POR HANNAH EAGLE

La gente a menudo dice que «la belleza está en los ojos del que mira»,
[pero] yo digo que lo más liberador de la belleza es
percatarse de que tú eres quien mira.
SALMA HAYEK

Hemos designado tres dominios de asombro: el sensorial, el interconectado y el conceptual. El asombro *sensorial* surge cuando nos permitimos estar completamente presentes con los sentidos (la vista, el oído, el olfato, el gusto y el tacto). El asombro *interconectado* surge al tener experiencias con otros seres sensibles que a uno le abren el corazón. El asombro *conceptual* surge cuando imaginamos una idea o concepto que expande nuestra perspectiva, posiblemente hasta tal punto que resulta sobrecogedor.

Cada dominio representa un territorio distinto, y los experimentos están pensados para ser un mapa de carreteras destinado a la exploración de cada territorio. Puesto que podía resultarte más fácil acceder a un dominio que a otro, te animamos a empezar con los experimentos que te resulten más confortables. Otra opción es practicar la bibliomancia y dejar caer este libro al suelo abierto por su sección final y ver qué descubres.

Algunos de esos experimentos son ejemplos de uso del método AWE, sólo tomarán 5-15 segundos. Los demás son más como un viaje. Te llevarán un pelín más de tiempo y te ofrecerán múltiples oportunidades para experimentar momentos *prolongados* de asombro. Te invitamos a despertar tu curiosidad a medida que realizas esos viajes —algunos te llevarán a la naturaleza; otros puedes realizarlos en tu hogar—. A lo largo del camino, a cada paso que des, busca el asombro.

CAPÍTULO 12

EL ASOMBRO SENSORIAL

El asombro sensorial surge cuando nos permitimos estar completamente presentes con los sentidos (vista, oído, olfato, gusto y tacto). Los experimentos de este capítulo nos animan a hallar el asombro en nuestro entorno más inmediato (mientras nos tomamos el café matinal, miramos las nubes o cuidamos de nuestro hogar o jardín). Cada experimento te ofrece algo en lo que centrarte al tiempo que empleas el método AWE.

CONECTANDO CON TU OJIDENTIDAD

> Según un nuevo estudio realizado por psicólogos de la Yale University, la mayoría de la gente siente instintivamente que su «yo» –por otra parte, conocido como su alma o ego– existe en o cerca de sus ojos.
>
> *Natalie Wolchover*

Empieza a mirarte a los ojos en el espejo. Acércate lo suficiente para ver tus ojos claramente; no demasiado cerca, aunque tampoco demasiado lejos. Un espejo de aumento puede potenciar esta experiencia.

Fíjate en la variedad de colores, líneas, patrones y reflejos de la luz.

Según un antiguo arte, empleado en diversas culturas, tus ojos revelarán tu auténtica personalidad.

Mira tu ojo derecho. Es el ojo que muestras al mundo, tu personalidad, tu carácter. ¿A quién ves?

Ahora, concéntrate en el ojo izquierdo. Éste, por lo que dicen, es el ojo de la verdad. Contémplalo a fondo. ¿Qué tiene de distinto? Aquí puedes ver tu sabiduría y tu espíritu y la impronta de tu viaje a través de la vida.

Mira más a fondo todavía ese ojo y pregunta quién te está devolviendo la mirada.

¿Te das cuenta de que estás mirando tu ojo (en el espejo) y que es como mirarte el ojo desde fuera? ¡Es de locos!

DUCHARSE

Si te comprometes a estar presente, entonces, llegará el día en que estar presente se convertirá en tu estado natural. El instante presente se convierte en tu hogar. Harás breves excursiones por el interior de la mente, pero nunca llegarás tan lejos como para perderte ahí.

Leonard Jacobson

Ducharse es una actividad ordinaria que hacemos casi cada día. Es un buen sitio para el pensamiento creativo, así como también un lugar fabuloso para una experiencia asombrogásmica.

Deslízate hacia el flujo de agua gradualmente y fíjate en la sensación que te transmite el agua al estimular brazos, cabeza, cuello, rostro, espalda y vientre.

Date vuelta y vuelta y quédate sintiendo el agua rebotando sobre la piel.

Juega con temperaturas distintas, de caliente a templado a frío y de vuelta al agua caliente de nuevo.

Fíjate en el sonido del agua y los aromas del jabón y del champú, y el tacto suave y jabonoso de las manos sobre tu cuerpo.

La cuestión es volverse absolutamente consciente y presente ante todo lo que estés sintiendo y experimentando en este momento. Cada paso es una oportunidad para el asombro.

Cuando te sientas completo, cierra el grifo de la ducha. Fíjate en tu brazo a medida que lo estiras para alcanzar la toalla. Fíjate en la textura de la toalla sobre tu piel mientras ésta absorbe el agua.

Ésta es una forma asombrosa de empezar el día: sintiéndote más ligero, más vivo, incluso radiante.

¿Qué viene a continuación? Sigue moviéndote lentamente y toma conciencia del momento siguiente.

OBSERVANDO EL MOVIMIENTO

¿Cuándo fue la última vez que pasaste un momento tranquilo
sin hacer nada? Simplemente sentado y mirando al mar, o
contemplando cómo el viento agita las ramas de los árboles,
o las ondas meciendo un estanque, una vela parpadeante
o a niños jugando en el parque.

Ralph Marston

Un día que sople la brisa, sitúate en un paraje natural, un parque, una orilla de la costa o en las montañas.

Quédate en pie o siéntate tranquilamente y empieza a contemplar. Observa el movimiento de los árboles, la hierba, las flores, el agua, las nubes, los pájaros, los insectos y la gente.

Una orquesta completa visual y auditiva está tocando en el viento.

Empieza a percatarte de que todo tiene un ritmo. Cada árbol y cada brote de hierba, cada nube captura la brisa y se mueve a su peculiar manera.

Al igual que ocurre con la naturaleza, nosotros también nos movemos por el mundo de una manera especial, individual. A diferencia de las plantas y las nubes, los animales nos autopropulsamos, quizá confortados, pero no impulsados, por la brisa.

Hay más de siete mil millones de personas en la Tierra, sin embargo, ninguna se mueve como otra.

LA CONEXIÓN MUSICAL

La música le da un alma al universo, alas a la mente,
vuelo a la imaginación y vida a todo.

Platón

La música conecta a los humanos con otros humanos. Y se cree que hacíamos música antes de que tuviéramos un lenguaje. La música nos conecta a través del ritmo, de la canción y del baile, y queda expresada mediante la cultura como un ritual y una celebración.

Cuando escuchamos o interpretamos la música que nos encanta, liberamos las hormonas de la felicidad (dopamina y serotonina). Éstas nos hacen sentir bien.

Cuando una pieza musical que te gusta capta tu atención, escúchala de una forma más profunda de lo habitual. Conecta con el ritmo, la armonía, las pausas y los crescendos. Fíjate en cada instrumento o voz a medida que entra en la partitura.

Si necesitas una sugerencia asombrosa, opta por *503*, de Hans Zimmer junto con Joshua Bell.

El asombro puede ser nuestra grata recompensa cuando nos levantamos y escuchamos verdaderamente.

Cierra los ojos, escucha, inspira en la música, transpórtate a ti mismo. Date alas a ti mismo.

UN CUERPO DE AGUA

Ambos escucharon el agua en silencio, que para ellos no era sólo agua, sino la voz de la vida, la voz del yo, la voz del devenir perpetuo.

Hermann Hesse

Lleva tu cuerpo de agua (el 60 % de tu cuerpo es agua) a un cuerpo de agua: un lago, el mar, un estanque, un río, una fuente.

Detente. Fíjate en cualquier brisa y en la calidez del Sol.

Fíjate en los sonidos: las olas del mar, el murmullo del río, el agua rompiendo en la orilla del lago y el sonido del viento entre las hojas y el canto de los pájaros.

Fíjate en las ramas que se mecen con el viento y luego en las sombras moviéndose en el suelo.

Fíjate en los diversos colores, motivos y reflejos bailando en la superficie del agua. La luz brillante que se refleja en el agua puede cargarte de energía.

Toca el agua; fíjate en las sensaciones que te produce su frescura y humedad. Permítete percatarte de todo verdaderamente, no te limites sólo a mirar.

SABOREAR

Escucha a tu vida. Mírala como el misterio insondable que es. En el aburrimiento y el dolor de ésta, no lo hagas en menor medida que en la emoción y la alegría: toca, saborea, huele tu camino hacia el sagrado y escondido corazón de ésta, porque en el último análisis todos los momentos son claves, y la vida en sí misma es gracia.

Frederick Buechner

¿Saborear? ¿Con qué frecuencia saboreamos enteramente una comida? Cuando comemos, ¿estamos prestando atención? Sumergirnos en las sensaciones gustativas puede ser una experiencia asombrosa.

¡Hay que ver lo extraordinario que es que nuestras papilas gustativas puedan distinguir entre lo dulce, lo agrio, lo salado, lo amargo, lo sabroso, lo ácido, lo picante y los matices a nueces!

Toma algo que te encante, algo pequeño: una pasa o un fruto seco, una trozo de chocolate o un mordisco de plátano.

Ponte un bocado en la boca y experimenta en primer lugar su temperatura, luego la textura, luego el sabor.

Permite que su sabor llegue al punto de saturación. Fíjate en tus ganas de masticar y también en tus ganas de tragar. Una vez que lo hayas tragado, fíjate en las ganas de comer más o no. Espera.

Entonces, saborea lentamente el siguiente bocado. ¿Puedes imaginarte estar tan presente durante una comida completa, saboreando conscientemente cada bocado? Inténtalo.

Cada pedacito de una comida puede inducirnos un momento de asombro cuando verdaderamente estamos prestando atención.

LA PUESTA DE SOL

Cuando tu mundo se mueve demasiado deprisa, y te pierdes en el caos, introdúcete en cada color de la puesta de Sol.
Christy Ann Martine

¿Has visto alguna vez al Sol fundirse como la mantequilla lentamente en el horizonte?

Al ser testigo del asombro y de la belleza del Sol poniente, ralentizas tu percepción del tiempo y estimulas las hormonas que te hacen feliz en tu cerebro.

Encuentra un lugar desde donde mirar los últimos momentos del Sol poniente. Los colores van cambiando lentamente ante tus ojos, pasando de rojos y naranjas candentes a tonalidades doradas y a un violeta profundo. Permítete inspirar y espirar lenta y profundamente. Deja a un lado tus pensamientos del pasado y de futuro, piérdete a ti mismo en este momento multicolor.

Cada puesta de Sol es única. Así pues, ésta nunca será exactamente como cualquier otra.

COCINA COMO UN MONJE ZEN

Era relajante, silencioso y rítmico. Tuve la oportunidad de
sumergirme profundamente en las tareas sencillas de hervir agua,
echar un poco de sal, lavar las hojas de albahaca, partir las bolas
de jugosa *mozzarella* fresca con mis dedos y picar el ajo. Mi mente
no tenía otra cosa que hacer que seguir los pasos necesarios para
llevarlos a cabo. Y al final, sentía el impulso de explorar la belleza
de los colores, contrastándolos unos con otros en un plato
cuando los colocaba en lugares específicos.

Food Practice (Práctica alimentaria)

El trabajo más envidiado en cualquier centro zen es el del *tenzo*, el
cocinero. Él o ella practica la meditación en acción durante gran parte
del día. Hoy puedes ser como un *tenzo* prestándole a la preparación de
una comida toda tu atención.

Recurriendo a los sentidos, fíjate en cómo se mueve tu cuerpo por
toda la cocina para llegar a las cosas.

Fíjate en el frío que sientes cuando abres la puerta de la nevera y en
el calor que percibes en los fogones.

Fíjate en cada movimiento que hagas (medir y levantar, verter y
remover) y el color y aroma de cada uno de los ingredientes.

Guarda conscientemente un ingrediente antes de ir a buscar el siguiente.

Sírvete la comida en tu plato como si fuera un regalo que te haces;
que lo es. Siéntate tranquilamente y come conscientemente.

Estate pendiente de lo que estas haciendo en cada paso del proceso
al tiempo que inhalas, esperas y exhalas plenamente en el asombro.

LEVANTAR LA MIRADA

**El 80 % de la población mundial no levanta los ojos
por encima del horizonte ni una vez al día.**
Charles Darwin

De cara a preparar un momento de asombro, date un paseo por un parque o por el bosque.

Elige un lugar tranquilo con un camino llano y libre de obstáculos.

Empieza caminando despacio, concentrando tu atención en los pies a cada paso que des.

Cuando te sientas arraigado, levanta la mirada de forma que estés mirando al frente en línea recta en lugar de mirar tus pies.

Si surgen algunos pensamientos, probablemente verás que tu mirada habrá gravitado hacia el suelo. Si esto sucede, date cuenta de lo sucedido y levanta la vista de nuevo.

Con la vista bien alta, estás más presente y te sientes mucho más vivo y receptivo al asombro.

UNA CONEXIÓN REPLETA DE AROMAS

El olfato es el sentido primordial; más poderoso, más primitivo, más íntimamente ligado a nuestros recuerdos y emociones que cualquier otro. Un aroma puede desencadenar la paz espiritual, emocional o física y estimula la curación y el bienestar.

Donna Karan

¿Has conectado profundamente alguna vez con la fragancia de las cosas?

Si las flores están floreciendo, puedes empezar buscando aromas fuera de casa. Pero aquí tienes una aventura aromática que puedes vivir en tu casa que despertará tus sentidos.

Empieza con tu fragante gel de ducha o champú. Tómate un instante para inspirar su aroma, ya sea a lavanda, pomelo, limón o menta.

Permanece con esa fragancia hasta que hayas conectado plenamente con ella, y, entonces, sigue así un poco más de tiempo. A continuación, pasa a la fragancia siguiente.

La pasta de dientes puede oler a menta o a cerezas, un protector solar a coco, incluso una loción corporal sin fragancias puede tener un aroma sutil, que podrías etiquetar como «nútreme».

Hay que ver lo maravilloso que es tener una nariz capaz de conectar con estas fragancias, incluso con las más sutiles. Algunos aromas pueden conectarte hasta con dulces recuerdos.

POTENCIAR LA DANZA

Bailar es estar fuera de ti mismo. Más grande, más hermoso,
más poderoso. Esto es poder, es la gloria en la Tierra
y es tuya para que lo tomes.

Agnes de Mille

Escuchar música es una forma de despertar los sentidos y nos hace sentir más vivos. Podemos asimilar la música y dejar que sea nuestro cuerpo, y no nuestra mente, el que se mueva.

Elige una canción que te encante.

Ponte en pie con los ojos cerrados. Empieza a inhalar la música.

No te muevas, en primer lugar siente el ritmo.

Luego deja que la música mueva tu cuerpo de dentro hacia fuera.

Muévete, juega, suéltate, libérate, explora, improvisa. Desátate sin importarte qué podría pensar la gente. No sigas unas formas específicas, deja que tu cuerpo te señale el camino.

Habrá unos cuantos momentos de asombro por lo menos a medida que liberas tu cuerpo de tu mente.

SER EL CENTRO DEL UNIVERSO

> Mientras que antes el camino, el mar, los árboles, el aire, el Sol
> me hablaban de manera diferente, ahora me han hablado en una
> lengua unitaria. El árbol tomó en consideración al camino, el cual
> era consciente del aire, el cual estuvo atento al mar, que comparte
> cosas con el sol. Cada elemento vivía llevando una armoniosa
> relación con su vecino, y todos eran parientes y amigos. Me arrodillé
> como un mortal; me levanté como un inmortal, me sentí como si
> fuera el centro de un pequeño círculo que coincide con el centro
> de uno mucho más grande.
>
> *Yann Martel*

Intenta hacer esto la próxima vez que estés en el asiento del pasajero de un coche en carretera y fuera del tráfico de la ciudad.

Mientras te concentras en mirar al frente en línea recta, sin llevar la vista hacia los laterales, percátate de que puedes expandir tu campo periférico de visión para incluir los márgenes de la carretera.

Mientras te implicas en esta visión periférica, todavía ves la carretera, pero también puedes experimentar el paisaje que va pasando.

Empieza a imaginar que tú y el coche permanecéis parados, y que la carretera y el paisaje pasan de largo.

Por este momento de asombro, puedes ser el centro de quietud de un universo en movimiento.

DESLIZÁNDOSE EN EL SUEÑO

La mejor forma de meditar es dormir.
Dalai Lama

Antes de acostarte, constata lo afortunado que eres por tener una cama confortable donde dormir. No es el caso de todo el mundo.

Lleva puesto lo mínimo con lo que estés cómodo para notar el contacto de las sábanas con tu piel.

Fíjate en las manos a medida que apartas el cubrecamas, dejando las sábanas al descubierto.

Deslízate entre esas capas y siente la suave frescura mientras te desplazas hacia tu interior para estar arropado en tu capullo durante la noche.

Inspira profundamente, siente cómo tu cuerpo se expande a medida que inhalas profundamente, y permite que todo tu cuerpo se hunda en la cama, desprendiéndote de toda la tensión de la cara, la lengua, la mandíbula, el cuerpo entero mientras exhalas.

Si realmente prestas atención, éste puede ser un momento de asombro. Agradece las próximas horas de descanso en las que no tendrás que hacer nada.

CAPÍTULO 13

EL ASOMBRO INTERCONECTADO

El asombro interconectado surge de tener experiencias que a uno le abren el corazón con otros seres sensibles. Tales experiencias pueden proceder de conexiones profundas y de la compañía, de ser testigo de algo, del sufrimiento y de actos de generosidad, de la pérdida y, muy especialmente, del amor. Puedes emplear el método AWE para conectar con tus seres queridos, mascotas e, incluso, desconocidos.

CONECTANDO CON LOS SONIDOS Y EL SILENCIO

Escuchar es un acto tan sencillo. Nos exige estar presentes, y eso requiere práctica, pero no tenemos que hacer nada más. No tenemos que aconsejar, o instruir, o parecer inteligentes. Sólo tenemos que estar dispuestos a sentarnos ahí y escuchar.

Margaret J. Wheatley

Dondequiera que estés, detente a escuchar los sonidos de tu entorno. Entonces, fíjate en el silencio que hay entre los sonidos.

Reposa tranquilamente en ese silencio, relajado y preparado para el próximo sonido.

En las conversaciones, también podemos conectar con el silencio que hay entre nuestros pensamientos compartidos.

Ésos son momentos para «estar» juntos sin intentar llenar el vacío y, si practicamos esa conexión de uno con el otro en silencio, ésos pueden ser nuestros momentos más asombrosos y conectados.

LOS ABRAZOS

Tienes que abrazar de veras a la persona que estás abrazando. Tienes que hacer a la persona muy real entre tus brazos. Tú no lo haces sólo por las apariencias, dándole dos o tres palmaditas en la espalda para fingir que estás ahí. En lugar de eso, estate realmente ahí, completamente presente. Respira conscientemente mientras estás abrazando, y abraza con toda tu mente, cuerpo y corazón.

Thich Nhat Hanh

Podemos compartir miles de abrazos durante el curso de nuestras vidas. Muchos los damos con el piloto automático sin notar el abrazo en absoluto. Construye un momento de asombro en un abrazo de tu elección. Simplemente, tómate unos 5-10 segundos extra para parar, prestar atención y conectarte conscientemente.

Fíjate en cómo sientes el cuerpo que estás abrazando mientras lo tienes en tus brazos. Al tiempo que inspiras, percibe su calor y su aroma únicos.

Deja de pensar, limítate a sentir; despierta tus sentidos. Y cuando tú o ellos estén listos, suéltalos.

Fíjate en lo reconfortante que puede ser un abrazo cuando estás plenamente consciente y presente durante la conexión.

CONECTANDO CON LA NATURALEZA

La naturaleza tiene una forma de hablar, así como la Tierra.
La mayoría del tiempo no somos lo suficientemente pacientes,
no estamos lo suficientemente callados para prestar atención
a la historia.

Linda Hogan

Busca un lugar donde sentarte en la naturaleza. Dibuja un círculo imaginario de 2 metros a tu alrededor.

Empieza percatándote de qué hay dentro de tu círculo. Observa los colores, las texturas, las sombras y la luz.

Fíjate en todo lo que está quieto, como por ejemplo piedras, hojas y partículas de tierra. Tal vez, cada una de ellas ha estado esperando durante eones a que alguien se fijara en ellas.

A continuación, permanece atento para detectar movimiento, quizá el de las hormigas, los escarabajos o cualquier cosa que vuele.

¿Puedes conectar con esos seres? ¿Hablar con ellos? Todos compartís esta cosa pasajera llamada vida.

Imagina cómo debe ser una hormiga o una abeja. Al igual que tú, ellas respiran, sienten, saborean y oyen, y ellos te ven a ti al tiempo que tú los ves a ellos.

La diferencia es que los humanos podemos ser conscientes del milagro de estar vivos si tan sólo nos paramos a observar.

CONECTANDO CON TU MASCOTA

Los animales son el puente entre nosotros y la belleza de todo lo que es natural. Ellos nos muestran qué falta en nuestras vidas, y cómo amarnos a nosotros mismos más completa e incondicionalmente. Ellos nos conectan de nuevo con quienes somos y con el propósito por el cual estamos aquí.

Trisha McCagh

Nuestras mascotas valoran que bajemos el ritmo y les prestemos toda nuestra atención. Conectar con aquellos que queremos (humanos o animales) es una forma de experimentar el asombro.

Estírate al lado de tu querida mascota.

Extiende lentamente la mano o el dedo hacia su pata.

Asimila plenamente ese dulce instante y gentil conexión.

Permanece ahí estirado durante un rato. Fíjate en tu respiración.

Fíjate en el ritmo de su respiración y compáralo con el tuyo.

Permanece quieto durante un instante junto a ese ser único e irremplazable.

CONECTANDO CON UN DESCONOCIDO

Nuestra mejor esperanza para el futuro no es hacer que la gente considere a toda la humanidad como su familia, eso es imposible. Reside, en lugar de eso, en apreciar el hecho de que, incluso suponiendo que no empaticemos con desconocidos distantes, sus vidas tienen el mismo valor que las de aquellos a quienes quieres.

Paul Bloom

Hacer cola puede parecerle a uno una interrupción en su día o como una oportunidad para un momento de asombro. La próxima vez que estés haciendo cola, empieza a considerarlo un regalo del espacio y del tiempo en tu atareada vida, y elige la gratitud.

Imagina que respiras desde tu corazón, inspira profundamente, y empieza a percibir el panorama que te rodea.

Mira a tu alrededor en busca de desconocidos con quien puedas conectar; quizá la persona que tienes detrás o delante de ti.

Durante un instante, permítete tener un contacto visual con ese otro ser humano, a quien también se le ha dado el obsequio de hacer cola.

HACER EL ESPEJO

La belleza que ves en mí es un reflejo de ti mismo.

Rumi

Haz esto con un compañero en silencio. Permaneced cara a cara, con las palmas de las manos ligeramente conectadas. Elegid quién será el espejo, y quien el impulsor.

El impulsor empieza moviendo las manos y los brazos, extendiéndolos ampliamente hacia los lados, describiendo círculos, y por encima de la cabeza. El espejo lo sigue y refleja todo el movimiento del impulsor.

Al principio, moveos a un ritmo confortable; luego, cuando estéis listos, ralentizaos hasta ir a cámara lenta. Fíjate en cómo tu sensación de conexión con tu compañero cambia a medida que ralentizas el ritmo. Si estás muy presente, ésta es una oportunidad para el asombro.

Ahora ralentízate aún más para hacer tu movimiento casi imperceptible. E instálate lentamente en la quietud, consciente de tu conexión. Inspira. Espera, exhala y expándete con una sonrisa.

TOCARSE LAS MANOS

Algunas veces, acercarte a alguien y coger su mano es el principio de un viaje. Otras, es permitir que otro coja la tuya.

Vera Nazarian

Siéntate tranquilamente con un amigo.

Extiende la mano para sostener suavemente sus manos entre las tuyas.

Respira profundamente. Fíjate en el calor y la frescura, y en una sensación de conexión.

Empieza explorando esas manos, tocando ligeramente cada colina, valle y cada línea. Esas manos albergan una historia. Contienen impresiones de la vida que han tenido hasta ahora y, quizá, predicciones de su futuro.

En esas manos hay vestigios de esperanzas y sueños, remordimientos y pesares, amores y pérdidas, y con suerte millones de momentos gratos.

Las células de esas manos están genéticamente conectadas con los primeros humanos que habitaron la Tierra y contienen elementos del polvo de estrellas de hace miles de millones de años. Son una continuación de todo lo que ha venido antes de ellas.

Ahora, ofrécele tus manos a tu amigo, para que empiece un viaje por su cuenta.

UNA SEÑA ÚNICA

Hoy tú eres tú, eso es más cierto que cierto.
No hay nadie vivo que sea más tú que tú mismo.

Dr. Seuss

Todo el mundo es tan único como sus huellas dactilares. Cada persona se mueve por la vida de un modo especial.

Cuando estés en presencia de una persona a quien conozcas bien, presta atención a lo que brilla con luz propia en ella. Fíjate en cómo se toman el té o café, o cómo camina o habla, o en su forma especial de reír.

Permítete concentrarte y apreciar cualquier cosa que sea memorable, cautivadora o entrañable de ella y experimenta tu asombro por ese ser completamente único que tienes ante ti.

No hay nadie que sea como ella, tan sólo ella misma.

PERCATÁNDOTE DE LA ESENCIA

Nadie puede ser completamente consciente de la esencia
de otro ser humano a menos que lo ame.

Viktor E. Frankl

Cuando te encuentres con una persona o mascota que esté durmiendo, detente, tómate un instante para fijarte en ese ser único y quiescente.

Ahora los estás viendo sin la distracción de la personalidad. No se está dando ningún movimiento distinguible, ni palabras, ni comportamiento, ni actividad que lo defina.

Tan sólo está su serena esencia descansando en este instante en el tiempo. Observa qué valoras. Observa qué amas.

Éste puede ser fácilmente un momento de asombro.

CONECTANDO CON UN AMIGO

Todas las demás enseñanzas espirituales son en vano si no podemos amar. Hasta los estados más exaltados y los logros espirituales más excepcionales carecen de importancia si no podemos ser felices de las formas más básicas y ordinarias, si con nuestros corazones, no podemos tocarnos el uno al otro y la vida que se nos ha dado.

Jack Kornfield

Busca un amigo que desee compartir un momento de asombro.

Sentaos espalda con espalda y mantén tu cabeza tocando la suya suavemente. Cierra los ojos.

Empieza respirando profundamente. Intenta relajarte y conectar con la sensación de estar respirando. Suavízate y sumérgete en el momento.

Entonces, empieza a sincronizar tu respiración con la de tu amigo.

Inspira, expande tu pecho, creando un espacio más amplio para tu corazón y luego, envíale tu exhalación y tu amor a tu amigo. Cuando inhales, recibe su amor.

CONTACTO VISUAL

Si tenemos que amar a nuestros vecinos, antes de hacer cualquier otra cosa debemos verlos. Con nuestra imaginación, así como con nuestros ojos; digamos que como los artistas, debemos ver no sólo sus caras, sino también la vida que hay detrás y en el interior de sus caras. He aquí el amor que es el marco en el que los vemos.

Frederick Buechner

Mira a un amigo o a un ser querido a los ojos.

Tómate un momento para observar, no sólo mirar.

Imagina la historia de esta persona, todos los amores y pérdidas, júbilos y decepciones, miedos y logros, escritos en su cara y reflejados en sus ojos.

Inhala profundamente, abre tu corazón, compréndelo y ámalo por quien es y todo lo que le gustaría ser.

COGERSE DE LAS MANOS

Anoche me desperté al notar que alguien me apretaba la mano.
Era mi otra mano.
William S. Burroughs

La próxima vez que busques la mano de alguien, tanto si es para un apretón de manos o para caminar juntos con la mano de uno en la del otro, hazlo más conscientemente.

En primer lugar fíjate en tu deseo de conectar. Entonces, concéntrate en tu mano a medida que la extiendes hacia la otra persona.

Al entablar contacto, fíjate en lo cálida o lo fría que está su piel, la presión que percibes en su agarre, ya sea fuerte o suave, y la emoción que sientes durante todo el tiempo que estableces esta conexión.

Estar completamente presente para esta pequeña, cotidiana actividad puede hacer surgir un momento de asombro.

CAPÍTULO 14

EL ASOMBRO CONCEPTUAL

El asombro conceptual surge cuando imaginamos una idea o un concepto que expande nuestra perspectiva, posiblemente hasta tal punto que resulta sobrecogedor. Aquí, se nos pide que busquemos el milagro que guarda los diversos aspectos de la vida que damos por sentado (el milagro del cuerpo, estar vivo, el agua, el recuerdo, la inventiva, y explorar conceptos aplastantes como la constancia del cambio, morir y estar muriendo, la espaciosidad y cambiar la perspectiva).

EL ESPACIO

**Si quieres preparar un pastel de manzana partiendo de cero,
en primer lugar, debes inventar el universo.**

Carl Sagan

Toma un cabello humano.

El ancho de ese cabello tiene en torno a un millón de átomos de diámetro.

Y los átomos no sólo son diminutos, sino que en un 99,9 % son espacio vacío.

Si eliminaras todo el espacio vacío de los átomos que componen a todos los seres humanos del planeta, podrías meter a cada ser humano del planeta dentro de una sola manzana.

TOMARTE TU TIEMPO

Estar en el presente es lo que importa. No hay pasado y no hay futuro. El tiempo es algo muy engañoso. Lo único que hemos tenido es el presente. Podemos obtener experiencia del pasado, pero no revivirlo; y podemos tener esperanza en el futuro, pero no sabemos si hay uno.

George Harrison

Mira la hora. Éste es el único momento en toda la historia registrada y no registrada o en el futuro, de hecho, en el que este segundo en este minuto de esta hora en este día tendrá lugar.

Detente. Mira a tu alrededor, presta atención, abre tus sentidos. No te pierdas ese instante en el tiempo.

En una fracción de segundo, ese instante se habrá ido para siempre. Glups, se ha ido… ¿Qué tal este otro?

LA GRAVEDAD

En sus ojos brillaba el reflejo del planeta más hermoso del Universo:
un planeta que no es ni demasiado caliente, ni demasiado frío;
que tiene agua líquida en la superficie y donde la gravedad es
precisamente la adecuada para los seres humanos y la atmósfera
es perfecta para que ellos respiren; donde hay montañas y desiertos y
océanos e islas y bosques y árboles y pájaros y plantas y animales e
insectos y gente –cantidad y cantidad de gente–. Donde hay vida.
Parte de ella, posiblemente, inteligente.

Stephen Hawking

A menos que notes un terremoto, no notarás que la Tierra se mueve bajo tus pies, aunque esté girando a la velocidad de 1 609 kilómetros por hora y orbite alrededor del Sol a una velocidad de unos 107 830 kilómetros por hora.

¿Cómo es que no tenemos que agarrarnos a ella para conservar nuestra apreciada vida y cómo es que no notamos el movimiento? La respuesta es la gravedad; el hecho que, como cuando vamos en coche, estamos a bordo, dando un paseo por la Tierra.

La gran masa de la Tierra y el peso de nuestros cuerpos crean una atracción gravitacional mutua. Cuanto más pesados somos, más fuerte es la fuerza de gravedad y, por lo tanto, más difícil es saltar de la tierra al aire.

Pesamos algo porque estamos conectados con la Tierra, y aun así, la Tierra no pesa nada porque está en caída libre mientras orbita alrededor del Sol.

EL OBSEQUIO DEL AGUA

Ciertamente tenemos el planeta más hermoso de nuestro sistema solar. Ningún otro puede mantener la vida como la conocemos. Ningún otro tiene agua azul y nubes blancas cubriendo coloridas masas terrestres repletas de prósperos, hermosos, seres vivos como los seres humanos.

Sunita Williams, astronauta

Sírvete un vaso de agua. Préstale a este líquido claro, que mantiene la vida, toda tu atención. Toma un sorbo y trágalo. Fíjate en la sensación que te transmite el agua deslizándose garganta abajo. Entonces, considera estos hechos notables sobre el agua que bebemos:

Hay unos 1 234 millones de trillones de litros de agua en la Tierra aproximadamente.

Buena parte de esta agua provino originariamente de cometas y asteroides.

En cien años, una molécula de agua pasa noventa y ocho años en el océano, veinte meses como hielo, unas dos semanas en lagos y ríos, y menos de una semana en la atmósfera proveyéndote del agua que te bebes por medio de la lluvia.

La cantidad de agua que hay en este planeta, ahora, es la misma que cuando se formó la Tierra. Así pues, ¡en el agua que te estás bebiendo podría haber moléculas que bebieron los dinosaurios hace sesenta y seis millones de años!

CONTEMPLANDO LAS NUBES

*Esta mañana, después del yoga, me he tumbado en el césped y
he contemplado el paso de las nubes blancas mientras la Tierra
giraba lentamente, y ha sido lo más hermoso del mundo;
por eso me he puesto a llorar.*

Erika B.

¿Te has parado alguna vez el tiempo suficiente para contemplar el movimiento de las nubes en el cielo?

Y en todo caso, ¿qué es una nube?

La palabra *cloud* ('nube') proviene del ingles antiguo y remite a un bulto de agua en el cielo. Lo cual es exactamente lo que es; y un bulto muy pesado, además. Una nube está compuesta de pequeñas gotas de agua o de cristales de hielo.

Un cúmulus normal pesa alrededor de 453 600 kilos. 453 600 kilos flotantes. Y una gran tormenta puede pesar más de un 453,6 millones de kilos.

Imagina: una nube de vapor de agua en el espacio exterior que sostiene cien trillones de veces la cantidad de agua contenida en toda la superficie de la Tierra.

EL ASOMBRO DE LA NADA

Si la Vida pudiera hablar, estar quieto sería la forma de escuchar atentamente lo que tiene que decir [...]. Estar quietos nos despierta para las lecciones integradas en cada creación que tenemos ante nosotros, que tan sólo está esperando a que se fijen en ella.

Ethel M. Do

Los físicos se reunieron en 2013 para debatir si existe algo como «la nada». Se pusieron de acuerdo en que un espacio vacío sin nada en su interior no era esa nada y que un espacio oscuro y vacío sigue siendo algo.

Un físico afirmó que existe un tipo más profundo de nada que consiste en no tener espacio en absoluto, ni tiempo, ni partículas, ni campos, ni leyes de la naturaleza.

La contemplación es un tipo de nada más profundo, pero no hacer nada sigue siendo algo que «hacemos».

¿Si no hacer nada fuera simplemente «estar» callado y quieto, con la mente en blanco, y no pensando —estando completamente presente— ,sería eso no hacer nada?

Intenta «estar» quieto y no «hacer» nada. Ese espacio que hay entre los pensamientos puede ser increíble.

LOS ARCOÍRIS

En un mundo perfecto, los seres humanos deberían coexistir en armonía, como un arcoíris. Un sinnúmero de colores, con cada capa vibrante y nítida por sí misma, pero al unísono ilimitado, deslumbrante, celestial.

Mariah Carey

Imagina que estás conduciendo por la autopista y que el asfalto de repente se convierte en fango. Tu coche seguramente patinará, aminorará la velocidad y cambiará de dirección. Eso es lo que ocurre cuando una onda de luz solar impacta sobre una gota de lluvia. Se ralentiza y cambia de dirección.

Estas ondas de luz que derrapan en la gota de lluvia luego rebotan formando los colores del arcoíris, alineándose en el mismo orden cada vez: el rojo arriba, el violeta debajo de todo, y el resto de los colores en medio.

Si hay un arcoíris doble, los colores del segundo se alinean siguiendo el orden opuesto.

Un arcoíris en realidad es un círculo, no sólo un arco, aunque sólo podamos ver su mitad superior. Si observamos un arcoíris desde un avión, o desde la cumbre de una montaña, podríamos ver el círculo completo.

Existe incluso una rareza denominada arco lunar, un arcoíris nocturno originado en la refracción de la luz de la Luna del que uno puede ser testigo en tan sólo siete lugares de la Tierra.

Únicamente podemos ver el arcoíris si tenemos el Sol detrás y la lluvia frente a nosotros, y dos personas jamás verán el mismo arcoíris.

Así pues, eres el único ser del universo que verá el arcoíris que tú ves.

ESTE CUERPO HUMANO

Cada célula del cuerpo humano se reemplaza a sí misma al cabo de un período de siete años. Eso significa que ni siquiera la parte más pequeña de lo que eres ahora formaba parte de ti siete años atrás.
Steven Hall

Gira las manos poniéndolas con las palmas boca arriba. Busca una vena en la muñeca. Ten en cuenta que si estiraras los vasos sanguíneos de tu cuerpo y los colocaras uno a continuación del otro, su longitud casi daría la vuelta a la Tierra tres veces.

Ahora, inspira profundamente, llenando los pulmones de aire, e imagina esto:

Si midiéramos la superficie de tu pulmón, sería idéntica al tamaño de una pista de tenis.

Si estiráramos tu intestino delgado, mediría unos seis metros de largo.

Si tienes en cuenta que una cabeza humana tiene una media de 100 000 cabellos, y midiéramos la longitud que alcanzará tu cabello al crecer a lo largo de tu vida, veríamos que alcanzaría unos 724 kilómetros de largo.

Si contáramos el número de veces que tu corazón latirá hasta los setenta años, veríamos que habría latido una media de 2 500 millones de veces.

Hay trillones de células en tu asombroso cuerpo humano, y cada célula tiene un cerebro propio denominado ADN, y cada una de esas células contiene un relato completo del universo, de la historia y del futuro de todo el mundo.

CONECTANDO CON LAS ESTRELLAS

Mira las estrellas y no tus pies. Intenta darle un sentido a lo que ves y pregúntate qué hace que el universo exista. Ten curiosidad.

Stephen Hawking

Una noche despejada y estrellada, llévate una manta fuera, preferiblemente a algún lugar con menos contaminación lumínica y túmbate boca arriba.

Cierra los ojos durante un instante. Respira profundamente.

Abre los ojos y concéntrate en una estrella resplandeciente. Entonces, expande tu visión; sin mover los ojos, para incluir el cielo entero.

Estás observando la inmensidad de una sola galaxia, nuestra propia galaxia, la Vía Láctea, compuesta por más de mil millones de estrellas. Desde los inicios de la historia de la humanidad esto es lo que la gente veía cada noche despejada.

Sabemos que por lo menos hay cien galaxias más allá de ésta. El universo es infinitamente enorme y no tiene un fin. La galaxia que ves y todas las galaxias que están más allá de ésta se están expandiendo constantemente hacia el exterior y es probable que se expandan en el espacio para siempre.

Esto significa que, desde el Big Bang, los planetas y las estrellas aún se están distanciando las unas de las otras. Al igual que unas pasas en una hogaza de pan que está subiendo, el espacio que hay a su alrededor se expande, y al igual que las estrellas, las pasas se van alejando cada vez más y más.

Respira en la inmensidad, espera, exhala y expándete a ti mismo junto con las estrellas.

Es posible que te sientas pequeño y grande a la vez y conectado con todo.

¿DÓNDE ESTÁS?

**Todo el mundo tiene un pedacito de Sol y de Luna en su interior.
Todo el mundo tiene un pedacito de hombre, de mujer y de animal.
Hay sombras y luces en su interior. Todo el mundo forma parte de
un sistema cósmico conectado. En parte tierra y mar, viento y fuego,
con un poco de sal y de polvo nadando en él. Tenemos un universo
dentro de nosotros que imita el universo exterior.**

Suzy Kassem

Estás sentado en un planeta en medio de ninguna parte.
    Girando a unas mil millas por hora.
    Flotando en un espacio vacío que no tiene ni principio ni fin.
    ¿Dónde estarás mañana?
    Sentado en un planeta en medio de ninguna parte.
    Girando a unas mil millas por hora.
    Flotando en un espacio vacío que no tiene ni principio ni fin.

EPÍLOGO

El futuro del AWE

Empezamos este libro confesando que nos sentíamos casi avergonzados cuando encontramos un atajo hacia la transcendencia. Pero de la misma forma que confiamos en los atajos cuando empleamos el teclado de un ordenador, el AWE es una secuencia de claves neurológicas y fisiológicas que eleva la conciencia, mejora las relaciones y acelera la curación, el bienestar y el crecimiento personal. Un atajo que merece la pena tomar.

Cuando se practica lo suficiente, tiene un efecto acumulativo, y pronto empezamos a experimentar momentos de asombro espontáneos cuando menos nos los esperábamos. Esto es más que grato. Es poderoso. Tiene el potencial de cambiarnos.

Percibimos esos cambios pronunciados (en la salud y el bienestar, en las respuestas, en la actitud, en la aproximación a los otros y las situaciones) que indican que nuestras células cerebrales están estableciendo unas vías nuevas. Nos señalan que estamos convirtiendo el típicamente fugaz estado del asombro en un rasgo, una parte de quienes somos como personas.

Pero el método AWE es más que una técnica de autoayuda, y las implicaciones del asombro van más allá de la transformación personal. El asombro lo toca todo, y es posible que lo más revelador sea el efecto que tiene sobre los demás. Estamos conectados para armonizarnos con los comportamientos y los estados anímicos de los demás; nuestro sistema nervioso nota las emociones de aquellos que tenemos alrededor. De la misma forma que ser el destinatario de una cálida sonrisa puede alegrar nuestro estado de ánimo, cuando estamos en el asombro, quienes están a nuestro alrededor también lo sienten. Es contagioso.

Así pues, practicar el método AWE es una forma no tan pequeña de realizar nuestra contribución al mundo.

En este libro, hemos tratado el hecho de que el AWE tiene unas bases científicas y que posee todo un corpus científico que respalda que el asombro cambia las vidas de quienes lo practican. Por lo tanto, tenemos un final *in crescendo* con bombo y platillos para el poder que hay detrás de su simple práctica. Si se practica con la frecuencia suficiente, y lo practica la gente suficiente –una masa crítica, por así decirlo–, todo el mundo podría experimentar un notable y elevado cambio en la conciencia.

El asombro nos cambia y, cuando compartimos nuestro asombro, cambiamos el mundo.

¿Cómo podemos estar asombrados por alguien, y hacerle daño física o emocionalmente?

¿Cómo podemos estar asombrados por el mundo natural y destruirlo?

¿Cómo podemos estar asombrados por la vida en sí misma y no vivir como si cada día fuera un milagro?

En el asombro, el tono de cada conversación –desde lo personal hasta lo político– pasa de tener una agenda a ser abierto y tener curiosidad. Nuestras conversaciones tienen un impacto sobre cómo criamos a nuestros hijos, cómo ayudamos a nuestros padres de avanzada edad, cómo tratamos a nuestro cónyuge, cómo participamos en la comunidad, cómo enseñamos o supervisamos a la gente, cómo gobernamos una ciudad y cómo dirigimos una nación.

No creemos que practicar el AWE tenga desventaja alguna porque el asombro es la luz –la apreciación de la naturaleza y de culturas distintas, de la mente abierta e inquisitiva, el alma generosa y dadora–, incluso durante tiempos tenebrosos. En esos días, necesitamos el asombro más que nunca.

El asombro te espera y te rodea en los momentos ordinarios de tu vida. Al igual que el panorama de las estrellas que llenan el cielo nocturno, es gratuito y está a tu disposición. Todo lo que tienes que hacer es prestar atención a lo que valoramos, apreciamos y nos parece impresionante. Espera, exhala y expándete en lo ilimitado, lo intemporal del asombro.

AGRADECIMIENTOS

Ante todo, queremos darle las gracias a nuestra coescritora e investigadora Karen Chernyaev por ayudarnos a descubrir y a contar la historia del asombro. Su destreza, perseverancia y fe en el proceso han contribuido notablemente a que estemos orgullosos de este libro. Karen se sumergió plenamente en este proyecto, uniéndose a uno de nuestros cursos de 21 días de asombro a fin de experimentarlo personalmente. Siguió practicándolo mientras todos trabajábamos juntos para escribir este libro. Se convirtió en algo personal para ella, y esperamos que se beneficiara de haber trabajado con nosotros tanto como nosotros nos beneficiamos de trabajar con ella.

Desde el primer día de este proyecto, Hannah Eagle fue nuestra compañera en el descubrimiento del AWE y en la creación de ejercicios prácticos del asombro que nos ayudaran a nosotros y a nuestros lectores a experimentar el asombro en lo ordinario. Tiene un don para asimilar conceptos y mostrar a la gente cómo encarnarlos –transformando así las constructos mentales en sensaciones perceptibles, lo cual hace la experiencia más personal, poderosa y sostenible.

Sin el apoyo y las orientaciones entusiastas de Dacher Keltner, nuestra investigación no habría tenido lugar. Dacher reconoció la importancia de nuestra metodología AWE antes de que nosotros lo hiciéramos, al creer que se podría utilizar como intervención médica. Dacher no sólo es uno de los principales expertos del asombro, sino que también se preocupa por encontrar formas de introducir a la gente al asombro para poder volar. Él nos dio alas y le estaremos agradecidos por siempre.

Jaidree Braddix, nuestra agente literaria en Park & Fine Literary Agency, nos ha guiado a través de este proceso con incisivas reflexiones y el espíritu de Aloha. El equipo de Hachette Publishing incluye a nuestra editora en jefe Renée Sedliar, que es lista, divertida y esclarecedora, así como Mary Ann Naples, editora; Michelle Aielli, editora asociada; Michael Barrs, director de marketing; Sharon Kunz, publicista; Quinn Fariel, manager de marketing; Sean Moreau, editor de producción senior y gestor del proyecto; Amy Quinn, coordinadora de producción y diseñadora; Terri Sirma, diseñadora de la portada; Christina Palaia, editora revisora; Lori J. Lewis y Annie Chatham, correctores; y Robie Grant, de indexación.

Felicia Zerwas, Rebecca Corona, Ozge Ugurlu y Maria Monroy fueron los estudiantes de posgrado de la Universidad de California en Berkeley que trabajaron sin descanso para ayudarnos a diseñar y dirigir los estudios de la Universidad de California en Berkeley y del North Bay Hospital. Ellos nos apoyaron a nosotros y a los participantes del estudio, y luego procesaron todos los datos para generar nuestros artículos basados en pruebas y transmitir los resultados.

Rick Hanson, Kirk Schneider y Judson Brewer (expertos en sus propios campos) pasaron tiempo con nosotros ayudándonos a hacer más profunda nuestra comprensión del *mindfulness*, el asombro y la neurociencia.

Estamos muy agradecidos a David Hanscom, Doctor en Medicina, por recibirnos en las llamadas semanales por zoom de la Dynamic Healing Discussion que ha estado orquestando durante los últimos dos años. El grupo está pensado para doctores, investigadores, científicos, psicólogos y académicos para compartir ideas a fin de mejorar nuestro sistema de asistencia sanitaria y encontrar nuevas formas de abordar las enfermedades crónicas. El grupo se apoya en la innovadora teoría de Stephen Porges (creador de la teoría polivagal). Además de la de David y Stephen, agradecemos las significativas orientaciones ofrecidas por todos sus miembros, especialmente Sue Carter, Tor Wager, Howard Schubiner, Alan Gordon, D. R. Clawson y Les Aria.

A lo largo del camino, nos hemos beneficiado de las orientaciones y la generosidad de mucha gente. Gracias a Katharine Rivers, Mike Bundrant, Shauna Shapiro, los miembros de la comunidad de Live Conscious, los participantes del estudio del asombro UCB/North-Bay Awe Study, Deb Dana, Canton Becker, Olivia Seay, Aylana Zanville y los miembros del grupo de meditación de Michael fundado en Davis (California).

Nosotros dos, al igual que la mayoría de los innovadores, estamos recogiendo los frutos de las semillas que plantaron otras personas. Por parte de Jake: mis principales mentores fueron John y Joyce Weir y Nelson Zink. Sin su generosidad, la cosecha no habría sido tan abundante. Para Michael, mis mentores en el Spirit Rock Meditation Center, específicamente Rick Hanson, el rabino Greg Wolf, Rick Foster y Roger Walsh, me han inspirado y apoyado en mi camino. Éstos sólo son una pequeña parte de los muchos mentores que me han guiado en un largo viaje como médico y profesor de *mindfulness*.

Finalmente, yo, Jake, quiero agradecerle a Michael Amster que se aliara conmigo en este proyecto, sacándome de mi semirretiro para hacer algo que me parece relevante en esta etapa de mi vida. Este libro es una oportunidad para compartir modelos psicológicos y herramientas prácticas que Hannah y yo heredamos de nuestros mentores, así como otras que desarrollamos nosotros, culminando en el desarrollo del AWE. Fue la capacidad de Michael para abrirnos puertas, conectar con las personas adecuadaa y para hacer que las cosas sucedieran en momentos en lugar de en meses, lo que hizo de este proyecto una realidad. Como resultado de haber trabajado juntos, las herramientas de este libro están a disposición de más gente, y espero que esas herramientas reduzcan el sufrimiento emocional al tiempo que ayuden a la gente a elevar su conciencia, conversaciones y espíritu. Gracias, Michael.

Y yo, Michael, quiero reconocer la ayuda de mi mentor de dieciséis años, Jake. Tengo la esperanza de que este proyecto introducirá a más gente a algunas de las formas innovadoras, inspiradoras y pragmáticas que tenéis tú y Hannah de ayudar a la gente a satisfacer su potencial. Los años que estuviste trabajando antes de que empezáramos con este proyecto aportan una base y un marco de trabajo que nos ayuda a comprender por qué el asombro es una emoción tan poderosa, del mismo modo que nos ayuda a comprender cuándo, dónde y con quién ejercitamos nuestro músculo del asombro.

He acabado comprendiendo que todo se reduce a ayudar a la humanidad a cumplir su potencial. Gracias por ayudarme a estar más cerca de alcanzar el mío.

ÍNDICE ANALÍTICO

ÍNDICE

Cuarta parte
El AWE allí donde estás

Quinta Parte
Descubriendo el asombro